会计专业研究生精品教材

财务数据挖掘建模

Financial Data Mining and Modeling

段新生　著

（第二版）

首都经济贸易大学出版社
Capital University of Economics and Business Press
·北京·

图书在版编目（CIP）数据

财务数据挖掘建模/段新生著. --2 版. --北京：首都经济贸易大学出版社，2024. 5
ISBN 978-7-5638-3685-7

Ⅰ. ①财… Ⅱ. ①段… Ⅲ. ①数据采集-系统建模-应用-财务管理 Ⅳ. ①F275-39

中国国家版本馆 CIP 数据核字（2024）第 084598 号

财务数据挖掘建模（第二版）
段新生　著
Caiwu Shuju Wajue Jianmo

责任编辑	薛晓红
封面设计	**风得信·阿东 FondesyDesign**
出版发行	首都经济贸易大学出版社
地　　址	北京市朝阳区红庙（邮编 100026）
电　　话	（010）65976483　65065761　65071505（传真）
网　　址	http://www.sjmcb.com
E-mail	publish@cueb.edu.cn
经　　销	全国新华书店
照　　排	北京砚祥志远激光照排技术有限公司
印　　刷	人民日报印务有限责任公司
成品尺寸	185 毫米×260 毫米　1/16
字　　数	417 千字
印　　张	18.5
版　　次	2023 年 4 月第 1 版　**2024 年 5 月第 2 版** 2024 年 5 月总第 4 次印刷
书　　号	ISBN 978-7-5638-3685-7
定　　价	56.00 元

第二版前言

本书自2023年4月出版以来，受到许多教师和学生的欢迎。目前，已有多所大学和机构将本书作为智能会计相关课程的教材。受出版社的邀请，作者对第一版教材进行了修订，现出版《财务数据挖掘建模（第二版）》。

与第一版相比，第二版在以下方面进行了较大改进：

- 增加并更新了每章后面的思考练习题；
- 更新了参考文献；
- 对第一版中的个别错误进行了更正；
- 对第一版中的部分内容进行了改写与补充。

感谢首都经济贸易大学以及会计学院的领导、同事为本书的出版提供的支持和帮助。感谢首都经济贸易大学出版社的乔剑老师，两年前她以敏锐的眼光发现并策划了这一选题。感谢本书责任编辑薛晓红老师的认真工作和严格把关，使得本书的出版高质、高效。也要感谢为本书出版做了很多工作的其他编辑校对和排版的老师。衷心希望使用本教材的各高校老师和同学为本教材提出宝贵意见和修改建议。

段新生

2024年2月26日

第一版前言

经过近三年的准备，本书终于与读者见面了。这三年间，作者为研究生开设了与数据挖掘有关的课程，阅读了大量文献资料、教科书，也开展了一些相关的研究工作。本书的出版是所有这些努力的结果，希望对读者学习数据挖掘、进行财务数据的处理与分析有所帮助。

什么是数据挖掘？应该说，数据挖掘是伴随着大数据这个概念而产生的。所谓大数据，顾名思义，是具备体量大、类型复杂、处理费时费力这样一些特征的数据。数据挖掘就是对大数据所做的一种分析，这种分析有别于传统的数据处理，是一种从大数据中发现商业价值的“掘金”。通过对大量文献的学习，本书总结出数据挖掘的概念为：数据挖掘利用各种分析工具，从大量数据中挖掘出隐含的、未知的、对决策有潜在价值的关系、模式和趋势，并用这些知识和规则建立用于决策支持的模型，提供预测性决策支持的方法、工具和过程。

与企业有关的数据当属财务数据。什么是财务数据？本书认为，企业在经营活动中所形成的会计档案、交易数据以及与此有关的各种各样的合同、谈判记录、新闻报道等都是适合进行数据挖掘的企业数据。这些数据不仅包括结构化数据，也包括许多半结构化和非结构化数据。财务数据是企业数据中能用货币计量的与财务活动有关的数据。财务数据大多是结构化数据，资产负债表、利润表、现金流量表和股东权益变动表是最基本也是最重要的财务数据。因此，本书的目标就是从财务数据中“掘金”，从财务数据中发现对企业决策有用的信息、规律以及模型并用于实践。

本书采用 MATLAB 作为数据挖掘和分析的平台和工具。自从 2006 年开始接触 MATLAB 以来，作者已经使用 MATLAB 开发了多门研究生课程，出版了多本教材和专著。2006 年为本校研究生开设了“MATLAB 财务建模与分析”课程，2007 年由中国金融出版社出版了《MATLAB 财务建模与分析》教材，并于 2017 年对该教材进行了修订。2019 年为本校研究生开设了“大数据分析与财务数据挖掘”课程，随后对此课程进行改进，又开设了课程“大数据挖掘和商业智能”。经过三年多的努力，此课程已基本成熟，现在将要出版的《财务数据挖掘建模》就是该课程的配套教材。

《财务数据挖掘建模》仍然以 MATLAB 平台作为工具。MATLAB 是 20 世纪 80 年代中期由克莱坞·穆勒（Cleve Moler）与约翰·李特尔（John Little）等创立的。从 2006 年开始，MATLAB 每年推出两个新版本。本书应用的版本是 MATLAB R2022a。本书所有的程序、实例等都可以在 MATLAB R2022a 中运行。另外，由于 MATLAB 具有较强的版本兼容性，在其他 R2016a 以上的版本中，本书的程序和实例也基本能运行。当然，一般来讲，版本越新功能越强，特别是在数据挖掘、机器学习以及人工智能领域，新的算法层出不穷，因此，新版本中的一些功能在老版本中可能没有。建议读者尽量使用新的 MATLAB 版本。

感谢所在学校和单位的领导、同事为本书出版提供的支持和帮助。感谢出版社为本书出版所做的努力，感谢责任编辑薛晓红老师为本书严格把关。

欢迎读者对本书提出宝贵意见和改进建议。作者邮箱：xsduan@ 163. com。

段新生

2023 年元月 20 日

目　录

第一章　概　述/1

第一节　大数据/1

第二节　数据挖掘/3

第三节　财务数据/8

第四节　财务数据挖掘建模/9

思考练习题/9

第二章　数据准备与可视化/10

第一节　MATLAB 数据类型/10

第二节　MATLAB 矩阵运算/18

第三节　MATLAB 数据可视化/23

第四节　MATLAB 程序设计/35

思考练习题/45

第三章　数据探索/46

第一节　数据及其类型/46

第二节　数据质量分析/47

第三节　数据特征分析/58

思考练习题/76

第四章　数据预处理/78

第一节　数据清洗/78

第二节　数据集成/85

第三节　数据变换/86

第四节　数据规约/94

思考练习题/113

第五章　关联规则/115

第一节　关联规则的基本概念/115

第二节　Apriori 算法/118

第三节　Apriori 算法的 MATLAB 实现/122
思考练习题/133

第六章　分类与预测/135
第一节　基本概念/135
第二节　回归建模/136
第三节　决策树/164
第四节　贝叶斯分类/172
第五节　支持向量机/175
第六节　神经网络/188
思考练习题/199

第七章　聚类分析/201
第一节　基本概念/201
第二节　系统聚类法/201
第三节　K 均值聚类法/207
思考练习题/210

第八章　离群点分析/213
第一节　基本概念/213
第二节　离群点诊断/214
第三节　离群点诊断的 MATLAB 方法/214
第四节　离群点的 winsorize 缩尾处理/220
思考练习题/221

第九章　时间序列挖掘建模/224
第一节　基本概念/224
第二节　时间序列的检验/225
第三节　平稳时间序列分析——ARMA 模型/233
第四节　非平稳时间序列建模——ARIMA 模型/234
第五节　异方差性分析——ARCH 模型与 GARCH 模型/245
思考练习题/251

第十章　上市公司财务预警建模研究/254
第一节　数据收集/254
第二节　数据准备/255
第三节　用 logit 模型进行预测/257

第四节 用支持向量机建立分类模型/258
第五节 基于神经网络实现分类/259
思考练习题/262

第十一章 上市公司股价涨跌建模研究/263
第一节 数据收集/263
第二节 数据准备/264
第三节 建立线性回归模型进行预测/265
第四节 用朴素贝叶斯模型预测股价变化趋势/266
第五节 用支持向量机建立分类模型/268
第六节 基于神经网络实现分类/269
第七节 模型改进/271
思考练习题/272

第十二章 上市公司投资板块分析研究/273
第一节 数据收集/273
第二节 数据准备/277
第三节 用主成分分析法降维/280
第四节 用 Kmeans 方法对降维后的数据进行聚类/281
思考练习题/282

参考文献/283

第一章

概　述

我们现在生活在一个被数据包围的年代。每天大量来自商业、社会、工程技术、工业以及医疗卫生等领域的数据充斥着我们的生活。今天的股市涨了没有？今天我买到了什么便宜物品？我们公司的业绩如何？凡此种种都涉及大量数据，像股票交易数据、客户购买记录、公司经营利润及年度报告、促销信息，甚至我们在聊天软件中的交流信息等。

随着社会不断发展，技术不断进步，数据呈现出爆炸式增长的趋势，可以说我们已经进入了真正的数据时代。面对越来越多的数据，如何利用这些数据而不被数据所困惑？如何从众多数据中获取有价值的信息？如何整合各种数据为企业经营决策提供依据？所有这些是我们普遍关心的，也是本书要讨论的问题。

本章内容包括：大数据；数据挖掘；财务数据；财务数据挖掘建模。

第一节　大数据

大数据的概念起源于20世纪90年代。当时将无法用传统方法进行抓取、管理及处理的数据统称为大数据。

大数据技术被国内学者所关注是在2014年。当时大数据一词首次出现在政府工作报告中。报告指出，企业要创新，必须坚持引进大数据技术，并进一步肯定了大数据将会成为企业未来发展的驱动力。从此大数据一词成为热词。

国务院2015年印发了《促进大数据发展行动纲要》，对大数据的发展提出明确要求及发展目标，并鼓励社会各界群策群力，基于互联网技术和大数据技术，创新经济新体制，构建惠民便民的新体系，打造大众创业、万众创新的新格局。

2016年3月17日《中华人民共和国国民经济和社会发展第十三个五年规划纲要》（下文简称《纲要》）发布，确立了未来5年的发展目标并提出了“实施国家大数据战略”的要求，把大数据作为基础性战略资源，全面实施促进大数据发展行动，加快推动数据资源共享开放和开发应用，助力产业转型升级和社会治理创新，加快政府数据开放共享，促进大数据产业健康发展。《纲要》还要求，至2020年实现大数据产业保障体系的构建，与大数据关联行业要突破万亿元的销售目标，年均复合增长率要稳保在 30%。

2021—2025 年是我国国民经济和社会发展第十四个五年规划时期，也是"两个一百年"奋斗目标的历史交汇期，对我国国民经济和社会发展具有重要的意义。数据是国家基础性战略资源，是 21 世纪的"钻石矿"。因此，2021 年 11 月 30 日，工业和信息化部发布《"十四五"大数据产业发展规划》(下文简称《规划》)。《规划》提出，到 2025 年，我国大数据产业测算规模突破 3 万亿元，年均复合增长率保持 25%左右。创新力强、附加值高、自主可控的现代化大数据产业体系基本形成。

2021 年 5 月 24 日，国家发展改革委、中央网信办、工业和信息化部、国家能源局联合印发《全国一体化大数据中心协同创新体系算力枢纽实施方案》（发改高技〔2021〕709 号)，提出在京津冀、长三角、粤港澳大湾区、成渝、贵州、内蒙古、甘肃、宁夏等地布局建设全国一体化算力网络国家枢纽节点，发展数据中心集群，引导数据中心集约化、规模化、绿色化发展。国家枢纽节点之间进一步打通网络通道，加快实施"东数西算"工程，提升跨区域算力调度水平。方案首次提出了"东数西算"工程，该工程可通过国家枢纽节点的规划和建设，有力引导东部数据中心建设集约化发展，西部数据中心建设跨越式发展，实现东西部算力需求与供给统筹调度，各级数据中心集群由中心城市向城市周边转移，推动算力、网络、数据、能源等协同联动，推动大数据中心建设与碳达峰碳中和改造有效结合，保障全国一体化大数据中心协同创新体系的构建。

那么何谓大数据？

大数据到目前没有统一的定义。以下给出几个比较权威的大数据的定义：

麦肯锡：大数据是指无法在一定时间内用传统数据库软件工具对其内容进行抓取、管理和处理的数据集合。

维基百科：大数据是指无法在一定时间内用常规软件工具进行捕捉、管理和处理的数据集合。

Gartner：大数据是需要新处理模式才能具有更强的决策力、洞察发现力和流程优化能力的海量、高增长率和多样化的信息资产。

Informatica：大数据是大交易数据、大交互数据和大数据处理的总称。

从这些定义中可以总结出，大数据至少具备如下四个方面的特征：

（1）体量（volume)：数据集合的规模在不断扩大，已从 GB 到 TB 再到 PB，甚至开始以 EB 和 ZB 来计数。表 1. 1. 1 是表示数据体量的单位。

表 1.1.1 表示数据体量的单位

名称	符号	数值（字节）
Kilobyte	KB	10^3
Megabyte	MB	10^6
Gigabyte	GB	10^9

续表

名称	符号	数值（字节）
Terabyte	TB	10^{12}
Petabyte	PB	10^{15}
Exabyte	EB	10^{18}
Zettabyte	ZB	10^{21}
Yottabyte	YB	10^{24}
Brontobyte	BB	10^{27}
Gegobyte	GeB	10^{30}

资料来源：en. wikipedia. org/wiki/Petabyte。

例如：一个中等城市的视频监控摄像头每天产生几十 TB 的数据。Meta 数据库每天增加约 500TB 新数据。Youtube 上每分钟有时长相当于 72 小时的视频上传，相当于每 4 分钟就有 1TB 的数据。

（2）种类（variety）：大数据的类型复杂。以往都是结构化数据，而今产生了大量半结构化或者非结构化数据。比如：社交网络、物联网、移动计算、在线广告等产生了大量的 XML 文件、音频文件、视频文件、传感器数据、即时消息、日志文件等。

（3）速率（velocity）：数据产生的速度和数据处理的速度加快，数据流量大。数据产生的速度越来越快，很多数据是实时产生的。数据处理的速度也越来越快，由原来的批处理转向流处理。

（4）价值（value）：数据表现出整体有用性。单个数据可能没有什么作用，但从整个数据来看可能蕴含着无限的商机。发现大数据中蕴含的商业价值就是数据挖掘的任务。

大数据产业指以数据生产、采集、存储、加工、分析、服务为主的相关经济活动，包括数据资源建设，大数据软硬件产品的开发、销售和租赁活动，以及相关信息技术服务。全球新一代信息产业处于加速变革期，大数据技术和应用处于创新突破期，国内市场需求处于爆发期，我国大数据产业面临重要的发展机遇。

第二节　数据挖掘

数据挖掘又是什么呢？

数据挖掘是对大数据所做的一种分析，这种分析有别于传统的数据处理，是一种从大数据中发现商业价值的“掘金”。

数据挖掘利用各种分析工具，从大量数据中挖掘出隐含的、未知的、对决策有潜在价值的关系、模式和趋势，并用这些知识和规则建立用于决策支持的模型，提供预测性决策支持的方法、工具和过程。

数据挖掘是一门关于大数据分析与处理的科学，包含统计学、计算机科学、计算数学、数据库、机器学习、人工智能等理论基础，是一门交叉性、综合性很强的学科。

数据挖掘的应用非常广泛。在企业管理领域，决策者可以利用数据挖掘发现交易数据中隐含的规律，比如客户的购买习惯、物品之间的关联性等，从而制定店面管理、推销、促销以及推送等相关决策。以前这些决策的制定可能主要靠“拍脑门”，但是应用数据挖掘技术可以为这些决策的制定提供科学的依据，避免盲目性，减少风险，提高决策的精细化和科学性。

一、数据挖掘的基本任务

数据挖掘的基本任务包括分类与预测、聚类分析、关联规则、时间序列分析、离群点分析、智能推荐等。

这些是数据挖掘领域基本的研究内容，也是数据挖掘最重要的任务。

（一）分类与预测

分类与预测是数据挖掘中理论较成熟、应用最广泛的领域之一。分类是研究未知目标属于某个特定类别的理论。一般来讲，分类问题分两步：首先，基于样本数据构建分类函数或者分类模型（也称为分类器）；其次，用该分类器将待分类目标映射到某一特定类别。

预测主要用于，在建立连续值函数模型之后预计给定自变量的条件下因变量的值是多少。

分类与预测可以看成预测问题的两种主要类型。

分类主要预测分类标号。分类标号一般是离散的，有时也是无序的。例如：企业评级 AAA、AA、A、BBB、BB、B、CCC、CC、C 就是一种分类标号，0 或者 1 也是一种简单的分类标号，Yes 或者 No 是一种无序的分类标号。

预测主要通过建立两种或者两种以上变量间相互依赖的函数模型来对未知变量的函数值进行预测。预测模型的实现也可以归纳为两步：第一步，通过训练集建立预测属性与其他属性的对应函数模型；第二步，通过测试集进行检验，之后进行预测。

分类与预测是本书讨论的重点内容之一。

（二）聚类分析

聚类是指试图发现一组无标记的数据中哪些更具相似性，从而可以分到一类中，哪些离得比较远而不属于一个类别。类别划分的原则是同类中的样本相似性最大，而不同类中的样本相似性最小。

聚类与分类既有相似性，又是完全不同的两类任务。分类是在已知类别的情况下，预测一个样本属于哪个类别。聚类是在没有给定类别的情况下，根据数据的特性找出样本的分类。

分类需要使用有类别标记的样本数据建立分类模型，因此分类是一种有监督的学习。聚类无须使用带分类标记的数据，因此聚类是无监督的学习。

（三）关联规则

关联规则分析也称为购物篮分析，是数据挖掘中最经典，也是最早进行的研究领域。为了发现超市销售数据库中不同商品之间的关联关系，从而增加超市的销售额，超市经理想要更多地了解顾客的购物习惯或者说购物的规律。比如："哪组商品可能会在一次购物中同时购买？" 又如："某顾客购买了个人电脑，那该顾客三个月后购买数码相机的概率有多大？"

关联规则的一个最常用的例子就是，如果一位顾客购买了面包，那么该顾客同时很有可能购买牛奶，这就导出了一条关联规则"面包⇒牛奶"，其中面包称为规则的前项，而牛奶称为后项。根据这样一条规则，超市就可以制定有针对性的营销策略。

关联规则分析不仅可以用于超市或者零售企业制定经营决策，同时也可以作为现代大型电子商务购物平台制定促销和推送政策的根据。智能推荐的理论根据之一也是关联规则分析。

（四）时间序列分析

时间序列分析在数据挖掘领域中是一项非常重要的技术。我们知道，很多数据随着时间的变化会发生规律性或者随机性的变化。时间序列分析就是要挖掘时间序列背后隐藏的规律性变化。

时间序列的例子很多。比如，一个企业的销售数据就是一个时间序列，某只股票的股价也是一个时间序列。

通过时间序列分析，可以挖掘数据的变化规律，从而对时间序列做出预测。例如：通过对销售序列的分析，可以对未来的销售额做出预测；通过对以前股价的分析，可以对未来股价的走向做出预测。因此，时间序列分析也是一类预测问题的解决。

（五）离群点分析

离群点分析是数据挖掘领域中的一项特有的技术。

离群点是数据集中行为异常或者严重偏离正常值的数据对象。离群点也称为异常值、孤立值等。在数据探索和数据预处理阶段，离群点经常被作为垃圾数据或者噪声而简单丢弃。但是，有时离群点会包含大量有用信息。在这种情况下，离群点的进一步分析可能会带来很多有用的结果。

二、数据挖掘的建模过程

开展数据挖掘可以出于研究人员的兴趣，也可以受某个机构或组织的委托作为一个研究或者实践项目进行。如果作为一个有特定目标的项目来进行，那么数据挖掘的建模过程可以规范为如下几个步骤：

- ◆ 定义项目目标
- ◆ 数据收集
- ◆ 数据探索
- ◆ 数据预处理
- ◆ 挖掘建模
- ◆ 模型评价
- ◆ 模型发布

明确定义挖掘项目的目标是一个项目成功的关键。如果目标定义不明确，那么项目委托方和项目执行方都不能准确理解项目要完成的具体任务，从而产生歧义，项目完成与否以及项目完成的好坏都无法准确衡量。

数据收集是完成数据挖掘的基础。收集什么数据，从什么渠道获取数据，都需要预先设计好。只有这样数据挖掘研究才能有扎实的数据基础。

数据收集到以后可以对数据的正确性、一致性以及数据的质量进行考察，这就是数据探索。如果数据中包含缺失值、异常值或者其他错误，那么就要对这些问题进行数据预处理，以使数据适合于数据挖掘，最后的结果有效、可用。

之后，我们就可以应用不同的数据挖掘方法进行挖掘建模。本书的重点内容就是要用实例探讨数据挖掘建模如何进行，每一种挖掘方法如何使用，为将来实际从事挖掘项目打下扎实的基础。

模型建好以后还需要对模型进行评价。模型精度如何？模型是否有效？模型能否用于实际问题的解决？这些问题都需要经过模型评价来回答。

如果模型可以用于实际问题的解决，那么就可以向项目委托方提供模型，此即模型发布。

三、数据挖掘的建模工具

常用的数据挖掘工具包括但不限于如下几种：

- ◆ SAS
- ◆ SPSS
- ◆ R
- ◆ SQL Server
- ◆ WEKA
- ◆ KNIME
- ◆ RapidMiner
- ◆ MATLAB

其中，SAS、SPSS、R 等统计分析软件是第一类可以用于数据挖掘的工具。SQL Server 等数据库管理软件也可以用于数据挖掘，有的软件还开发了专门的数据挖掘功能或者小程序。

还有一类专门进行数据挖掘的软件，如 WEKA、KNIME 以及 RapidMiner 等。这些软件，顾名思义专门用于数据挖掘，因此是数据挖掘比较理想的工具。但是这些软件也有局限性。由于它们是专门用于数据挖掘的工具，因此在扩展性、与其他软件的可连接性以及兼容性等方面可能没有通用软件那么强。

本书将使用 MATLAB 软件包进行数据挖掘建模。MATLAB 是一个功能完备，易学易用的工具软件包。MATLAB 的主要特点是：计算能力强，绘图能力强，编程能力强。以前本书作者用 MATLAB 作为财务建模的工具。用 MATLAB 作为工具不仅可以提高财务建模的效率，而且可以用非常直观的方式将自己的模型表现出来，更可以创造出适合于特定企业和特定情况的模型系统。笔者在总结多年财务建模研究的心得和体会的基础上，为研究生开设了 MATLAB 财务建模与分析课程并出版了同名教材。

本书用 MATLAB 平台作为数据建模的工具。可以用于数据挖掘建模的工具箱包括：

（1）统计与机器学习工具箱。利用这一工具箱提供的标准函数，我们可以对数据进行组织、分析和建模，使用统计分析相关、机器学习相关的算法以及工具，可以使用回归以及分类分析来进行预测建模、生成随机序列（蒙特卡罗模拟），同时使用统计分析画图工具对数据进行前期的探索研究或者进行假设性检验。在分析多维数据时，统计分析与机器学习工具箱可以通过连续特征选择、主成分分析、正规化和收缩、偏最小二乘回归分析法使用户筛选出对模型影响最主要的变量。该工具箱同时还提供了监督、无监督的机器学习算法，包括支持向量机（SVMs）、决策树、K-Means、分层聚类、K 近邻聚类搜索、高斯混合、隐马尔科夫模型等。

（2）优化工具箱。优化工具箱主要提供在满足给定的约束条件下寻找最优化解的相关函数，主要包含线性规划、混合整数线性规划、二次规划、非线性最优化、非线性最小平方问题的求解函数。在该工具箱中，用户可以针对连续型、离散型问题寻求最优解决方法，使用权衡分析法进行分析，或者在算法和应用中融合多种优化方法，从而达到较好的分析效果。

（3）曲线拟合工具箱。曲线拟合工具箱提供了界面窗口应用和各种函数接口调用的功能。该工具箱可以完成数据的拟合。使用曲线拟合工具箱可以进行数据探索性分析、数据预处理、数据过程处理、候选模型比较分析和异常值过滤等。在该工具箱中，用户可以使用 MATLAB 库函数提供的线性与非线性模型或者用户自定义的方程式来进行回归分析。同时，该工具箱支持无参数模型，比如样条变换、插值以及平滑。

（4）神经网络工具箱。该工具箱提供的函数以及应用程序可以用于进行复杂的、非线性系统的建模。其不仅支持前馈监督式学习、径向基和动态网络，同时还支持利用自组织映射以及竞争层的非监督式学习。利用该工具箱，用户可以设计、训练、可视化以及仿真神经网络。神经网络工具箱的应用主要包括数据拟合、模式识别、聚类分析、时间序列预测和动力系统建模。使用该工具箱的时候，如果数据量比较大，那么可以考虑使用数据分布式以及分布式计算功能、GPU 功能以及并行计算工具箱。在新版的 MATLAB 中（比如 R2022a），神经网络工具箱被整合到深度学习工具箱中。

(5) 计量经济学工具箱。计量经济学工具箱可以用于解决时间序列分析有关的问题，可以挖掘数据的时间变化规律，从而对时间序列做出预测。应用该工具箱的功能，我们可以完成时间序列的检验、平稳时间序列分析（ARMA 模型）、非平稳时间序列建模（ARIMA 模型）、异方差性分析（ARCH 模型与 GARCH 模型）等。

第三节　财务数据

数据挖掘是从大量数据中挖掘出商业价值的“掘金”过程。因此，数据挖掘成功的关键是有合适的数据源。没有数据源就谈不上数据挖掘，也谈不上从数据中“掘金”。那么哪些数据可以成为数据挖掘的数据源呢？

一般来讲，所有与挖掘项目有关的数据，包括结构化数据、非结构化数据以及半结构化数据都可以成为数据源中的数据。

顾名思义，对于财务数据挖掘，其数据源是财务数据。

什么是财务数据？

本书认为，企业在经营活动中所形成的会计档案、交易数据以及与此有关的各种各样的合同、谈判记录、新闻报道等都是适合进行数据挖掘的企业数据。这些数据不仅包括结构化数据，也包括许多半结构化和非结构化数据。财务数据是企业数据中能用货币计量的与财务活动有关的数据。

当然，资产负债表、利润表、现金流量表和股东权益变动表是最基本也是最重要的财务数据。这些数据基本上是结构化数据，可以由企业 ERP 系统或者财务系统产生出来。

资产负债表反映的是企业在每个会计期间的期末资产、负债以及所有者权益的总体情况。类似于某个时间点用照相机给企业拍摄的一张企业经营总览照片。资产、负债以及股东权益满足会计恒等式：

$$资产=负债+股东权益$$

利润表主要反映企业在一个会计期间内的盈利情况。利润表中包含营业收入、营业成本、期间费用、所得税以及净利润等信息。其类似于某段时间内用摄像机给企业拍摄的一段盈利视频。

现金流量表反映的是企业现金流在一个会计期间内的来源情况，分为经营活动现金流、筹资活动现金流以及投资活动现金流三类。

股东权益变动表反映的是企业在一个会计期间内股东权益的变动情况。

对于半结构化的财务数据，常见的例子包括企业经营过程中形成的各种邮件、与客户签订的合同、网页数据、财务报告、各种文档文本等。

非结构化的财务数据包括视频、音频、图片、图像等，例如公司的会议录像、总经理讲话录音、展览图片等。

财务数据的收集有多种渠道和方法。比如可以向公司有关部门索取，可以到一些网站上下载，还可以通过调研获取。上市公司财务数据可以从公开的网站下载，也可以购买专门的数据库，从数据库中下载。比较有名的财务数据库有国泰安、巨灵、万德等。本书后续章节将介绍常用财务数据获取的方式和方法。

第四节　财务数据挖掘建模

本书所说的财务数据挖掘建模是指根据企业大量的财务数据去探究发现在一个经济环境中各种变量相互依存、相互作用、相互影响的规律、模型以及有用价值。

财务数据挖掘是在财务数据中进行“淘金”，财务数据挖掘建模是通过数据挖掘的手段发现隐含在财务数据中的模型与规律。

财务数据挖掘建模包括以下工作：财务数据收集、财务数据分析、财务数据挖掘、财务数据可视化、财务建模等。

财务数据挖掘开始于财务数据收集。财务数据可以通过调研获得，也可以从网上下载整理，还可以从专业的财务数据库中获得。

财务数据分析是对财务数据进行的一些规范性的处理。例如：可以根据财务报表数据计算偿债能力比率、盈利能力比率、营运能力比率等。

财务数据挖掘通过数据挖掘的方法从原始数据以及中间数据中发现规律、模型和有价值的结果。

财务数据可视化是用图形的方法对财务数据的呈现、表示和传递。

财务建模是作者在文献《MATLAB 财务建模与分析》中提出的建立和发现财务变量关系的学科。财务数据挖掘建模应该是财务建模的一个分支，是财务建模的一个特定的方法。当然，财务数据挖掘建模又是财务建模的深化和发展。在财务数据挖掘建模中，除了基本的财务建模的方法以外，一些和数据挖掘有关的方法和理论将融入其中。所以，财务数据挖掘建模将大大扩展财务建模的内容，大大提升财务建模的理论。

思考练习题

1. 概念辨析：大数据、大数据产业、东数西算、数据经济、大数据技术、大数据战略。
2. 什么是大数据？大数据的特点有哪些？
3. 什么是财务数据？财务数据包括哪些类型？
4. 什么是数据挖掘？数据挖掘的内容有哪些？
5. 为什么选择 MATLAB 作为本书数据挖掘的工具？
6. 论述财务数据挖掘建模的概念及其作用。

第二章

数据准备与可视化

数据可视化是用图形的方式展示数据的方法。通过数据可视化，可以将数据中蕴含的规律、数据的本质、变化趋势以及统计特征等形象地表示出来。特别是在当今大数据时代，庞大的数据量已经远远超出了人们可观察、可理解的能力，因此用图形直观地表现数据就变得越来越重要。

本章将介绍 MATLAB 的基本功能和基本使用方法，特别是 MATLAB 强大的图形功能，为以后数据挖掘以及基于数据可视化的商业智能数据分析打下良好的基础。

本章内容包括：MATLAB 数据类型；MATLAB 矩阵运算；MATLAB 数据可视化；MATLAB 程序设计。

第一节　MATLAB 数据类型

本书将用 MATLAB 作为数据挖掘和处理的工具和平台。

MATLAB 系统由两部分组成，即 MATLAB 内核及辅助工具箱，两者的有机组合构成了 MATLAB 的强大功能。

MATLAB 的内核主要由计算引擎、绘图指令、编程语言等组成。MATLAB 以数组为基本数据单位，包含向量、矩阵、表格、元胞数组、结构型数据等丰富的数据结构。MATLAB 语言包括控制流语句、函数、输入输出语句及面向对象的编程语言。

MATLAB 工具箱是在 MATLAB 内核的基础上开发出的补充其功能的工具。工具箱可分为两类：功能性工具箱和学科性工具箱。功能性工具箱主要用来扩充其符号计算功能、图示建模仿真功能、文字处理功能以及与硬件实时交互的功能。而学科性工具箱是专业性比较强的工具箱，如优化工具箱、统计与机器学习工具箱、深度学习工具箱、财务工具箱、计量经济学工具箱、控制工具箱、小波工具箱、图像处理工具箱、通信工具箱等。

从 2007 年开始，MATLAB 每年都推出两个新版本：R20××a 和 R20××b。本书完稿之际，MATLAB 的最新版本是 R2022a。在本书出版之前，作者将本书所用的命令以及运行结果在 R2022a 版本中都做了更新。当然，MATLAB 的版本具有很大的继承性，因此本书绝大部分内容在 MATLAB 以前的版本中也都是有效的。

MATLAB 的数据类型主要包括数字、字符串、向量、矩阵、表格、元胞数组以及结构型数据等。

变量是任何程序设计语言的基本要素之一。与常规的程序设计语言不同的是，MATLAB 并不要求事先对所使用的变量进行声明，也不需要指定变量类型，MATLAB 语言会自动依据所赋予变量的值或对变量所进行的操作来识别变量的类型。在赋值过程中，如果赋值变量已存在，MATLAB 语言将使用新值代替旧值，并以新值类型代替旧值类型。

在 MATLAB 语言中变量的命名应遵循如下规则：

（1）变量名区分大小写。

（2）理论上变量名的长度可以是任意长度。但根据版本不同，有效长度也有一定限制。作为一般使用，用户可以不用考虑这个问题，有效长度之后的字符将被 MATLAB 语言所忽略。

（3）变量名以字母开头，可以是由字母、数字、下划线组成，但不能使用标点。

变量的赋值可以采用直接赋值，也可以采用表达式赋值，而且根据赋值的类型自动决定变量的类型。例如：

```
>> x=125                          %将 125 直接赋值给变量 x(小写)
x=
   125
>> y=35+sqrt(48)+exp(23)          %将表达式赋值给 y(小写)
y=
   9.7448e+09                     %这是科学记数法,等价于 9.7448×10^9
```

字符和字符串运算是各种高级语言必不可少的部分，MATLAB 中的字符串是其进行符号运算表达式的基本构成单元。

在 MATLAB 中，字符串和字符数组基本上是等价的；所有的字符串都用英文单引号进行输入或赋值（当然也可以用函数 char 来生成）。字符串的每个字符（包括空格）都是字符数组的一个元素。例如：

```
>> s='matrix laboratory'         % 单引号为英文的单引号
s=
   matrix laboratory
>> size(s)                       % size 查看数组的维数
ans=
     1   17
```

注意：

- 在命令行中，跟在命令之后以%开头的字符串是该命令行的注释语句。
- MATLAB 对注释语句不加解释，也不去执行。
- 注释语句可以用在命令行中，也可以用在 M 文件中。
- 在变量名缺省的情况下，命令执行结果被赋值给变量 ans。

本书经常使用注释语句说明一个命令的用法或者含义。对于这些注释，读者在练习 MATLAB 的使用时不必将其连同命令一块儿输入，只输入命令本身即可。

在命令窗口输入变量或者进行计算产生中间变量以后，都会出现在工作区（或者工作空间，work space）窗口中。

工作区窗口是 MATLAB 的重要组成部分。在工作区窗口中将显示所有目前保存在内存中的 MATLAB 变量的变量名、数据结构、字节数以及类型，而不同的变量类型分别对应不同的变量名图标。可以将这些变量的值保存起来以备将来重新使用。

矩阵是 MATLAB 数据存储的基本单元。矩阵的生成主要有以下几种方法：

一、直接输入法

从键盘上直接输入矩阵是最方便、最常用的创建数值矩阵的方法，尤其适合较小的简单矩阵。在用此方法创建矩阵时，应当注意以下几点：

- 输入矩阵时要以“[ ]”为其标识符号，矩阵的所有元素必须都在括号内。
- 矩阵同行元素之间由空格或逗号分隔，行与行之间用分号或回车键分隔。
- 矩阵大小不需要预先定义。
- 矩阵元素可以是运算表达式。
- 若“[ ]”中无元素则表示空矩阵。

```
>> A=[1  2  3;4  5  6;7  8  9]          %生成一个3行、3列的矩阵
A=
     1     2     3
     4     5     6
     7     8     9
>> m=[1,2,3;4,5,6;7,8,9]                %生成与上例A一样的矩阵
m=
     1     2     3
     4     5     6
     7     8     9
```

另外，在 MATLAB 语言中冒号的作用是最为丰富的。

第一，可以用冒号来定义行向量。

例如：

```
>> a=1:0.5:4            % 以 0.5 为步长从 1 到 4 生成一个行向量
a=
   1    1.5     2     2.5    3       3.5    4
```

也可以用 linspace（x1，x2，n）生成包含 x1 和 x2 之间的 n 个（n 不写时默认 100 个）等间距点的行向量。例如：

```
>> a=linspace(0,1,10)
a=
  列 1 至 8
            0     0.11111     0.22222     0.33333     0.44444
0.55556     0.66667     0.77778
  列 9 至 10
     0.88889          1
>> a=linspace(0,1,9)
a=
  列 1 至 8
            0     0.125       0.25        0.375       0.5
0.625       0.75        0.875
  列 9
            1
```

第二，通过使用冒号，我们可以截取指定矩阵中的部分。

例如：

```
>> B=A (1:2, :)           % 截取 A 矩阵中 1 到 2 行,所有列的部分
B=
  1     2     3
  4     5     6
```

通过上例可以看到，B 是由矩阵 A 的 1 到 2 行和相应的所有列的元素构成的一个新的矩阵。在这里，冒号代替了矩阵 A 的所有列。

再例如：

```
>> n=m(:)                 % 将矩阵 m 的所有元素排成一列
n=
   1
```

```
4
7
2
5
8
3
6
9
```

二、外部文件读入法

MATLAB 语言也允许用户调用在 MATLAB 环境之外定义的矩阵。可以利用任意的文本编辑器编辑所要使用的矩阵，矩阵元素之间以特定分断符分开，并按行列布置。然后可以用 Load 函数对其调用，其调用方法为：

Load+文件名［参数］

例如：

事先在记事本中建立文件：	1	1	1
（并以 data1. txt 保存）	1	2	3
	1	3	6

在 MATLAB 命令窗口中输入：

```
>> load data1.txt
>> data1
   data1 =
            1    1    1
            1    2    3
            1    3    6
```

Load 函数将会从文件名所指定的文件中读取数据，并对输入的数据赋予以文件名命名的变量。

另外，Load 也可以调用以 mat 为扩展名的数据文件。以 mat 为扩展名的数据文件是 MATLAB 特有的数据格式，可以用本节下面介绍的方式来产生。在用 Load 调用数据时，如果不给定文件名，则系统自动将 matlab. mat 文件作为操作对象，如果该文件在 MATLAB 搜索路径中不存在，系统将会报错。

MATLAB 特有的以 mat 为扩展名的数据文件称为 MATLAB 标准数据格式。标准数据格式可以使用 Save 命令来创建。使用 Save 命令可以将工作空间管理窗口中目前保存在内存中的 MATLAB 变量有选择地保存为 MATLAB 标准数据文件。

例如，可通过以下方法进行数据的存取：

（1）建立用户目录，并使之成为当前目录，然后保存数据。

在命令行输入：

```
>> clear                        %清除工作区中的所有变量
>> clc                          %清除命令窗口中的所有内容
>> A=5;                         %命令行后加“;”,表示该命令执行但不显示执
行结果
>> B=[12 3 4;5 6 7];
>> X=78;
>> Y=1:0.5:4;
>> mkdir('D:\','matlab_try')    %在D盘上创建目录matlab_try
>> cd d:\matlab_try             %使d:\matlab_try成为当前目录
>> save exampl B Y              %选择内存中的B,Y变量保存为exampl.mat
文件
>> dir                          %显示当前目录中的文件
.         ..         exampl.mat
```

（2）首先清空内存，然后从exampl.mat文件向内存装载变量Y。

```
>> clear              %清除工作区中的所有变量
>> load exampl Y      %把exampl.mat文件中的Y变量装入内存
>> who                %用于检查MATLAB内存变量
您的变量为:
Y
>> whos               %用于检查MATLAB内存变量的详细情况
  Name    Size    Bytes    Class     Attributes
  Y       1x7     56       double
```

注意：Save命令后如果只跟文件名而不指定变量，则内存中所有的变量都将存入指定的变量名中；Load命令后如果只跟文件名而不指定变量，则包含在文件中的所有变量都将被调入内存。

内存中存放的数据包括所有输入数据，也包括所有经过长时间复杂计算后获得的中间结果和最终结果。不管是什么数据只要认为将来还有用，那么就可以使用save加以保存。此后，每当需要，都可通过Load重新获取这组数据。这种方法在实践中经常被采用。

另外一种简单方法也可以将工作区中的变量存起来：

第一步，整理工作区，将要保存的变量留下，不要的变量删掉；

第二步，将光标放在工作区上，点右键；

第三步，在弹出的菜单中选择保存（大家可以试着选择其他功能进行相应操作）；

第四步，在随后弹出的另外的窗口中修改要保存的文件名和路径，即可完成数据

保存的工作。

数据调用也可以通过在当前文件夹中找到已经保存的文件，然后双击该文件来完成。

另外，MATLAB 也提供了将其他格式的数据导入 MATLAB 的功能。使用方法：点击 MATLAB 主页中的导入数据按钮，然后选择要导入的数据，最后按照提示完成数据的导入。

对于外部 excel 文件，可用 xlsread 命令导入。

例如 excel 文件 '导入数据示例 . xlsx'，存在了目录 C：\ 课程 \ 大数据分析与财务数据挖掘 \ data-example \ chap2 中，则可以用以下命令导入 MATLAB：

```
>> rel_case=xlsread('导入数据示例.xlsx')    %文件名(包括扩展名)用单引号括起来
rel_case =
          51
      2618.2
      2608.4
      2651.9
      3442.1
      3393.1
      3136.6
      3744.1
      6607.4
      4060.3
      3614.7
      3295.5
```

注意：存放文件的目录或者为当前目录，或者将其设定为默认路径。

三、特殊矩阵的生成

对于一些比较特殊的矩阵，由于其具有特殊的结构，MATLAB 提供了一些函数用于生成这些矩阵。常用的特殊矩阵生成函数有：

zeros（m，n）	生成 m×n 阶全零矩阵，m、n 相等时，生成 n 阶方阵，下同
ones（m，n）	生成 m×n 阶全 1 矩阵
rand（m，n）	生成 m×n 阶均匀分布的随机矩阵
randn（m，n）	生成 m×n 阶正态分布的随机矩阵
eye（m）	生成 m 阶单位矩阵

例如：

```
>> A=zeros(2,4);          %创建 2 × 4 阶的全零矩阵
>> A(:)=1:8               %将 1 到 8 个数依次赋予 A 的 8 个元素
A=
```

```
     1     3     5     7
     2     4     6     8
>> B=1:8            %产生一个包含 8 个元素的一维向量,注意与上一命令的区别
B=
     1     2     3     4     5     6     7     8
>> A(:,[2 3])=ones(2)'  %把 A 的第 2、3 列元素全赋为 1,ones(2)等价于 ones(2,2)
A=
     1     1     1     7
     2     1     1     8
>> rfactor=[ones(2,3) 2* ones(2,3)]         %生成 2×3 阶全 1 矩阵再与 2×3 阶全 2 矩阵组成一个 2×6 阶矩阵
rfactor=
       1     1     1     2     2     2
       1     1     1     2     2     2
>> cfactor=[ones(2,3);2* ones(2,3)]         %生成 2×3 阶全 1 矩阵再与 2×3 阶全 2 矩阵组成一个 4×3 阶矩阵,注意此处“;”号的作用
cfactor=
       1     1     1
       1     1     1
       2     2     2
       2     2     2
>> D=eye(3)                                 %产生一个 3×3 阶的单位阵
D=
     1     0     0
     0     1     0
     0     0     1
>> repmat(D, 1, 3)                          %在水平方向“铺放”3 个 D 阵
ans=
     1     0     0     1     0     0     1     0     0
     0     1     0     0     1     0     0     1     0
     0     0     1     0     0     1     0     0     1
>> repmat(D, 2, 3)                          %“铺放”2×3 个 D 阵
ans=
     1     0     0     1     0     0     1     0     0
     0     1     0     0     1     0     0     1     0
     0     0     1     0     0     1     0     0     1
     1     0     0     1     0     0     1     0     0
     0     1     0     0     1     0     0     1     0
     0     0     1     0     0     1     0     0     1
```

用函数 horzcat 可以将两个矩阵横向串起来。当 A 和 B 维度相同时，C = horzcat（A，B）将 B 水平串联到 A 的末尾。例如：

```
>> A=[1 2 3;4 5 6]
A=
     1     2     3
     4     5     6
>> B=[22 33;44 55]
B=
    22    33
    44    55
>> C=horzcat(A,B)
C=
     1     2     3    22    33
     4     5     6    44    55
```

C=horzcat（A1，A2，…，An）即水平串联 A1，A2，…，An。horzcat 等效于使用方括号水平串联数组。例如，当 A 和 B 是兼容数组时，[A，B] 或 [A　B] 等于 horzcat（A，B）。

要实现纵向串联，可适当使用矩阵转置运算。例如：

```
>> D=[7 8 9;10 11 12;13 14 15]
D=
      7     8     9
     10    11    12
     13    14    15
>> E=(horzcat(A',D'))'        %要将 D 串联到 A 的下面,可以将两者转置,横向串联后再转置回来
E=
      1     2     3
      4     5     6
      7     8     9
     10    11    12
     13    14    15
```

第二节　MATLAB 矩阵运算

矩阵是 MATLAB 数据存储的基本单元，而矩阵的运算是 MATLAB 语言的核心，在

MATLAB 语言系统中几乎一切运算均是以对矩阵的操作为基础的。

一、矩阵的基本数学运算

矩阵的基本数学运算包括矩阵的四则运算、与常数的运算、逆运算、行列式运算、秩运算、特征值运算等基本函数运算。

（一）四则运算

MATLAB 中矩阵的加、减、乘运算符分别为“+，-，*”，用法与数字运算几乎相同，但计算时要满足其数学要求（如，同型矩阵才可以加、减，矩阵乘法要满足行、列要求）。

在 MATLAB 中矩阵的除法有两种形式：左除“\”和右除“/”。左除 A\B 等价于 INV（A）*B，INV（A）表示 A 的逆矩阵。如果 A 是一个 n×n 阶矩阵，B 是一个 n 阶列向量，则 X=A\B 就是方程 A*X=B 的解。右除 A/B 等价于 A*INV（B），INV（B）表示 B 的逆矩阵。

可用函数 setdiff 求两个数组的差集。C=Setdiff（A，B）返回 A 中存在但 B 中不存在的数据，不包含重复项。C 默认是经过排序的。如果 A 和 B 为表格数据，则 setdiff 返回 A 中存在但 B 中不存在的行。如果 A 和 B 为列数相同的矩阵，则可用 C=setdiff（A，B，'rows'）返回 A 中存在但 B 中不存在的行。例如：

```
>> A=[1 2 3;4 5 6;7 8 9;10 11 12;13 14 15]
A=
     1     2     3
     4     5     6
     7     8     9
    10    11    12
    13    14    15
>> B=[4 5 6;13 14 15]
B=
     4     5     6
    13    14    15
>> C=setdiff(A,B,'rows')
C=
     1     2     3
     7     8     9
    10    11    12
```

（二）与常数的运算

常数与矩阵的运算是指其同该矩阵的每一元素进行运算。但需注意进行数除时，常数通常只能做除数。

（三）基本函数运算

矩阵的函数运算是矩阵运算中最实用的部分，常用的主要有以下几个：

det（a）	求矩阵 a 的行列式
eig（a）	求矩阵 a 的特征值和特征向量
inv（a）或 a^(-1)	求矩阵 a 的逆矩阵
rank（a）	求矩阵 a 的秩
trace（a）	求矩阵 a 的迹

下面举例说明这些运算：

```
>> a=[2  1  -3  -1;3  1  0  7;-1  2  4  -2;1  0  -1  5];
>> A1=inv(a);                %求 a 的逆矩阵
>> A=a* A1                   %将 a 的逆右乘 a
A=
             1    9.7145e-17    -8.3267e-17    -1.6653e-16
             0             1    -5.5511e-17     4.4409e-16
   -8.3267e-17   -2.7756e-17              1    -1.1102e-16
             0   -5.5511e-17              0              1
>> B=A1* a                   %将 a 的逆左乘 a
B=
             1             0              0    -8.8818e-16
             0             1     1.1102e-16     4.4409e-16
   -5.5511e-17    1.3878e-17              1              0
    5.5511e-17             0              0              1
>> B=round(A1* a)            %求整,可见求整后 a 乘 a 的逆为单位阵
B=
     1     0     0     0
     0     1     0     0
     0     0     1     0
     0     0     0     1
>> a1=det(a);
>> a2=det(inv(a));
>> a1* a2
ans=
         1
```

二、矩阵的数组运算

我们在进行财务数据挖掘建模时常常遇到矩阵对应元素之间的运算。这种运算不

同于前面讲的数学运算，为有所区别，我们称之为数组运算。

（一）基本数学运算

数组的加减运算与矩阵的加减运算完全相同。而乘除法运算有相当大的区别，数组的乘除法是指两同维数组对应元素之间的乘除法，它们的运算符为“.*”和“./”或“.\”。前面讲过常数与矩阵的除法运算中常数只能做除数。在数组运算中有了“对应关系”的规定，数组与常数之间的除法运算没有任何限制。

另外，矩阵的数组运算中还有幂运算（运算符为 .^）、指数运算（exp）、对数运算（log）、开方运算（sqrt）等。有了“对应元素”的规定，数组的运算实质上就是针对数组内部的每个元素进行的运算。

例如：

```
>> a=[2  1 -3  -1;3  1  0  7;-1  2  4  -2;1  0  -1  5];
>> a^3                    %三个 a 相乘
ans=
    32   -28  -101    34
    99   -12  -151   239
    -1    49    93     8
    51   -17   -98   139
>> X=a*a*a
X=
    32   -28  -101    34
    99   -12  -151   239
    -1    49    93     8
    51   -17   -98   139
>> a.^3                   % a 的每一个元素都求三次方
ans=
     8     1   -27    -1
    27     1     0   343
    -1     8    64    -8
     1     0    -1   125
```

由上例可见，矩阵的幂运算与数组的幂运算有很大的区别。

（二）逻辑运算

逻辑运算是 MATLAB 中数组运算所特有的一种运算形式，也是几乎所有的高级语言普遍适用的一种运算。它们的具体符号、功能及用法见表 2.2.1。

表 2.2.1　矩阵的逻辑运算

符号运算符	功 能	函 数 名
==	等于	eq
~=	不等于	ne
<	小于	lt
>	大于	gt
<=	小于等于	le
>=	大于等于	ge
&	逻辑与	and
|	逻辑或	or
~	逻辑非	not

说明：

(1) 在关系比较中，若比较的双方为同维数组，则比较的结果也是同维数组。它的元素值由 0 和 1 组成。当比较双方对应位置上的元素值满足比较关系时，它的对应值为 1，否则为 0。

(2) 当比较的双方中一方为常数，另一方为一数组时，则比较的结果与数组同维。

(3) 在算术运算、比较运算和逻辑与、逻辑或、逻辑非运算中，它们的优先级关系先后为：比较运算、算术运算、逻辑与、逻辑或、逻辑非运算。

例如：

```
>> a=[1  2  3;4  5  6;7  8  9];
>> x=5;
>> y=ones(3)* 5;
>> xa=x<=a
   xa=
      0   0   0
      0   1   1
      1   1   1
>> b=[0  1  0;1  0  1;0  0  1];
>> ab=a&b
   ab=
      0   1   0
      1   0   1
      0   0   1
```

第三节　MATLAB 数据可视化

数据可视化是用图形的方式展示数据的方法。通过数据可视化，可以将数据中蕴含的规律、数据的本质、变化趋势以及统计特征等形象地表示出来。

本节先介绍 MATLAB 基本的作图功能，为后续更加复杂的数据可视化打下基础。

一、二维图形的绘制

（一）基本形式

二维图形的绘制是 MATLAB 最基本的数据可视化，最常用的画二维图形的命令是 plot。先看两个简单的例子：

在命令行中输入：

```
>> Y=[0 0.5 0.8 0.34 0.45 0.26 0.9 0.38];
>> plot(Y)
```

生成的图形如图 2. 3. 1 所示。该图显示在图形窗中，是以序号 1，2，…，8 为横坐标、数组 y 的数值为纵坐标画出的折线。

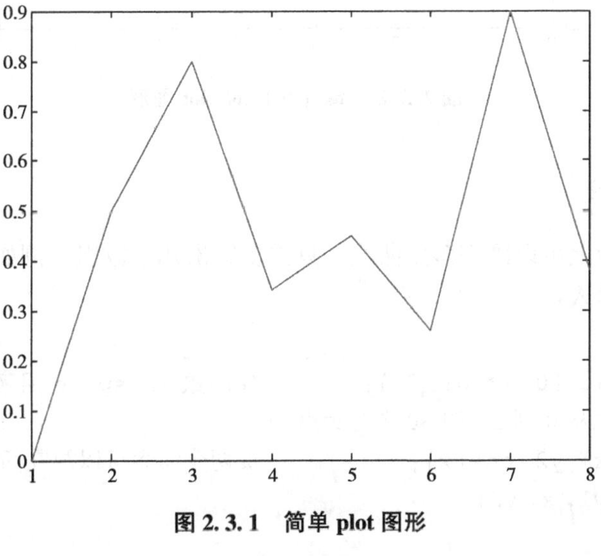

图 2. 3. 1　简单 plot 图形

MATLAB 的图形通常显示在一个特定的图形窗中。图形窗除了具有单纯的显示功能以外，还具有可编辑功能。在图形窗里，只需点动工具图标或菜单选项，就可直接对显示图形的各种“对象属性”随心所欲地进行设置，可交互式地改变线条形式、粗细、颜色，可动态地变换观察视角，可在图形窗随意位置标识文字或子图。因此，图形特性的定义可通过图形命令来完成，也可以通过图形窗来完成。

```
>> x=0:pi/15:2* pi;            % 生成一组从 0 到 2π 每隔 1/15 π 一个点的线性等距的一组数值
>> y=cos(2* x);
>> plot(x,y)
```

生成的图形如图 2.3.2 所示。该图显示在图形窗中，是以 x 为横坐标、函数 y 的数值为纵坐标画出的曲线。

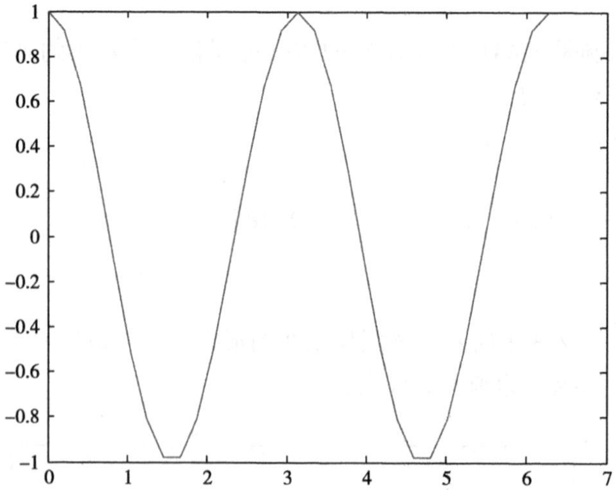

图 2.3.2　cos（2x）的 plot 图形

（二）多重线

在同一个画面上可以画许多条曲线，只需多给出几个数组，例如：

在命令行中输入：

```
>> x=linspace(0, 2* pi, 30);        %函数 linspace 用来产生一组线性等距的数值,本例中产生从 0 到 2π 的 30 个等距点
>> y1=sin(x);y2=cos(x);             %两个命令可以放在同一行,用分号隔开
>> plot(x, y1, x, y2)
```

则可以产生图 2.3.3。

多重线的另一种画法是利用 hold 命令。在已经画好的图形上，若设置 hold on，MATLA 将把新的 plot 命令产生的图形画在原来的图形上。而命令 hold off 将结束这个过

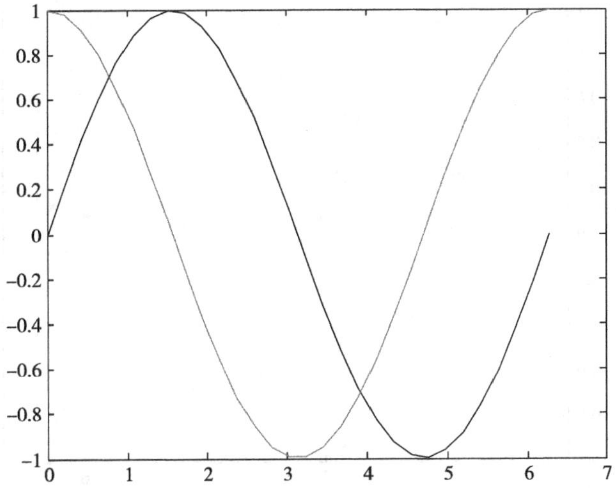

图 2.3.3　多重线图形

程。例如，在命令行中先输入：

```
>> x=linspace(0,2* pi,30);y1=sin(x);plot(x,y1)
```

可画出图 2.3.4，然后用下述命令增加 cos（x）的图形，也可将 sin 和 cos 两幅图画到一块儿，如图 2.3.5 所示。

```
>> hold on
>> y2=cos(x);plot(x,y2)
>> hold off
```

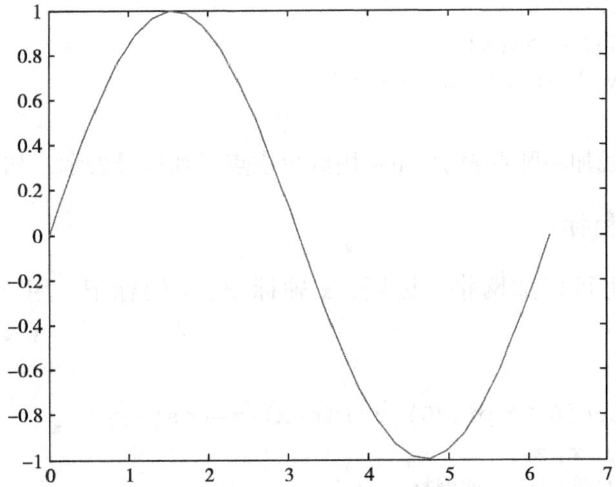

图 2.3.4　sin（x）的 plot 图形

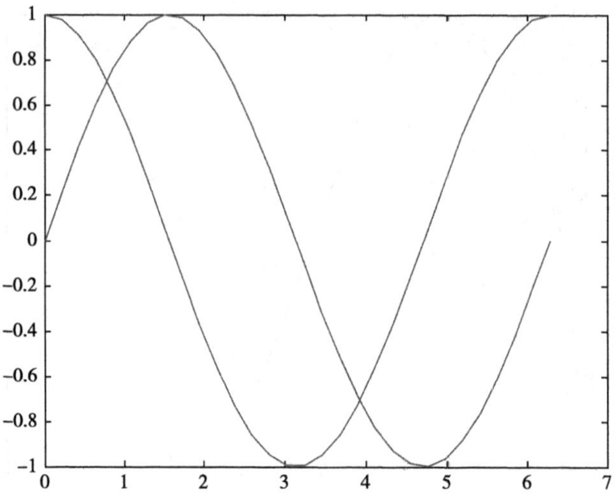

图 2.3.5　sin（x）与 cos（x）的多重线图

（三）线形和颜色

MATLAB 对曲线的线形和颜色有许多选择，标注的方法是在每一对数组后加一个字符串参数，说明如下：

线形（线方式）：　-实线　：点线　-. 虚点线　——破折线等。

线形（点方式）：　. 圆点　+加号　* 星号　x　x 形　o 小圆等。

颜色：y 黄　r 红　g 绿　b 蓝　w 白　k 黑　m 紫　c 青等。

以下面的例子说明用法：

在命令行输入：

```
>> x=0:pi/15:2* pi;
>> y=sin(x);z=cos(x);
>> plot(x, y, 'b:o', x, z, 'r-. * ')
```

sin 用蓝色点线加小圆点表示，cos 用红色虚点线加星号表示，如图 2. 3. 6 所示。

（四）网格和标记

在一个图形上可以加网格、标题、x 轴标记、y 轴标记，用下列命令完成这些工作。

```
>> x=linspace(0,2* pi,30);y=sin(x);z=cos(x);
>> plot(x, y, x, z)
>> grid      %在图形上加网格
>> xlabel('Independent Variable X')      % x 轴标记。注意:字符串引号应为英
```

文单引号

```
>> ylabel('Dependent Variables Y and Z')   % y 轴标记
>> title('Sine and Cosine Curves')   %图形标题
```

则得到如图 2.3.7 所示的图形。

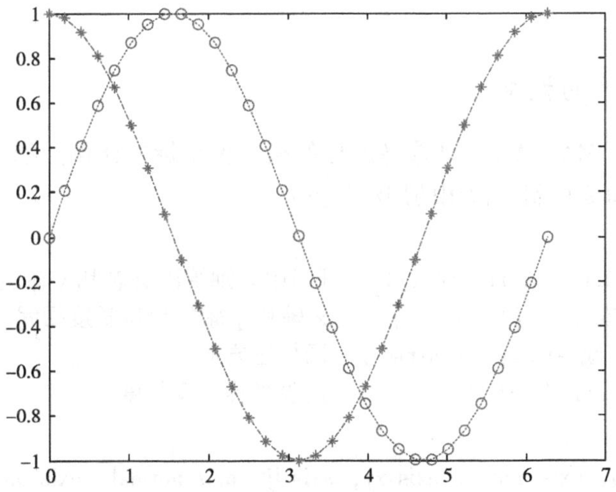

图 2.3.6　带线形和颜色的 plot 图形

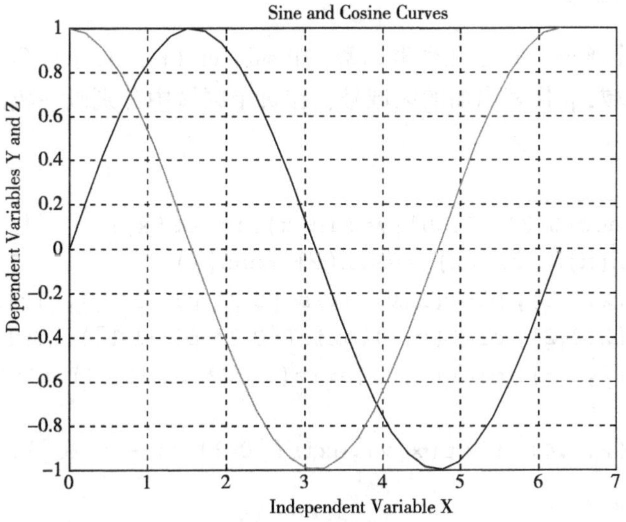

图 2.3.7　带有网格的图形

也可以在图形的任何位置加上一个字符串，例如：

```
>> text(2.5,0.7,'sinx')
```

表示在坐标 x=2.5，y=0.7 处加上字符串 sinx。更方便的是用鼠标来确定字符串的位置，方法是输入命令：

```
>> gtext('sinx')
```

在图形窗口十字线的交点是字符串的位置，用鼠标点一下就可以将字符串放在那里。

（五）坐标系的控制

在缺省情况下 MATLAB 自动选择图形的横、纵坐标的比例。如果对默认比例不满意，可以用 axis 命令控制，常用的用法如下：

axis([xmin xmax ymin ymax])	[ ]中分别给出 x 轴和 y 轴的最大值、最小值
axis equal 或 axis('equal')	x 轴和 y 轴的单位长度相同
axis square 或 axis('square')	图框呈方形
axis off 或 axis('off')	清除坐标轴及刻度

还有 axis auto，axis image，axis xy，axis ij，axis normal，axis on，axis（axis），它们的详细用法可参考在线帮助系统。

（六）多幅图形

可以在同一个画面上建立几个坐标系，用 subplot（m，n，p）命令；把一个画面分成 m×n 个图形区域，p 代表当前的区域号，在每个区域中分别画一幅图。请看下面的例子：

```
>> x=linspace(0,2* pi,30);y=sin(x);z=cos(x);
>> u=2* sin(x).* cos(x);v=sin(x)./cos(x);
>> subplot(2,2,1), plot(x,y),axis([0 2* pi -1 1]),title('sin(x)')
>> subplot(2,2,2), plot(x,z),axis([0 2* pi -1 1]),title('cos(x)')
>> subplot(2,2,3), plot(x,u),axis([0 2* pi-1 1]),title('2sin(x)cos(x)')
>> subplot(2,2,4), plot(x,v),axis([0 2* pi -20 20]),title('sin(x)/cos(x)')
```

于是在一个图形窗口中共得到 4 幅图形，如图 2.3.8 所示。

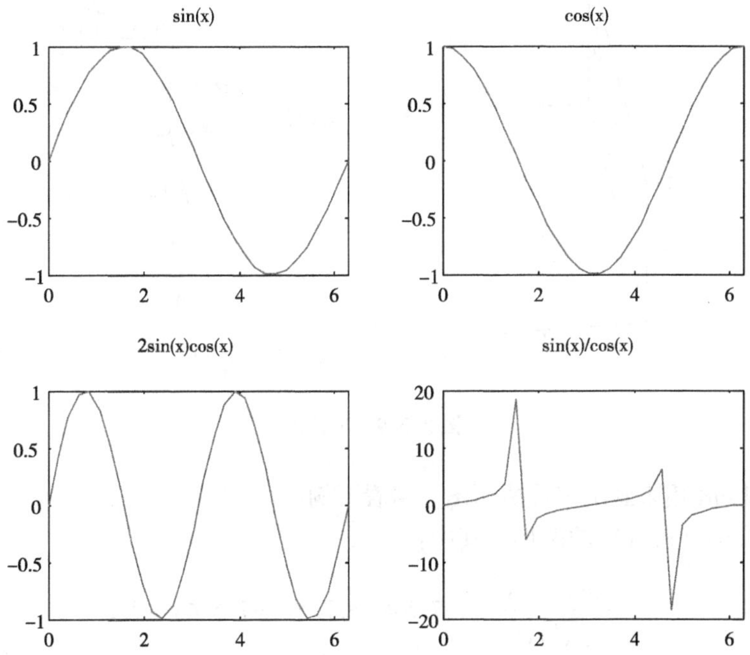

图 2.3.8　多幅图形

二、三维图形

三维图形常用命令有 plot3、mesh、surf 等。

plot3 用来做出三维曲线图，请看下例：

```
>> clf        %清空图形窗口
>> t=(0:0.02:2)* pi;x=sin(t);y=cos(t);z=cos(2* t);
>> plot3(x,y,z,'b-',x,y,z,'bd'),view([-82,58]),box on, legend('链','宝石')
```

view（azi，ele）是给三维图形指定观察点的命令，azi 是方位角，ele 是仰角。缺省时 azi= $-37.5°$，ele= $30°$。

box on 用于打开三维边框，box off 用来关掉边框。

legend 用于说明图形中各种符号或数据所代表的意义。

画出的图形如图 2.3.9 所示。

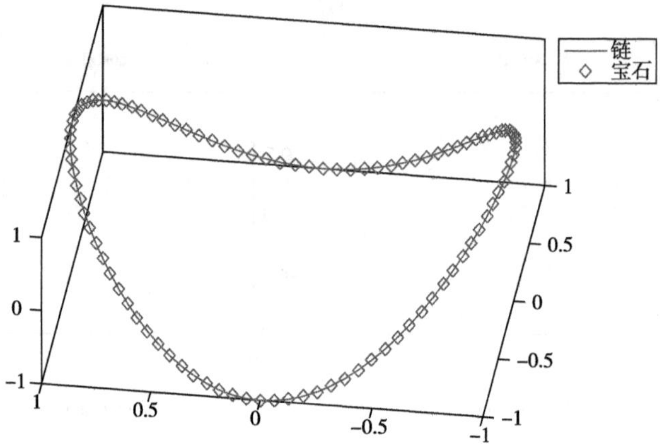

图 2.3.9　项链图

Mesh 和 surf 用来画出三维曲面图。请看下例：

做曲面 z=f（x，y）的图形，其中：

$$z=\frac{\sin\sqrt{x^2+y^2}}{\sqrt{x^2+y^2}},\ -7.5\leqslant x\leqslant 7.5,\ -7.5\leqslant y\leqslant 7.5$$

在命令行里输入：

```
>> x=-7.5:0.5:7.5;
>> y=x;
>> [X,Y]=meshgrid(x,y);            % 三维图形的 X,Y 数组
>> R=sqrt(X.^2+Y.^2)+eps;          %加 eps 是防止出现 0/0
>> Z=sin(R)./R;
>> surf(X, Y, Z)                   %画出三维网格表面
```

画出的图形如图 2.3.10 所示。surf 命令也可以改为 mesh，只是图形效果有所不同，读者可以自己上机查看结果。

三、简捷绘图指令

这组指令的特点是“指令的前两个字母是 ez ”，英文含义是“Easy to ”。这组指令有两个功能：一是直接表现用字符串描写的函数图形；二是与符号计算配套使用，作为符号计算结果的图形可视工具。

这组指令与普通“数值型”绘图指令起着互为补充的作用。若就方便易用排序，简捷指令最方便，普通“数值型”绘图指令次之，低层指令最繁；若就绘图的细致和个性化能力排序，那么低层指令最强，简捷指令最弱。

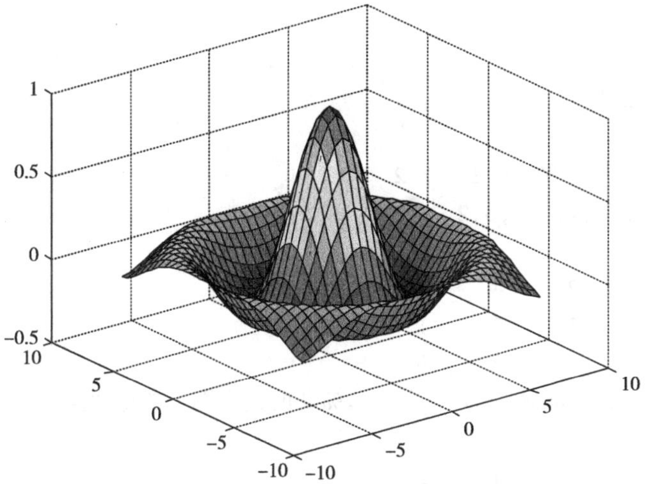

图 2. 3. 10　三维曲面图

这种指令的使用方法极其简单。

例如：使用一条指令

```
>> ezplot('cos(2* x)')
```

就可以画出函数 cos（2x）的图形。用命令

```
>> ezsurf('y/(1+x^2+y^2)')
```

就可以绘制二元函数 $z=\frac{y}{1+x^2+y^2}$ 的曲面。

四、特殊图形

（一）面域图 area

该指令的特点是：在图上绘制多条曲线时，每条曲线（除第一条外）都是把“前”条曲线作基线，再取值绘制而成的。因此，该指令所画的图形，能醒目地反映各因素对最终结果的贡献份额。

函数 area 的基本使用为：

AREA（X，Y，LEVEL）

其中：area 的第一输入变量 X 是单调变化的自变量。第二输入变量 Y 是“各因素”的函数值矩阵，且每个“因素”的数据取列向量形式排放。第三输入变量 LEVEL 是可选项，规定绘图的基准线值，只能取标量。默认值为 0。当基准值为 0 时，表示以 x 轴为基准线。

请看下例：

```
>> clf;x=-2:2
x=
    -2    -1     0     1     2
>> Y=[3,5,2,4,1;3,4,5,2,1;5,4,3,2,5]
Y=
     3     5     2     4     1
     3     4     5     2     1
     5     4     3     2     5
>> Cum_Sum=cumsum(Y)             %各曲线在图上的绝对坐标
Cum_Sum=
     3     5     2     4     1
     6     9     7     6     2
    11    13    10     8     7
>> area(x',Y',0)                %注意,x,Y 均取列向量的形式
>> legend('因素 A','因素 B','因素 C'),grid on, colormap(spring)
```

得到的图形如图 2.3.11 所示。

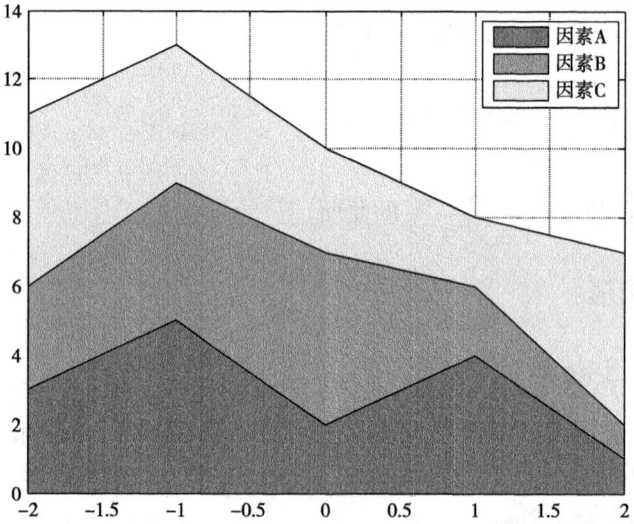

图 2.3.11　面域图

(二) 各种直方图 bar, barh, bar3, bar3h

二维直方图有两种图形：垂直直方图和水平直方图。而每种图形又有两种表现模式：累计式和分组式。

以下以 bar 图和 barh 图为例说明此类图形的画法：

```
>> clf;x=-2:2;                                        %设定自变量
>> Y=[3,5,2,4,1;3,4,5,2,1;5,4,3,2,5];                 %各因素的相对贡献份额
>> subplot(1,2,1),bar(x',Y','stacked')                %"累计式"直方图
>> xlabel('x'),ylabel('\Sigma y'),colormap(cool)      %控制直方图的用色
>> legend('因素A','因素B','因素C')
>> subplot(1,2,2),barh(x',Y','grouped')               %"分组式"水平直方图
>> xlabel('y'),ylabel('x')
```

在另外弹出的图形窗口中得到如图 2.3.12 所示的图形。
如用三维直方图表现上例数据，则在命令行输入：

```
>> clf;x=-2:2;
>> Y=[3,5,2,4,1;3,4,5,2,1;5,4,3,2,5];
>> subplot(1,2,1),bar3(x',Y',1)                       %"队列式"直方图
>> xlabel('因素ABC'),ylabel('x'),zlabel('y')
>> colormap(summer)
>> subplot(1,2,2),bar3h(x',Y','grouped')              %"分组式"水平直方图
>> ylabel('y'),zlabel('x')
```

从而在图形窗口得到如图 2.3.13 所示的图形。

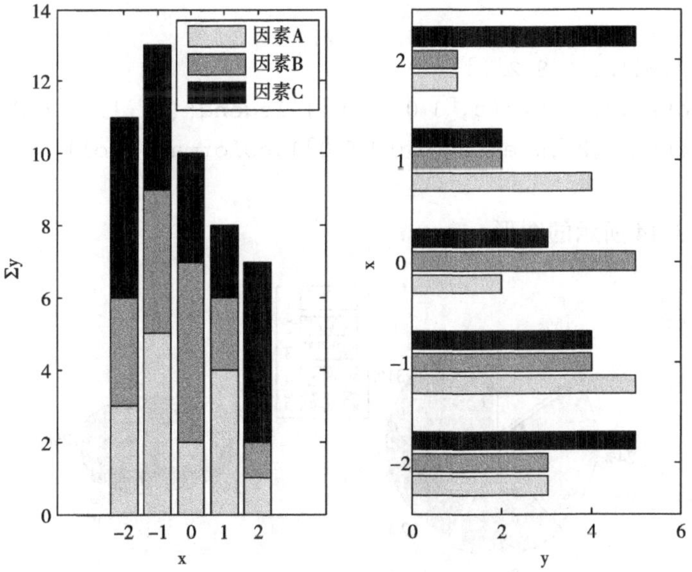

图 2.3.12 直方图

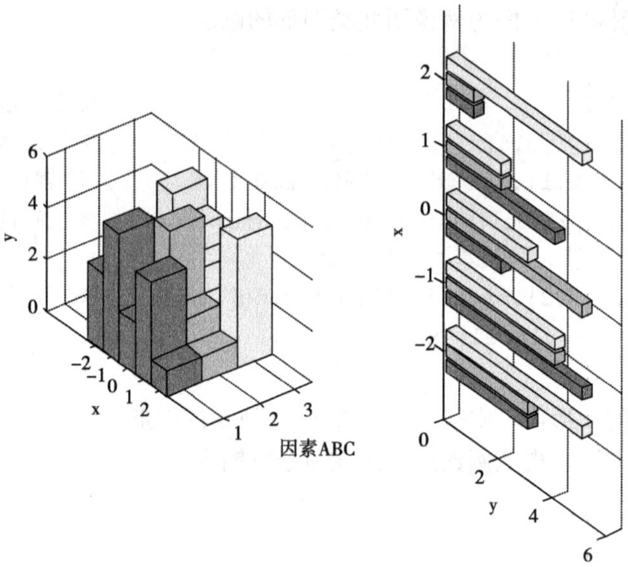

图 2.3.13　三维直方图

（三）饼图 pie、pie3

饼图指令 pie、pie3 用来表示各元素占总和的百分数。该指令第一输入变量是包括要表示的各元素的向量；第二输入变量是与第一变量同长的 0-1 向量，1 表示使对应扇块突出。

例如，在命令行输入：

```
>> a=[1,1.6,1.2,0.8,2.1];
>> subplot(1,2,1),pie(a,[1 0 1 0 0]),legend({'1','2','3','4','5'})
>> subplot(1,2,2),pie3(a,[1 0 1 0 0]),colormap(cool)
```

则得到如图 2.3.14 所示的图形。

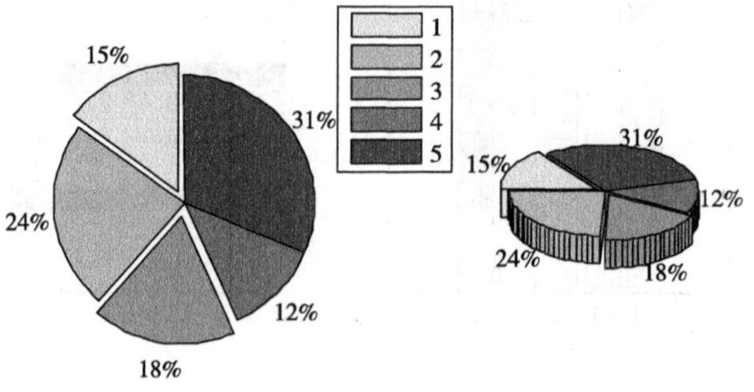

图 2.3.14　饼图

五、图形的输出

实践中，如果需要将产生的图形输出到 Word 文档中，通常可采用下述两种方法：

一种方法是，在 MATLAB 图形窗口中选择“文件”菜单中的“导出设置”选项，在打开的窗口中可对图形进行定义。然后点“另存为”选项，在打开的图形输出对话框中输入要保存的文件名称，再选择格式，选择路径，将图形以 emf、bmp、jpg、pgm 等格式保存。最后，打开相应的 Word 文档，并在该文档中选择“插入”菜单中的“图片”选项插入相应的图片即可。

另一种方法是，在图形窗口的“编辑”菜单中点“复制图形”，然后在打开的 Word 文件中点粘贴即可。用这种方法，图形不会被单独保存。

第四节 MATLAB 程序设计

用单独的图形命令可以实现基本的数据可视化，如果将图形命令再与 MATLAB 的程序设计功能相结合，那么可视化的效果可以得到更进一步的加强。

MATLAB 作为一种高级语言，不仅可以如前几节所介绍的那样，以一种人机交互式的命令行的方式工作，还可以像 BASIC，FORTRAN，C 等其他高级计算机语言一样进行控制流的程序设计，即编制一种以“.m”为扩展名的 MATLAB 程序。这种以“.m”为扩展名的 MATLAB 程序就是本节要讨论的 M 文件。

一、M 文件

所谓 M 文件，就是由 MATLAB 语言编写的可在 MATLAB 语言环境下运行的程序源代码文件。商用的 MATLAB 软件是用 C 语言编写而成，因此，M 文件的语法与 C 语言十分相似。

最基本的 M 文件有脚本文件（Script）和函数文件（Function）两种。这两种文件的主要区别是：

（1）脚本文件没有输入参数，也不返回输出参数。而函数文件可以有输入参数也可以返回输出参数。

（2）脚本文件从 MATLAB 工作区得到变量进行操作，其执行结果也返回到工作区中，而函数文件所定义的变量为局部变量，函数文件执行完后，变量被清除。

（3）脚本文件可以直接运行；而函数文件则不能，只能调用。

M 文件不仅可以在 MATLAB 的程序编辑器中编写，也可以在其他的文本编辑器中编写，但要以“m”为扩展名。

应用 MATLAB 的程序编辑器建立 M 文件的方式有如下 4 种：

（1）单击 MATLAB 主页的“新建脚本”按钮，进入 MATLAB 程序编辑器直接编辑脚本文件。

（2）单击 MATLAB 主页的“新建”按钮，在随后弹出的菜单中可以选择“脚本”“函数”“类”等，然后进入 MATLAB 程序编辑器对已选的“脚本”“函数”或者“类”进行编辑。

（3）将鼠标放在“当前文件夹”，点右键，在弹出的菜单中选择“新建文件”，在弹出的子菜单中可以选择“脚本”“函数”“类”等建立“脚本”“函数”或者“类”文件。双击建立的文件，就可以在 MATLAB 程序编辑器中打开已建立的文件进行编辑。

（4）鼠标放在命令历史窗口，点右键，在弹出的菜单中选择“创建脚本”。

（一）脚本文件

脚本文件类似于 DOS 下的批处理文件，不需要在其中输入参数，也不需要给出输出变量来接受处理结果。脚本文件就好像是将若干命令或函数放到一块，用于完成特定的功能。脚本的操作对象为 MATLAB 工作区内的变量，并且在脚本执行结束后，脚本中对变量的操作结果均会保留在工作区中。在 MATLAB 语言中也可以在脚本内部定义变量，并且该变量将会自动地被加入当前的 MATLAB 工作区中。当然，存在工作区中的变量又可以被其他的脚本或函数引用，直到 MATLAB 被关闭或采用一定的命令将其删除。

以下用实例说明脚本文件的建立：

【例 2.4.1】 建立一个脚本文件将变量 a、b 的值互换，然后运行该脚本文件。

（1）M 文件建立步骤：

①点击 MATLAB 主页窗口中的“新建脚本”按钮，进入 MATLAB 程序编辑器，如图 2.4.1 所示，其窗口名为 untitled 。

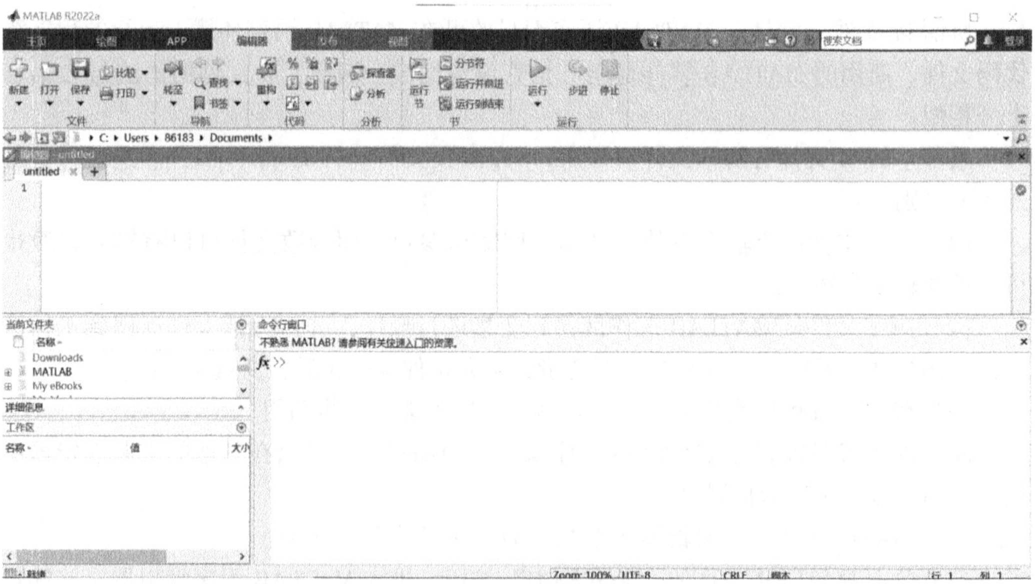

图 2.4.1　M 文件编辑调试器

②用户可在空白窗口中编写程序，比如输入如下一段程序：

```
clear;
a=1:10;b=[11,12,13,14;15,16,17,18];
c=a;a=b;b=c;
a
b
```

③点击编辑器窗口中的“保存”按钮，直接将文件保存为 untitled. m。点击编辑器窗口中的“保存”菜单，选择“保存为”选项，选择保存文件夹，键入新编文件名（如 exch），点击“保存”键，就完成了文件 exch. m 的保存。

（2）运行文件：

①使 exch. m 所在目录成为当前目录，或让该目录处在 MATLAB 的搜索路径上。如果文件存在默认路径中，则无须做任何设置即可运行程序。

②运行以下指令，便可得到结果。

```
>> exch
a=
    11    12    13    14
    15    16    17    18
b=
     1     2     3     4     5     6     7     8     9    10
```

（二）函数文件

MATLAB 语言中，相对于脚本文件而言，函数文件是较为复杂的。函数文件一般需要给定输入参数，并能够对输入变量进行若干操作，最后给出一定的输出结果（变量值或图形等）。函数文件的操作对象为函数的输入变量和函数内的局部变量等。

MATLAB 语言的函数文件包含如下 5 个部分：

1. 函数题头：指函数的定义行，是函数语句的第一行，在该行中将定义函数名、输入变量列表及输出变量列表等。

2. HI 行：指函数帮助文本的第一行，为该函数文件的帮助主题，当使用 lookfor 检索命令时，可以查看到该行信息。

3. 帮助信息：这部分提供了函数的完整的帮助信息，包括 HI 行之后至第一个可执行或空行为止的所有注释语句，通过 MATLAB 语言的帮助系统查看函数的帮助信息时，将显示该部分。

4. 函数体：指函数代码段，是函数的主体部分，也是实现编程目的的核心所在，它可以包括所有可执行的一切 MATLAB 语言代码。

5. 注释部分：指对函数体中各语句的解释和说明文本，注释语句是以%引导的。

函数文件的建立与脚本文件大致相同。此处，仅以例 2. 4. 2 予以说明。

【例 2. 4. 2】 建立一个函数文件将变量 a、b 的值互换，然后在命令窗口调用该函数文件。

（1）用建立脚本文件类似的方法建立函数文件 fexch. m：

```
function[output1,output2]=fexch(input1,input2)          %函数题头
%This is function to exchange two matrices% HI 行
%input1,input2 are input variables                       % 帮助信息
%output1,output2 are output variables                    %帮助信息
output1=input2;                                          %函数体
output2=input1;                                          %函数体
%The end of this example function
```

（2）在 MATLAB 的命令窗口调用该函数文件：

```
>> clear;
>> x=1:10;y=[11,12,13,14;15,16,17,18];
>> [x,y]=fexch(x,y)
```

运行结果如下：

```
x=
    11    12    13    14
    15    16    17    18
y=
     1     2     3     4     5     6     7     8     9    10
```

可以看到：通过使用函数 fexch 可以和例 2. 4. 1 一样使矩阵 X、Y 进行相互交换。在该函数题头中，“function” 为 MATLAB 语言中函数的标示符，而 fexch 为函数名，input1 和 input2 为输入变量，output1 和 output2 为输出变量，在实际调用过程中，可以用有意义的变量替代使用。输出变量用中括号标识，而输入变量用小括号标识，各变量间用逗号间隔。

在函数体中“%”后的部分为注释语句，注释语句主要是对程序代码进行说明解释，使程序易于理解，也有利于程序的维护。MATLAB 语言中将一行内百分号后所有文本均视为注释部分，在程序的执行过程中不被解释，并且百分号出现的位置也没有明确的规定，可以是一行的首位，这样，整行文本均为注释语句，也可以是在行中的某个位置，这样其后所有文本将被视为注释语句，这也展示了 MATLAB 语言在编程中的灵活性。

尽管在上文中介绍了函数文件的 5 个组成部分，但并不是所有的函数文件都需要全部的这 5 个部分。实际上，5 个部分中只有函数题头是一个函数文件所必需的，而其他的 4 个部分均可省略。当然，如果没有函数体则为一空函数，不能产生任何作用。

在 MATLAB 语言中，存储 M 文件时文件名最好与文件内主函数名相一致。如果两者不一致，则调用函数时依据的是文件名而不是文件中的函数名。为了避免混淆，建议在存储 M 文件时，应将文件名与主函数名统一起来。

（三）编辑已有的 M 文件

对于已经建立好的文件，如果意欲重新编辑或修改，则可用如下方法：

1. 单击 MATLAB 主页的“打开”按钮，在随后弹出的菜单中选择要打开的文件夹以及文件。

2. 单击 MATLAB 主页的“打开”菜单，系统显示最近使用的文件，可从中选择要打开的文件。

3. 在当前文件夹中，双击要打开的文件。

二、M 文件流程控制

同其他的程序设计语言一样，MATLAB 语言也给出了丰富的流程控制语句，以满足许多复杂程序设计的要求。在命令窗口中的操作虽然可以实现人机交互，但是所能实现的功能却相对简单。而在 M 文件中，通过对流程控制语句的组合使用，可以实现多种更复杂的功能。MATLAB 语言的流程控制语句主要有 for，while，if-else-end 及 switch-case 等语句。

（一）for 语句

for 循环语句是基本的流程控制语句，使用 for 循环语句可以以指定的次数重复执行循环体内的语句。

```
for 循环语句的调用形式为：
for 循环控制变量=〈循环次数设定〉
    循环体
end
```

循环次数可由数组来设定。设定循环次数的数组可以是已定义的数组，也可以在 for 循环语句中定义。在 for 语句中定义的格式为：

〈初始值〉：〈步长〉：〈终值〉

初始值为循环变量的初始设定值，每执行循环体一次，循环控制变量将按步长增加，直至循环控制变量的值大于终值时循环结束。有些情况下步长也可以为负。在 for 循环语句中，循环体内不能出现对循环控制变量的重新设置，否则将会出错。另外，

for 循环允许嵌套使用。

【例 2.4.3】 将循环变量的值依次赋予数组 x 的每个元素。

```
for i=1:10;              %i 为循环变量,取值依次为 1,2,…,10,步长默认为 1
x(i)=i;                  %对循环变量的每个取值,执行由该指令构成的循环体
end;                     %循环结束
x                        %要求显示运行后数组 x 的值
```

执行以后，程序输出：

```
x=
    1    2    3    4    5    6    7    8    9    10
```

【例 2.4.4】 求 1，3，5，7，9，11 的和。

```
s=0;                     %首先为变量 s 赋初值
for i=1:2:12             %循环变量 i 依次取值 1,3,…,11。当 i=13 时,i 大于终值,
循环结束
    s=s+i;               %每次将循环变量的值累加到变量 s 中
end
s                        %输出变量 s 的值
执行以后,程序输出:
s=
    36
```

循环经常用于求和。在 MATLAB 中，还有专门的函数 sum 可以用于求和。对于向量，sum 的结果就是求所有元素的和；对于矩阵，sum 的结果是求每一列的和。

```
>> s=sum(1:100)                 %求 1 到 100 的和,即 1+2+3+…+100
s=
     5050
>> A=[1 1 1 1;2 2 2 2;3 3 3 3;4 4 4 4]
A=
    1    1    1    1
    2    2    2    2
    3    3    3    3
    4    4    4    4
>> B=sum(A)                     %求以上矩阵每一列的和
B=
   10   10   10   10
```

```
>> C=sum(sum(A))              %如果要求矩阵中所有元素的和,可以两次使用 sum
C=
    40
```

（二）while 语句

while 循环语句与 for 循环语句不同的是，前者是以条件的满足与否来判断循环是否结束的，而后者则是以执行次数是否达到指定值来判断的。while 循环语句的一般形式为：

while〈循环判断语句〉
  循环体
end

其中：循环判断语句为某种形式的逻辑判断表达式，当该表达式的值为真时，就执行循环体内的语句；当表达式的值为假时，就退出当前的循环体。

在 while 循环语句中，在语句内必须有可以修改循环控制变量的命令，否则该循环语言将陷入死循环中，除非循环语句中有控制退出循环的命令，如 break 语句。当程序流程运行至 break 语句时，则不论循环控制变量是否满足循环判断语句均将退出当前循环，执行循环后的其他语句。

与 break 语句对应，MATLAB 还提供了 continue 命令用于控制循环，当程序流运行至 continue 语句时会忽略其后的循环体操作转而执行下一层次的循环。

【例 2.4.5】 Fibonacci 数组的元素满足 Fibonacci 规则：$a_{k+2} = a_k + a_{k+1}$（$k = 1, 2, \cdots$）；且 $a_1 = a_2 = 1$。请编制求该数组中第一个大于 10000 的元素的程序。

```
a(1)=1;a(2)=1;i=2;
while  a(i)<=10000;           %当现有的元素仍小于 10000 时,求解下一个元素
    i=i+1;
    a(i)=a(i-1)+a(i-2);
end;
i
a(i)
```

运行后得到如下结果：

```
i=
    21
ans=
     10946
```

（三） if-else-end 语句

条件判断语句是程序设计语言中非常重要的流程控制语句。使用该语句，可以选择执行指定的命令。MATLAB 语言中基本的条件判断语句是 if-else-end 语句。

if-else-end 语句的一般形式为：

if 〈逻辑判断语句〉

　　逻辑值为“真”时执行的语句

else

　　逻辑值为“假”时执行的语句

end

当逻辑判断表达式为“真”时，将执行 if 与 else 语句间的命令，否则将执行 else 与 end 语句间的命令。

在 MATLAB 语言的 if-else-end 语句中的 else 子句是可选项，即语句中可以不包括 else 子句的条件判断。此时，当逻辑判断表达式为“真”时，将执行 if 与 end 语句间的命令，否则将跳出条件语句，执行 end 下面的命令。

在程序设计中，也经常碰到需要进行多重逻辑选择的问题，这时可以采用 if-else-end 语句的嵌套形式：

if 〈逻辑判断语句 1〉

　　　逻辑值 1 为“真”时的执行语句

elseif 〈逻辑判断语句 2〉

　　　逻辑值 2 为“真”时的执行语句

elseif 〈逻辑判断语句 3〉

……

else

　　当以上所有的逻辑值均为假时的执行语句

end

在以上的各层次的逻辑判断中，若其中任意一层逻辑判断为真，则将执行对应的语句，并跳出该条件判断语句，其后的逻辑判断语句均不进行检查。

【例 2.4.6】把矩阵第一列中包含缺失值的整行删除。

编写如下函数，并将其存为 delete_ first_ column_ nan. m。

```
function output_data=delete_first_column_nan(input_data)
%delete_first_column_nan          %删除矩阵第一列中包含非数的整行
% input_data 是输入的矩阵
m=size(input_data);               %提取输入矩阵的行数
for i=1:m                         %对矩阵的每一行,进行循环
    if isnan(input_data(i,1))     %循环体是一个 if-else-end 条件判断。条
件是判断输入矩阵的第一列是否是非数 NaN,如果是就为相应的指标赋值为逻辑真,否则赋值
```

为假。isnan 是判断一个数是否为非数的函数。

```
        ind(i)=true;
    else
        ind(i)=false;
    end
end
input_data(ind,:)=[];
output_data=input_data;
```

以下运行这个函数。

```
>> A=[1 2 3;nan 5 6;7 8 nan;10 11 12]       %先输入包含两个非数的矩阵 A
A=
     1     2     3
   NaN     5     6
     7     8   NaN
    10    11    12
>> B=delete_first_column_nan(A)         %对 A 调用 delete_first_column
_nan
B=
     1     2     3
     7     8   NaN
    10    11    12          %可见 B 是删除 A 中第一列有非数的行以后的结果
>> C=delete_first_column_nan(B)      %对于 B 再用本函数,结果与 B 相同
C=
     1     2     3
     7     8   NaN
    10    11    12
```

事实上，MATLAB 提供了删除缺失值的标准函数 rmmising。该函数可以把矩阵中任何位置包含缺失值的一个整行删掉。

```
>> D=rmmissing(A)                  %删除 A 中包含非数的所有行
D=
     1     2     3
    10    11    12
```

标准函数 rmmissing 在数据挖掘、数据准备和数据预处理中有非常重要的作用。

（四）switch-case 语句

if-else-end 语句所对应的是多重判断选择，而有时也会遇到多分支判断选择的问题。MATLAB 语言为解决多分支判断选择提供了 switch-case 语句。

switch-case 语句的一般表达形式为：

```
switch  〈选择判断量〉
Case    选择判断值 1
        执行语句组 1
Case    选择判断值 2
        执行语句组 2
        ……
otherwise
      其他都不成立时执行的语句组
end
```

值得说明的是，在 switch-case 语句中，当其中一个 case 语句后的条件为真时，switch-case 语句不对其后的 case 语句进行判断，也就是说，即使有多条 case 判断语句为真，也只执行所遇到的第一条为真的语句。

以下用实例说明 switch-case 语句的用法。

【例 2.4.7】 商场过节实行优惠。优惠条件为：

- 购物 300 元以下，优惠 5%；
- 购物 300 元以上到 500 元，优惠 10%；
- 购物 500 元以上，优惠 15%。

编写程序，输入购物金额，计算并输出顾客应付款。

```
w=input('购物金额');
if w<300
    x=0;
elseif (w>=300&w<500)
    x=1;
else
    x=2;
end
switch x
    case 0
        y=w* (1-0.05);
    case 1
        y=w* (1-0.1);
    case 2
        y=w* (1-0.15);
end,y
```

该程序运行时，首先从屏幕上输入购物金额，然后程序根据购物金额的大小计算顾客应付款的多少。

例如，在命令行输入：

```
>> li247              %假设本例程序已经存为 li247.m 文件
购物金额:456          %456 是从屏幕上输入的购物金额,后面是程序计算出的顾客应付款
y=
        410.4
```

思考练习题

1. 输入矩阵

A=

1	5	-30
26	10	-8
-76	85	38

2. 把矩阵 A 的第二列、第三列元素全赋值为 8。
3. 用 rand 生成一个 3×4 阶的均匀分布随机矩阵。
4. 生成一个 2×3 阶全 1 矩阵和一个 2×3 阶全 2 矩阵，并将二者纵向串联。
5. 创建如下向量：

[2 4 6 8 10 12 14 16 18 20]；

从 2 到 25，每隔 3 取一个点；

从 1 到 100，均匀取 30 个点；

6. 求 A 的逆矩阵并进行验算。
7. 检查 MATLAB 内存变量的详细情况。
8. 将内存变量存起来。
9. Clear 内存变量。
10. 调出刚刚存起来的数据。
11. 输入矩阵

AB=

1	5	7	4	7
8	10	8	5	6
6	8	3	9	4

画出 AB 对应的面域图、直方图和每一行对应的饼图。

12. 画出函数 z=f（x，y）的图形。

$$z = \frac{\sin\sqrt{x^2 + y^2}}{\sqrt{x^2 + y^2}}, \quad -7.5 \leqslant x \leqslant 7.5, \quad -7.5 \leqslant y \leqslant 7.5$$

13. 已知 $y = \frac{1}{1^2} + \frac{1}{2^2} + \cdots + \frac{1}{n^2}$，当 $n = 100$ 时，求 y 的值。
14. 编一个程序，求给定数组的最大值和最小值，并返回其所在位置。
15. 用 Excel 建立一个数据文件并将其读入 MATLAB 中。

第三章

数据探索

什么是数据探索？数据探索也称为探索性数据分析或者简称 EDA（Explorative Data Analysis）。数据探索就是在对数据没有任何预先设想的情况下对数据进行的一些分析与处理。通过数据探索可以发现数据本身的一些问题和缺陷，发现数据中隐含的某些特征或者规律。探索性数据分析可以采用数值转换的方法、图形方法以及统计方法等来进行。

本章内容包括：数据及其类型；数据质量分析；数据特征分析。

第一节　数据及其类型

什么是数据？

数据是对客观事物的描述。

数据可以分为结构化的数据和非结构化的数据。

对于结构化的数据而言，一个数据集由记录构成，每个记录包含若干个固定的属性。行称之为数据对象、记录或者样本，列称为属性、特征或者字段。

如果数据集中的所有数据对象都具有相同的数值型属性，则数据对象可以看作是多维空间中的点（向量），其中每个维表示一个特定的属性。

这样的数据集可以表示为一个 m 行 n 列的矩阵：每行一个数据对象，每列一个属性。

数据矩阵是 MATLAB 可以处理的主要数据类型之一。前面第二章已有一些介绍。

当然，对客观事物的描述也可以采用文本或者文档的形式，这样的数据称为文本数据或者文档数据。

MATLAB 也可以处理文本数据。用以下方法可以将文本数据转换为数据矩阵：

行表示要处理的文件。列是这些文件中所包含的词语。对应于每一行、每一列的数就是该词语在此文本中出现的次数，如表 3.1.1 所示。

表 3.1.1　文本数据的转换

	单词 1	单词 2	单词 3	单词 4	…
文件 1	3	5	0	3	
文件 2	1	0	7	2	
文件 3	0	2	2	8	

对于像超市一类的零售企业，为了增加其销售额，超市想要更多地了解顾客的购物习惯或者说购物的规律。在这种情况下，我们所研究的数据对象是顾客的购物或者超市出售的物品。像这样将某一顾客一次所购物品放在一块儿构成的集合，或者超市在一天内出售的所有物品构成的集合称为事务数据。

例如，如果顾客今天购买了面包、牛奶、巧克力和毛巾，那么“面包、牛奶、巧克力和毛巾”就是一个事务数据。所有顾客一天内的所有购物集合放到一块儿称为一个事务数据库。事务数据和事务数据库根据研究问题的不同而不同，可大也可小。

事务数据可以通过编码转换为数值矩阵。本书第五章将研究事务数据的处理，探讨零售企业顾客购物规律以及所购物品的关联关系。

第二节　数据质量分析

数据质量分析的主要任务是检查原始数据中是否存在脏数据。所谓脏数据，一般是指不符合要求，以及不能直接进行相应分析的数据。在常见的数据挖掘工作中，脏数据包括：

- 缺失值；
- 异常值；
- 不一致的值；
- 重复数据及含有特殊符号（如#、￥、*）的数据。

一、缺失值分析

一般来讲，我们收集到的数据很可能带有某种缺陷。例如，我们从网络上下载一个数据，中间很可能有几项缺失或者出现乱码等。数据缺失或者缺陷的原因多种多样。有时可能是人为原因或者疏忽、忘记导致数据丢失，也可能是数据采集时设备故障没有记录上，也有可能是这项数据客观上就不存在。

表 3.2.1 是从国泰安数据库下载的股票“000004”1991—2003 年的一些偿债能力分析比率。

表 3.2.1 国泰安下载数据截图

	A	B	C	D	E	F	G	H	I	
1	Stkcd	Accper	Typrep	F010101A	F010201A	F010301A	F010401A	F010501A	F010601A	F01
2	000004	1991-12-31	A	1.160821	1.094619	1.001761		0.080494	5538872	6.1
3	000004	1992-12-31	A	0.86648	0.811208	0.673033		-0.15298	-1.8E+07	
4	000004	1993-12-31	A	0.828111	0.788444	0.690553		-0.20112	-6.9E+07	
5	000004	1994-12-31	A	0.635925	0.599758	0.553625		-0.60085	-2E+08	2.
6	000004	1995-06-30	A	0.875265	0.875265	0			-1E+08	
7	000004	1995-12-31	A	0.87472	0.856544	0.827602		-0.12264	-8.4E+07	1.5
8	000004	1996-06-30	A	0.580636	0.580636	0			-1.7E+08	0.9
9	000004	1996-12-31	A	0.491265	0.471524	0.432959		-0.63047	-2.1E+08	-0.
10	000004	1997-06-30	A	0.568326	0.568326	0			-1.9E+08	
11	000004	1997-12-31	A	0.624411	0.609666	0.571215		-0.4965	-1.4E+08	1.3
12	000004	1998-06-30	A	0.603723	0.572405	0.521026		-0.50259	-1.4E+08	1.4
13	000004	1998-12-31	A	0.549669	0.545004	0.52599	0.174337	-0.58654	-1.3E+08	-3.
14	000004	1999-06-30	A	0.542254	0.5384	0.503083	0.141668	-0.60767	-1.2E+08	1.1
15	000004	1999-12-31	A	0.548394	0.544535	0.51915	0.182502	-0.6114	-1E+08	1.8
16	000004	2000-06-30	A	0.584098	0.579681	0.523922	0.149125	-0.62609	-8.2E+07	2.1
17	000004	2000-12-31	A	0.819304	0.817573	0.793699	0.167259	-0.31638	-7E+07	3.2
18	000004	2001-06-30	A	2.477267	2.367237	2.320759	1.828673	2.705548	81166445	
19	000004	2001-12-31	A	1.536372	1.359616	1.304625		0.846245	50571595	12.
20	000004	2002-03-31	A	1.511608	1.245863	1.036446		0.74226	48209774	-1.
21	000004	2002-06-30	A	1.399831	1.214755	1.069375	0.267091	0.502146	44992306	-1.
22	000004	2002-09-30	A	1.464845	1.277339	1.12915		0.555373	51982937	1.2
23	000004	2002-12-31	A	1.502557	1.336169	1.060345	0.203812	0.631902	63822114	3.0
24	000004	2003-03-31	A						0	0.0
25	000004	2003-06-30	A	1.548006	1.266307	1.118937	0.153393	0.86379	57010117	0.5

表中几个指标的含义说明如下：

Stkcd［股票代码］：上海交易所、深圳证券交易所公布的证券代码。

Accper［截止日期］：指会计报表日，统一用 10 位字符表示，如 1999-12-31。

Typrep［报表类型编码］：A：合并报表；B：母公司报表；在公司未公布合并报表，本数据库以单一报表数据填列。

F010101A［流动比率］：流动资产/流动负债；当分母未公布或为零时，以 NULL 表示。

F010201A［速动比率］：（流动资产-存货）/流动负债；当分母未公布或为零时，以 NULL 表示。

F010301A［保守速动比率］：（货币资金+短期投资+交易性金融资产+衍生金融资产+应收票据+应收账款净额）/流动负债；“短期投资”为 2007 年前科目，“交易性金融资产”为 2007 年后科目。

F010401A［现金比率］：现金及现金等价物期末余额/流动负债；当分母未公布或为零时，以 NULL 表示。

F010501A［营运资金与借款比］：（流动资产合计-流动负债合计）/（短期借款+长期借款）；分子、分母各项为空时，以零值代替；分母合计项为零时，结果为空。

F010601A［营运资金］：流动资产合计-流动负债合计。

从表 3. 2. 1 中可以看出，1998 年 6 月 30 日之前，F010401A［现金比率］这个指标没有值，可能的原因是此日期前该公司没有计算并对外提供这一指标。2001 年 12 月 31 日、2002 年 3 月 31 日和 2002 年 9 月 30 日这个指标的数据也缺失，不知何故。同样，F010501A［营运资金与借款比］这个指标也有几个年份的数据缺失，不知何故。另外，2003 年 3 月 31 日的数据基本全都缺失，估计是 2003 年一季度该公司没有披露会计报告。

如果我们基于这一数据进行分析，很可能导致结论有偏差，有时由于缺失数据的存在，数据挖掘可能根本无法进行下去。

缺失数据的处理方法有三种：不予处理、简单删除和进行插补。本节将用 matlab 提供的函数 rmmissing 简单将缺失值删掉。下一章将讨论插补法。

先将表 3. 2. 1 的数据导入 matlab。

>>［num txt］=xlsread（'C：\ 课程 \ 大数据分析与财务数据挖掘 \ data-example \ chap3 \ 表 3. 2. 1 数据 . xlsx'）；

```
>> num
num=
      1.1608      1.0946      1.0018      NaN         0.080494
      0.86648     0.81121     0.67303     NaN         -0.15298
      0.82811     0.78844     0.69055     NaN         -0.20112
      0.63592     0.59976     0.55363     NaN         -0.60084
      0.87526     0.87526     0           NaN         NaN
      0.87472     0.85654     0.8276      NaN         -0.12264
      0.58064     0.58064     0           NaN         NaN
      0.49127     0.47152     0.43296     NaN         -0.63047
      0.56833     0.56833     0           NaN         NaN
      0.62441     0.60967     0.57122     NaN         -0.4965
      0.60372     0.57241     0.52103     NaN         -0.50259
      0.54967     0.545       0.52599     0.17434     -0.58654
      0.54225     0.5384      0.50308     0.14167     -0.60767
      0.54839     0.54453     0.51915     0.1825      -0.6114
      0.5841      0.57968     0.52392     0.14913     -0.62609
      0.8193      0.81757     0.7937      0.16726     -0.31638
      2.4773      2.3672      2.3208      1.8287      2.7055
      1.5364      1.3596      1.3046      NaN         0.84625
      1.5116      1.2459      1.0364      NaN         0.74226
      1.3998      1.2148      1.0694      0.26709     0.50215
      1.4648      1.2773      1.1292      NaN         0.55537
      1.5026      1.3362      1.0603      0.20381     0.6319
      NaN         NaN         NaN         NaN         NaN
      1.548       1.2663      1.1189      0.15339     0.86379
```

可见，表 3.2.1 中的缺失数据导入 matlab 以后变成了 NaN 非数。

用命令 rmmissing 按行删除带有缺失值的数据。删完以后，表 3.2.1 的数据只剩 9 行。

```
>> num_nnan=rmmissing(num)
num_nnan=
    0.54967      0.545     0.52599     0.17434    -0.58654
    0.54225     0.5384     0.50308     0.14167    -0.60767
    0.54839    0.54453     0.51915      0.1825     -0.6114
     0.5841    0.57968     0.52392     0.14913    -0.62609
     0.8193    0.81757      0.7937     0.16726    -0.31638
     2.4773     2.3672      2.3208      1.8287      2.7055
     1.3998     1.2148      1.0694     0.26709     0.50215
     1.5026     1.3362      1.0603     0.20381      0.6319
      1.548     1.2663      1.1189     0.15339     0.86379
```

二、异常值分析

异常值是样本中其数值明显偏离其余观测值的点，也称为离群点。异常值的分析也称为离群点分析。第八章将对离群点进行更多的讨论。

通过异常值分析，我们可以检验数据集中是否含有录入错误或者含有不合常理的数据。在数据挖掘中，异常值不能随意剔除，也不能不假思索地把异常值包括进数据的计算分析过程中，这样对结果都可能带来不良影响。对异常值的分析有可能成为发现新问题的契机并进而找出改进决策的突破口，从而使数据挖掘更有意义。

异常值分析常用方法有：简单统计分析、3σ 原则、箱线图分析等。

（一）简单统计分析

通过描述性统计，可以查看哪些数据是不合理的。

最常用的统计量有最大值和最小值，判断这个变量中的数据是不是超出了合理的范围。如身高的最大值为 5 米，则该变量的数据存在异常。对于何时参加工作这个变量，其最小值应该至少大于 18 周岁。如果某国家干部 12 岁参加工作，那么这个变量的值肯定有问题。

描述性统计是统计学中最基本的内容。对数据的描述有两方面：一是数据集中趋势的描述；二是数据离散程度的描述。

在 MATLAB 中，描述数据集中趋势的函数包括均值 mean，几何平均值 geomean，调和平均数 harmmean，中位数 median，众数 mode，分位数 prctile 等。

假设有 n 个数 x_1，x_2，…，x_n，称为 n 个观察值，其中 n 称为样本容量。

均值 mean 也称算术平均数，定义为 n 个数的和除以 n。

中位数 median 是数据经过排序后位于中间的那个。如果 n 为奇数，则中位数位于 $(n+1)/2$ 的位置；如果 n 为偶数，则中位数取 $(n+1)/2$ 的前后两个数，即中间两个数的平均值。

众数 mode 是数据序列中出现频数最多的那个值。

分位数 prctile 是将数据按大小顺序排列以后将数据序列分成相等份数的那些数。常用的分位数有四分位数、十分位数以及 100 分位数。例如，四分位数就是将数据序列分成四等份的那些数，其中中间的数也就是中位数，两边的数是上下半段数各自的中位数。

对于上面的删除所有缺失值以后的数据 num_ nnan，可以求其每一列的集中趋势。

```
>> me=mean(num_nnan)
me=
      1.1079      1.0233      0.93725     0.3631      0.21726
>> medi=median(num_nnan)
medi=
      0.8193      0.81757     0.7937      0.17434     -0.31638
>> prct=prctile(num_nnan,25)
prct=
     0.54935      0.54489     0.52273     0.15233     -0.6086
>> prct=prctile(num_nnan,75)
prct=
      1.5139  1.2838      1.0818      0.21963      0.68987
```

可见，这类函数默认选项就是按列求相应的函数值。从该例可以看出，均值和中位数有时相差较大。prctile（num_ nnan，25）求的是 25%的分位数，即下四分位数，表示全部观察值中有 1/4 的数据取值比它小。prctile（num_ nnan，75）求的是 75%的分位数，即上四分位数，表示全部观察值中有 1/4 的数据取值比它大。

MATLAB 还提供了另外一个函数 quantile，也可用于求四分位数。但要注意，下四分位数要写成 0.25，而不是 25，其他以此类推。

```
>> quan=quantile(num_nnan,[0.25 0.5 0.75])
quan=
     0.54935      0.54489      0.52273      0.15233      -0.6086
      0.8193      0.81757       0.7937      0.17434     -0.31638
      1.5139       1.2838       1.0818      0.21963      0.68987
```

数据离散程度的评价指标主要有极差 range，方差 var，标准差 std，平均差 mad，四分位差 iqr 等。

极差是所有数据中的最大值与最小值之差。

方差是各个观察值对其算术平均值的离差平方的平均数（除以 n-1）。
标准差也称均方差，是方差的平方根。
平均差是各个观察值对其算术平均值的离差绝对值的平均数。
分位差是指各分位数与其所参照的分位数之离差。常用的是四分位差。

```
>> ma=max(num_nnan)          %按列求最大值
ma=
     2.4773     2.3672     2.3208     1.8287     2.7055
>> mi=min(num_nnan)          %按列求最小值
mi=
     0.54225    0.5384     0.50308    0.14167    -0.62609
>> rang=ma-mi                %最大值减去最小值即为极差
rang=
     1.935      1.8288     1.8177     1.687      3.3316
>> rang=range(num_nnan)      %求极差
rang=
     1.935      1.8288     1.8177     1.687      3.3316
>> va=var(num_nnan)          %求样本方差
va=
     0.45151    0.3665     0.33795    0.30349    1.234
>> st=sqrt(va)               %样本方差的平方根即为标准差
st=
     0.67195    0.60539    0.58134    0.5509     1.1109
>> st=std(num_nnan)          %用 std 函数求标准差
st=
     0.67195    0.60539    0.58134    0.5509     1.1109
```

（二）3σ 原则

如果数据服从正态分布，在 3σ 原则下，异常值被定义为一组测定值中与平均值的偏差超过三倍标准差的值。在正态分布的假设下，距离平均值 3σ 之外的值出现的概率为 0.003，属于极个别的小概率事件。既然出现，那么就可以判定为异常值。

MATLAB 提供了若干个正态分布假设检验的函数。其中，第一个最常用的函数就是 LILLIETEST。此函数可用于检验一个随机样本所在的总体是否服从正态分布。对应的零假设和备则假设分别为：

H_0：样本所在总体服从正态分布。

H_1：样本所在总体不服从正态分布。

Lillietest 的语法结构为：

H=LILLIETEST（X，ALPHA）

输入变量：X 是一个向量，是要检验的样本数据。可选项 ALPHA 是显著性水平（默认为 0.05）。

输出变量：H 是一个逻辑变量。当 H=0 时，在显著性水平 ALPHA 下不能拒绝零假设；反之，如果 H=1，则在显著性水平 ALPHA 下拒绝零假设。

下面调用 MATLAB 数据 gas 来说明函数 Lillietest 的使用。Gas 文件包括两列数据，price1 和 price2。这两列数据分别是美国马萨诸塞州 1993 年 1 月和 2 月油价的 20 个样本。

```
>> load gas
>> whos
  Name          Size              Bytes  Class     Attributes
  price1       20x1                160  double
  price2       20x1                160  double
```

首先可以用 lillietest 检验这两个月的油价是否服从正态分布。

```
>> lillietest(price1)
ans=
     0
>> lillietest(price2)
ans=
     0
```

假设检验的返回值均为 0。因此，在 0.05 显著性水平下我们不能拒绝零假设，即两个总体为正态分布的假设。

对于满足正态分布的数据，为了应用 3σ 原则查验数据中是否包含奇异值，本书编写了小程序 outlier：

```
function out=outlier(input)
% outlier 判断输入 input 中是否有奇异值
% input 是来自正态分布总体的样本向量
m=size(input);
me=mean(input);
sig=std(input);
A=me -3* sig;
B=me+3* sig;
for i=1:m
    if input(i)<A
        idx(i)=true;
```

```
        elseif input(i)>B
            idx(i)=true;
        else
            idx(i)=false;
        end
    end
    out=[idx' input];
```

其中：输入 input 是来自正态分布总体的样本向量。输出包含两列，第一列只有 0 或 1 两个值，0 表示第二列中对应的数据不是奇异值；1 表示第二列中对应的数据是奇异值。

对于 price1 运行 outlier 得到如下结果：

```
>> ou=outlier(price1)
ou=
     0   119
     0   117
     0   115
     0   116
     0   112
     0   121
     0   115
     0   122
     0   116
     0   118
     0   109
     0   112
     0   119
     0   112
     0   117
     0   113
     0   114
     0   109
     0   109
     0   118
```

说明 price1 中没有奇异值。

以下，将 price1 中最后一个值改为 135，

```
>> price1(end)=135;
```

```
>> h=lillietest(price1)
h=
    0
```

检验的结果显示，price1 仍然满足正态分布。

再用 outlier 程序验证其中是否有奇异值。

```
>> ou=outlier(price1)
ou=
    0   119
    0   117
    0   115
    0   116
    0   112
    0   121
    0   115
    0   122
    0   116
    0   118
    0   109
    0   112
    0   119
    0   112
    0   117
    0   113
    0   114
    0   109
    0   109
    1   135
```

结果发现，最后一个值 135 是奇异值。

值得说明的是：lillietest 适用于小样本的情况。当样本较大时，可用 MATLAB 的另一函数 jbtest 来检验。jbtest 对应的零假设和备则假设分别为：

H_0：样本所在总体服从正态分布。

H_1：样本所在总体不服从正态分布。

其用法如下：

[H，P，JBSTAT，CRITVAL] =jbtest（X，ALPHA）

输入与前面相同，不再赘述。输出可包含：

H 是一个逻辑变量。当 H=0 时，在显著性水平 ALPHA 下不能拒绝零假设；反之，如果 H=1，则在显著性水平 ALPHA 下拒绝零假设。

P 是 p 值。当 P 小于等于给定的显著性水平 ALPHA 时，拒绝零假设。反之，接受零假设。

JBSTAT 是检验统计量的观察值。Jbtest 所用的检验统计量是由样本偏度和峰度构造而成的如下统计量：

$$JB=\frac{n}{6}\left[s^2+\frac{(k-3)^2}{4}\right]$$

其中：n 为样本容量，s 为样本偏度，k 为样本峰度。当样本容量足够大时，JB 统计量服从自由度为 2 的χ^2 分布。

CRITVAL 返回检验的临界值。当 JBSTAT≥CRITVAL 时，在显著性水平 ALPHA 下拒绝原假设。

（三）箱线图

箱线图是统计学中的一个常用的图形。箱线图也可以用来识别异常值。

箱线图根据中位数、四分位数以及四分位差等统计量做出。假设 ME 是中位数，QL 为 25%分位数，即下四分位数，QU 为 75%分位数，即上四分位数，IQR 为四分位差，即上四分位数与下四分位数之差。箱线图的实例见图 3.2.1.

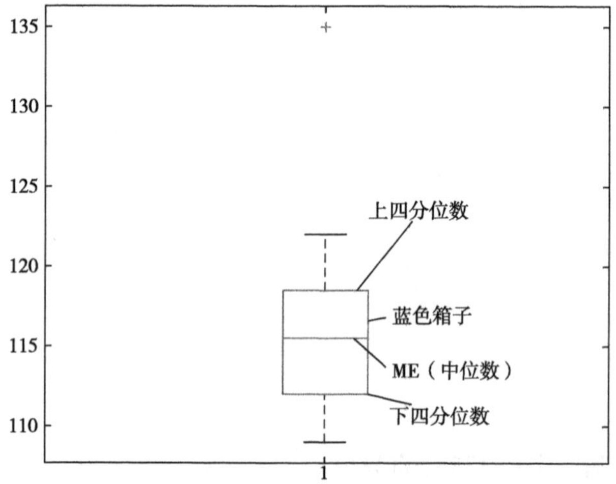

图 3.2.1　箱线图

在图 3.2.1 中，红线是中位数 ME，蓝色箱子的上边是上四分位数，下边是下四分位数。箱子的上下各有一条线，称为胡须，胡须线会延伸到不是离群值的最远端数据点，离群值会使用红色‘+’标记单独绘制。

异常值，即离群值通常被定义为小于 QL−1.5IQR 或大于 QU+1.5IQR 的值。

MATLAB 中箱线图用命令 Boxplot 来画出。Boxplot 的语法结构为：

h=boxplot（X，G，'Param1'，val1，'Param2'，val2 ...）

输入变量为：

X 是向量或矩阵，函数将画出此向量或者此矩阵的每一列所对应的数据的箱线图；

G 是用于 X 分组的字符串向量或矩阵，也可以是字符串元胞数组或多个分组变量的元泡数组；

'Param1'，val1，'Param2'，val2…是可选参数及其取值，用来定义箱线图的特征，见表 3. 2. 2。

表 3. 2. 2　箱线图各参数意义及取值

参数名称	取值及意义	默认值
'notch'	On 箱线图有凹槽 Off 箱线图无凹槽	Off
'symbol'	用来表示胡须以外的奇异值，具体可参见第一章关于图形线形、颜色等的说明	'r+'
'orientation'	箱线图的方向： 'horizontal' 横向 'vertical' 纵向	'vertical'
'whisker'	以四分位差为单位的最大胡须长度，即最大胡须长度 = 该参数的值 * iqr 如果样本中有值超过胡须长度，则该值即为奇异样本	1. 5
'labels'	字符串向量用来表示矩阵 X 的每一列的名称	列数 1，2，…
'colors'	规定每列所对应的箱线图的颜色，例如'bgry'	箱线：蓝色 中位线：红色 胡须：黑色
'widths'	箱体宽度	0. 5
'positions'	箱体位置	1 : n
'grouporder'	分组顺序	G 中顺序

输出变量：

如果不带输出变量，那么函数画出指定的箱线图。

如果给出输出变量，那么函数返回七组作图数据。

常用的调用方式是不带输出变量。

用如下命令可以画出图 3. 2. 1 所示的箱线图。

```
>> load gas
>> price1(end)=135;
>> h=boxplot(price1)
```

```
h=
   0.00012207
       1.0001
       2.0001
       3.0001
       4.0001
       5.0001
       6.0001
```

箱形图 boxplot 在识别异常值方面具有如下优势：

- 箱线图不需要事先假定数据服从何种分布，也不必对数据做任何限制性要求，箱线图真实、直观地表现了数据分布的本来面貌。
- 判断异常值的标准以四分位数和四分位差为基础，具有一定的鲁棒性。
- 多达 25%的数据可以变得任意远而不会很大地扰动四分位数，所以异常值对箱线图中除异常值以外的部分不产生任何影响。

第三节　数据特征分析

数据特征分析就是分析数据具有哪些特点。数据特征分析可以使用可视化或者计算某些特征量等手段来进行。

上节讨论的描述性统计可以作为数据特征分析的一种基本手段。数据的集中趋势反映了数据的集中程度，数据的离散程度衡量了数据的分散情况。集中程度和离散程度就是数据的两个基本特征。

本节将通过绘制可视化图形，特别是常用统计图来进一步观察和分析数据的分布特征。

一、数据的分布特征

统计数据可以用图形直观地表示出来。本书第二章中提供的作图函数很多可用于统计数据的作图。当然，MATLAB 也提供了许多统计数据作图的专门函数。以下将用具体事例说明这些函数的使用。

（一）线图

线图是利用线形的升降起伏来表现数据变化趋势的图形。前面多次使用的 plot 命令可用来画出线图。

假设某公司 1990—2004 年的销售收入如表 3.3.1 所示。

表 3.3.1　某公司 1990—2004 年的销售收入

年份	销售额（百万元）
1990	231
1991	245
1992	342
1993	210
1994	345
1995	534
1996	550
1997	600
1998	555
1999	450
2000	523
2001	670
2002	367
2003	456
2004	545

在命令窗口输入：

```
>> x=[1990 1991 1992 1993 1994 1995 1996 1997 1998 1999 2000…
2001 2002 2003 2004];
>> y=[231 245 342 210 345 534 550 600 555 450 523 670 367 456 545];
>> plot(x,y,'k-* ')
>> xlabel('年份')
>> ylabel('销售额')
>> title('某公司历年销售额')
```

即可画出如图 3.3.1 所示的线形图。从图 3.3.1 可以清楚地看出该公司销售额的变化趋势。

（二）条形图

用前面介绍的 bar、bar3 等命令即可画出条形图。

仍用前面的数据，在命令行输入：

```
>> clf
>> bar(x,y)
```

```
>> xlabel('年份')
>> ylabel('销售额')
>> title('某公司历年销售额')
```

即可画出如图 3.3.2 所示的条形图。

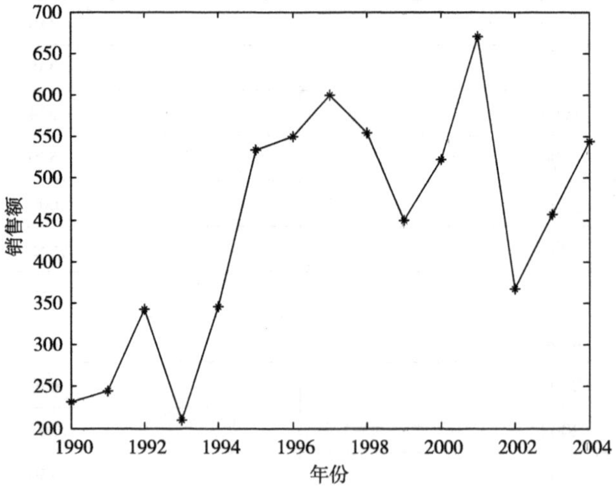

图 3.3.1　某公司历年销售额线形图

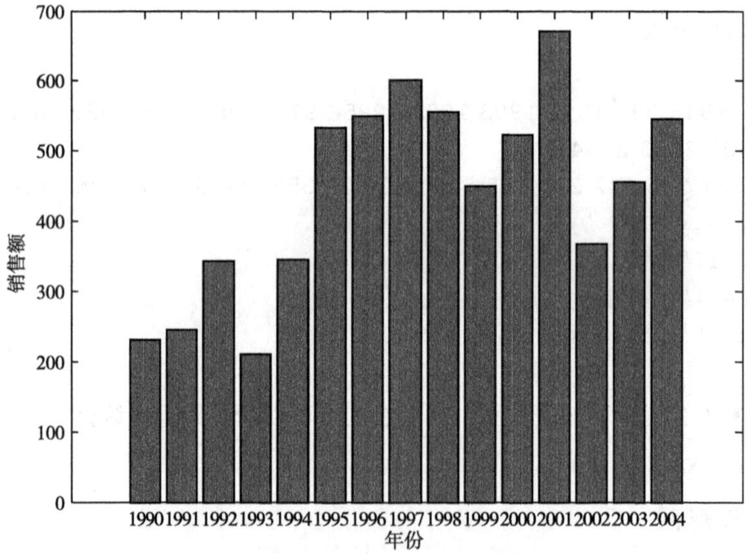

图 3.3.2　某公司历年销售额条形图

（三）饼图

用前面介绍的 pie、pie3 等命令即可画出饼图。

假设某公司2005年各区域销售情况如表3.3.2所示。

表3.3.2　某公司2005年各区域销售情况

地区	销售额（百万元）
华北地区	124
东北地区	89
华中地区	212
华南地区	55
西北地区	36

在命令行输入：

```
>> clf
>> s=[124 89 212 55 36];
>> pie(s)
>> legend({'华北地区','东北地区','华中地区','华南地区','西北地区'})
>> title('某公司2005年各区域销售额分布图')
```

即可画出如图3.3.3所示的饼图。

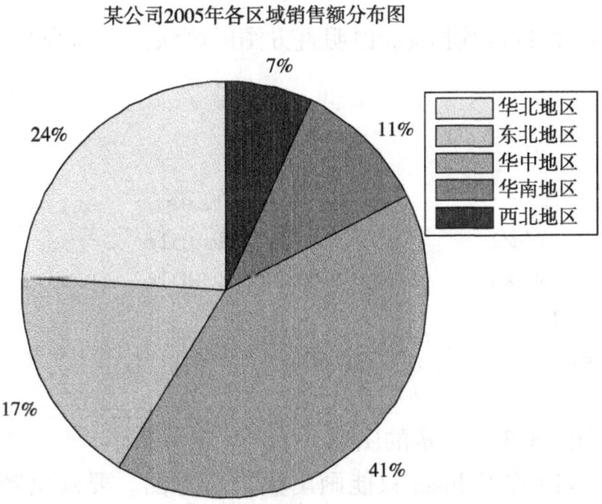

图3.3.3　某公司2005年各区域销售额饼图

（四）频率直方图

直方图是用来表示数据分布的常用图形。在直方图中，如果横坐标表示数据的取值区间，纵坐标表示位于各区间的数据个数，即频数，则称为频数直方图；如果将频数改为频率，即频数除以数据的总个数，则称为频率直方图。

在频率直方图中，为使各长条矩形的面积和等于 1，通常将纵坐标取为频率除以组距，即横坐标取值区间的长度，则这样得到的直方图称为单位频率直方图或者简称频率直方图。在单位频率直方图中，每一矩形的面积恰是数据落入该区间的频率，因此可用单位频率直方图估计总体的概率密度。

在 MATLAB 中，用来画直方图的函数是 hist 和 histc。

hist 的用法如下：

1. 不带输出的用法：

hist（X）将数据 X 中的元素放入 10 个等距的区间，以每个区间中包含的元素个数为纵坐标画出的直方图，即这一用法画出的是频数直方图。如果 X 是矩阵，那么函数将各列所对应的频数直方图画在同一个图中。

hist（X，M）通过 M 设定等距区间的个数。

hist（X，P）中，p 为向量，用于设定各个等距区间的中心点。

2. 带输出的用法：

N=hist（...）输出变量 N。N 是向量或者矩阵，分别对应于各个列以及 10 个等距区间中所包含的元素个数。

［N，Y］=hist（...）除了输出变量 N 以外，还输出 Y。Y 中包含各个等距区间的中心点。

histc 与 hist 的区别主要是：histc 可以设定每个区间的边界，而 hist 只能设定区间的中心点。

下面调用 MATLAB 自带数据 gas 说明直方图的画法。在命令行输入：

```
>> load gas
>> whos
  Name        Size          Bytes  Class     Attributes
  price1       20x1           160   double
  price2       20x1           160   double
>> hist(price1)
>> hist(price2)
```

则得到如图 3.3.4 和图 3.3.5 所示的图形。

值得说明的是，hist 以及 histc 只能画出频数直方图。要画出频率直方图则需要用另外两个函数 ecdf 和 ecdfhist。

［F，X］=ecdf（Y）可以计算数据 Y 的经验累积概率分布函数在估计点 X 处的 Kaplan-Meier 估计值 F。

［F，X，FLO，FUP］=ecdf（Y）除了计算估计值以外，还给出其对应的置信区间的上、下界。FLO 是下界，FUP 是上界。

N=ecdfhist（F，X）根据 ecdf 的输出 F、X，画出原数据对应的频率直方图。返回的 N 是一个向量，存放的是画频率直方图所用的矩形的高度（默认 10 个点）。

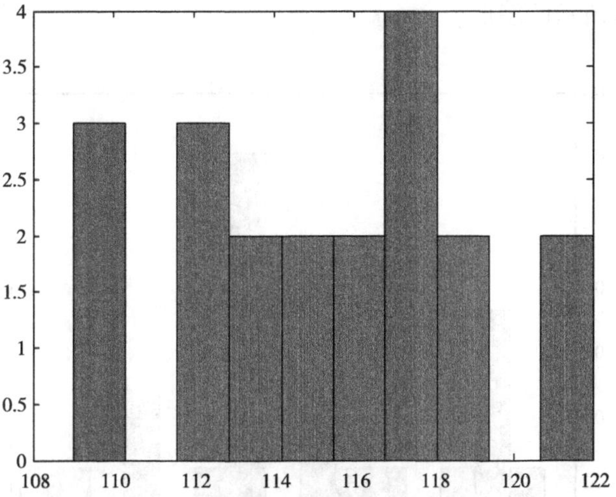

图 3.3.4　数据 price1 对应的频数直方图

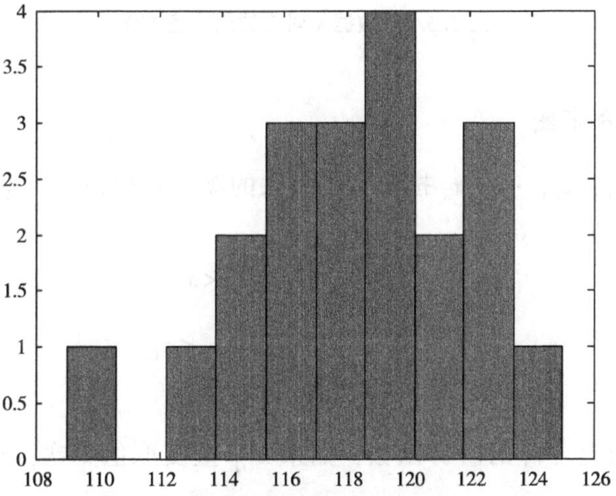

图 3.3.5　数据 price2 对应的频数直方图

N=ecdfhist（F，X，M），其中 M 是一个标量，用来指定直方图中矩形的个数。

N=ecdfhist（F，X，C），其中 C 是一个向量，用来指定直方图中各个矩形的中心位置。

例如，对数据 x，画出它的频率直方图。在命令行输入：

```
>> x=[8.95 86.17 6.17 5.39 7.27 9.08 10.4 11.2 8.95 6.45 11.9 10.4 9.58
9.24 7.75 6.17 8.95 8.33];
>> [F,X]=ecdf(x);
```

```
>> ecdfhist(F,X,15)
```

则得到如图 3.3.6 所示的图形。

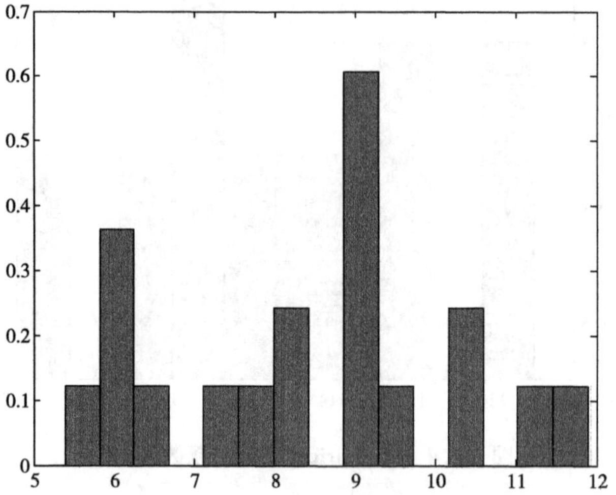

图 3.3.6　数据 x 对应的频率直方图

（五）经验分布图

首先将数据 x_1，x_2，…，x_n 按照从小到大的顺序排列得到 $x_{(1)}$，$x_{(2)}$，…，$x_{(n)}$，经验分布函数定义为

$$F_n(x)=\begin{cases}0, & x<x_1\\ \dfrac{k}{n}, & x_{(i)}\leqslant x<x_{(i+1)}\\ 1, & x\geqslant x_{(n)}\end{cases}$$

经验分布函数是非降的阶梯函数，如果 $x_{(i)}$ 重复取值 k 次，则在 $x_{(i)}$ 处的跳跃度为 k/n。

在 MATLAB 中我们可以使用函数 Stairs 来画出经验分布图。

Stairs 的用法主要有：

Stairs（Y）画出数据向量 Y 的各元素的阶梯图；

Stairs（X，Y）画出在向量 X 设定的位置处画出向量 Y 的各元素的阶梯图。

在命令行输入：

```
>> x=[8.95 8 6.17 6.17 5.39 7.27 9.08 10.4 11.2 8.95 6.45 11.9 10.4 9.58
9.24 7.75 6.17 8.95 8.33]
>> x=sort(x)
```

```
>> n=length(x)
>> x0ne=ones(size(x))
>> B=cumsum(x0ne)
>> B=B/n
>> stairs(x,B)
>> grid on
```

则得到如图 3. 3. 7 所示的经验分布图。

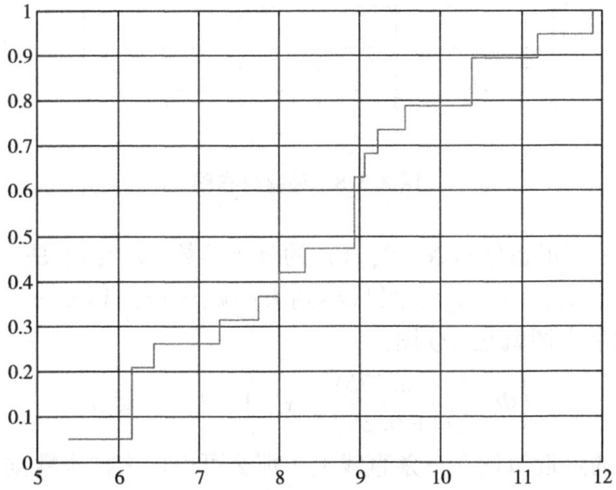

图 3. 3. 7 经验分布图

画经验分布图的另一个函数是：cdfplot。

cdfplot 的语法结构为：

cdfplot（X）画出数据 X 的经验分布图。

H=cdfplot（X）除了画出 X 的经验分布图以外，还返回该图形的句柄值 H。

[H, Stats] =cdfplot（X）除了画出 X 的经验分布图返回该图形的句柄值 H 以外，还返回 X 的一些统计量如最小值、最大值、均值、中位数以及标准差等。

针对上面同一数据，在命令行输入

```
>> cdfplot(X)
```

即可以画出如图 3. 3. 8 所示的经验分布图。

（六）QQ 图

直方图和经验分布图对于鉴别样本是否近似于某种类型的分布比较困难。但是 QQ 图对于鉴别样本分布具有较大的帮助作用。

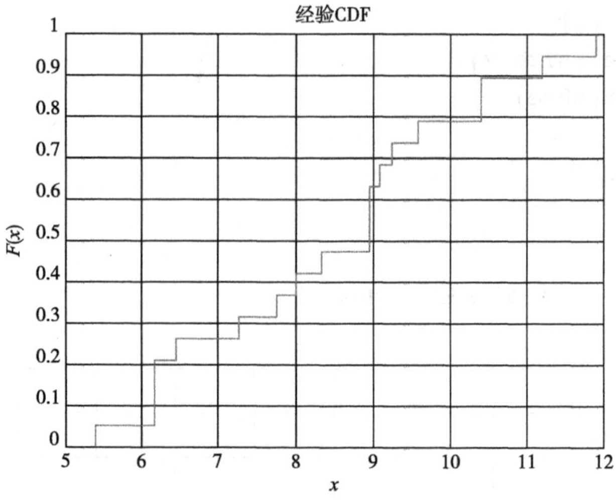

图 3.3.8 经验分布图

设 $\Phi(x)$ 是标准正态分布 $N(0, 1)$ 的分布函数，$\Phi^{-1}(x)$ 是其反函数。

将数据样本 x_1，x_2，…，x_n 按照从小到大的顺序排列得到 $x_{(1)}$，$x_{(2)}$，…，$x_{(n)}$，则由下列点构成的散点图就是 QQ 图。

$$\left(\Phi^{-1}\left(\frac{i-0.375}{n+0.25}\right),\ x_{(i)}\right),\ 1 \leqslant i \leqslant n$$

如果 QQ 图上的点近似地在一条直线上，那么可以认为样本数据服从正态分布。

在 MATLAB 中，我们可以通过函数 qqplot 来画出 QQ 图。qqplot 的用法主要有如下几种：

qqplot（X），画出数据向量 X 的 QQ 图以及标准正态分布的直线；

qqplot（X，PD），画出数据向量 X 的 QQ 图以及由 PD 设定的概率分布的曲线；

qqplot（X，Y），画出数据向量 X 的 QQ 图以及数据向量 Y 的 Q 图。

我们将用 MATLAB 自带数据 gas 来说明 qqplot 的用法。在命令行输入：

```
>> load gas
>> qqplot(price1)
>> qqplot(price2)
>> qqplot(price1,price2)
```

即可得到图 3.3.9、图 3.3.10 和图 3.3.11。从这三个图可以看出，price1 和 price2 服从正态分布。

二、数据的相关性特征

数据的相关性是数据中可能存在的一种相互关联的特征。相关性特征可以用散点

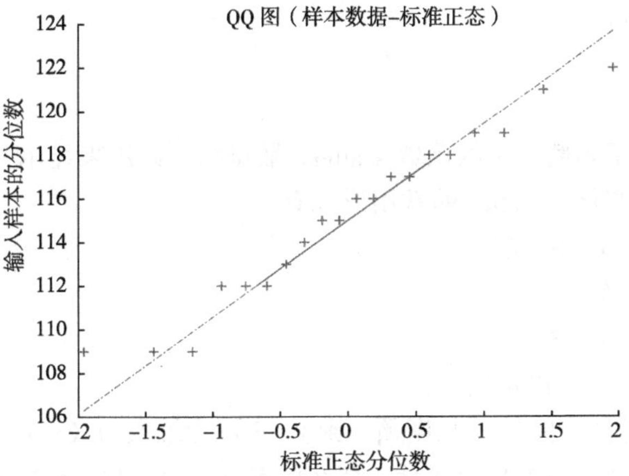

图 3.3.9　price1 的 QQ 图

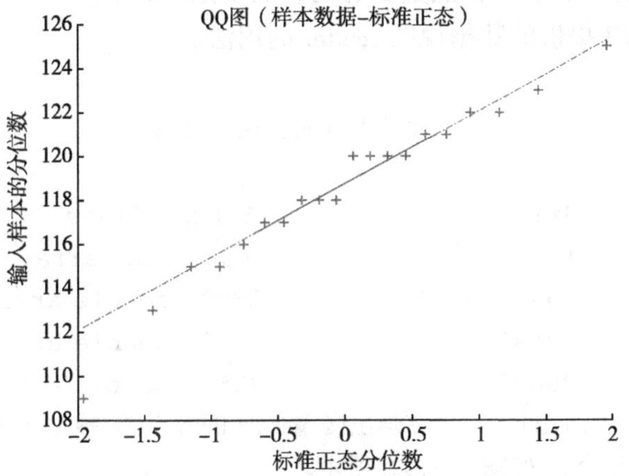

图 3.3.10　price2 的 QQ 图

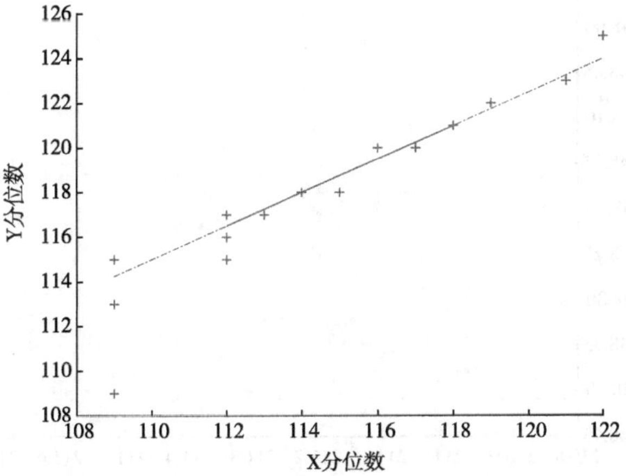

图 3.3.11　price1 对 price2 的 QQ 图

图和相关系数来分析。

（一）散点图

MATLAB 提供了画散点图的函数 scatter。散点图可以用来显示一个变量如何随着另一个变量的变化而变化。scatter 的常用形式有：

◆ scatter（X，Y，S，C）

◆ scatter（X，Y）

◆ scatter（X，Y，S）

◆ scatter（X，Y，'filled'）

其中，X、Y 是两个向量（长度须一致）。S 可为维数与 X、Y 相同的向量，用来规定每个对应点的大小；如果 S 为标量，那么所有点大小一样。C 用来规定每个标点的颜色，具体规定可查阅 ColorSpec。如果 S、C 均省略，则函数将画出默认大小和颜色的散点图。'filled' 是可选项，规定标点是实心的，而不是空心的。

下面用 MATLAB 提供的数据说明 scatter 的用法。

```
>> load seamount              %调用 seamount 数据
>> whos
  Name          Size                  Bytes  Class
  caption       1×229                  458  char array
  x             294×1                 2352  double array
  y             294×1                 2352  double array
  z             294×1                 2352  double array
>> scatter(x,y,5,z)           %画出变量 X,Y 的散点图,根据 z 的不同,使用不同颜色
的标点,标点大小规定为 5,如图 3.3.12 所示。
```

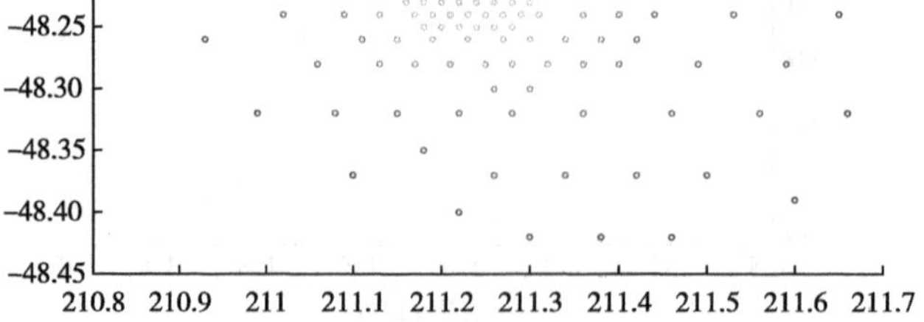

图 3.3.12　seamount 数据散点图

再调用 carsmall 数据。

```
>> load carsmall                              %调用 carsmall 数据
>> whos
  Name              Size            Bytes  Class     Attributes
  Acceleration     100x1              800  double
  Cylinders        100x1              800  double
  Displacement     100x1              800  double
  Horsepower       100x1              800  double
  MPG              100x1              800  double
  Mfg             100x13             2600    char
  Model           100x33             6600    char
  Model_Year       100x1              800  double
  Origin           100x7             1400    char
  Weight           100x1              800  double
>> scatter(Weight,MPG,5,'filled')       %画出 Weight 对 MPG 变量的散点图，
如图 3.3.13 所示。
```

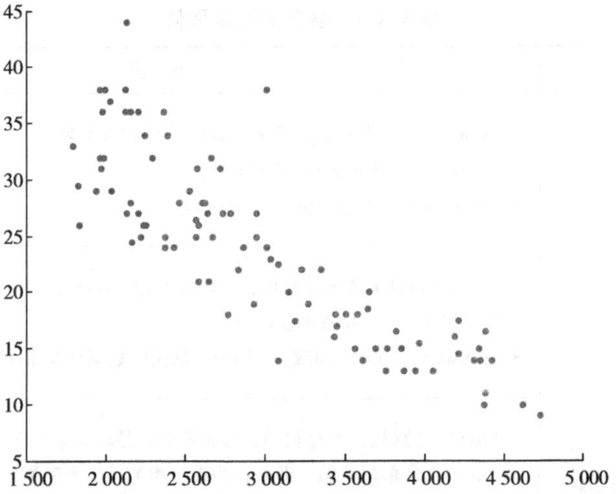

图 3.3.13　carsmall 数据 Weight 对 MPG 散点图

从图 3.3.13 可以看出，MPG 随着 Weight 的增加而减少，MPG 与 Weight 之间存在较强的线性相关关系。

（二）相关系数

函数 Corr 可用于求线性相关系数，即 Pearson 相关系数以及 Kendall 秩相关系数、Spearman 秩相关系数等，以及完成它们的检验。

Corr 的语法结构为：

RHO=corr（X）

RHO=corr（X，Y）

[RHO，PVAL] =corr（X，Y）

[RHO，PVAL] =corr（X，Y，'name'，value）

其中：

X 是一个 $n \times p_1$ 的矩阵，Y 是一个 $n \times p_2$ 的矩阵。

RHO=corr（X）返回 $p_1 \times p_1$ 矩阵，表示 X 的各个列之间的相关系数。

RHO=corr（X，Y）返回 $p_1 \times p_2$ 矩阵，表示 X 的各个列与 Y 的各个列之间的相关系数。

[RHO，PVAL] =corr（X，Y）返回的 RHO 是 $p_1 \times p_2$ 矩阵，表示 X 的各个列与 Y 的各个列之间的相关系数。PVAL 是 $p_1 \times p_2$ 矩阵，是 RHO 矩阵对应元素的假设检验的 p 值。如果 PVAL（i，j）很小，比如说小于 0.05，说明 RHO（i，j）在 0.05 水平下显著不等于零。

[RHO，PVAL] =corr（X，Y，'name'，value）中，'name'是参数名称；VALUE 是参数值。可能的参数取值如表 3.3.3 所示。

表 3.3.3　各参数及其取值

参数名称	取　值
type	• 'Pearson'，（默认）计算 Pearson's 线性相关系数 • 'Kendall'，计算 Kendall 的 tau • 'Spearman'，计算 Spearman 的 rho
rows	• 'all'，（默认）忽略非数值，使用所有行（NaNs）； • 'complete'，只用数据全的行； • 'pairwise'，只用 i 列或者 j 列中不缺失的数据计算 RHO（i，j）
tail （定义双尾检验和单尾检验）	• 'both'，（默认）双尾检验，即备择假设是相关系数不等于 0； • 'right'，右单尾检验，即备择假设是相关系数大于等于 0； • 'left'，左单尾检验，即备择假设是相关系数小于等于 0 。

【例 3.3.1】[①] Spearman 相关系数及其检验。

```
>> Q279=[84 92;66 75;72 65;54 62;75 80;82 82;90 85;86 90;78 84;68 60]
Q279=
    84    92
    66    75
```

① 该例取自王晓林主编：《统计学》，经济科学出版社，2001 年版，279 页。

```
    72    65
    54    62
    75    80
    82    82
    90    85
    86    90
    78    84
    68    60
>> [sr p]=corr(Q279,'type','Spearman')
sr=
    1.0000    0.8788
    0.8788    1.0000
p=
         0    0.0020
    0.0020         0
```

P 值=0.0020<0.05，故拒绝两个变量的 Spearman 相关系数等于零的假设，即两个变量是显著相关的，相关系数是 0.8788。

【例 3.3.2】[①] Spearman 相关系数及其检验。

```
>> StudentScore=[72 80;40 50;60 82;50 65;62 75;49 60;85 88;65 68;82 95;
70 55;76 85;80 77;68 72;90 87;91 96]
StudentScore=
    72    80
    40    50
    60    82
    50    65
    62    75
    49    60
    85    88
    65    68
    82    95
    70    55
    76    85
    80    77
    68    72
    90    87
    91    96
```

① 该例取自王晓林主编：《统计学》，经济科学出版社，2001 年版，179 页。

```
>> [sr p]=corr(StudentScore,'type','Spearman')
sr=
            1        0.825
        0.825            1
p=
            1   0.00022161
   0.00022161            1
```

P 值=0.00022161<0.05，故拒绝两个班的学生成绩的 Spearman 相关系数等于零的假设，即两个班学生成绩是显著相关的，相关系数是 0.825。

```
>> [sr p]=corr(StudentScore,'type','Spearman','tail','right')
sr=
            1        0.825
        0.825            1
p=
            1    0.0001108
    0.0001108            1
```

P 值=0.0001108<0.05，故拒绝两个班的学生成绩的 Spearman 相关系数等于零的假设，即两个班学生成绩是显著正相关的，相关系数是 0.825。

```
>> [sr p]=corr(StudentScore,'type','Spearman','tail','left')
sr=
    1.0000    0.8250
    0.8250    1.0000
p=
    1.0000    0.9999
    0.9999    1.0000
```

P 值=0.9999>0.05，故不能拒绝两个班的学生成绩的 Spearman 相关系数等于零的假设，即两个班学生成绩不是显著负相关的。

```
>> [sr p]=corr(StudentScore,'type','Spearman','tail','both')
sr=
            1        0.825
        0.825            1
p=
            1   0.00022161
   0.00022161            1
```

双尾检验的结果与'tail'参数取默认值的情况相同。

【例 3.3.3】[①] kendall 相关系数及其检验。继续使用上例的数据：

```
>>  [sr p]=corr(StudentScore,'type','kendall','tail','both')
sr=
             1      0.65714
       0.65714            1
p=
             1   0.00033037
    0.00033037            1
```

P 值=0.00033037<0.05，故拒绝两个班的学生成绩的 Kendall 相关系数等于零的假设，即两个班的学生成绩在统计上是显著相关的。

```
>>  [sr p]=corr(StudentScore,'type','kendall','tail','right')
sr=
             1      0.65714
       0.65714            1
p=
             1   0.00016519
    0.00016519            1
```

P 值=0.00016519<0.05，故拒绝两个班的学生成绩的 Kendall 相关系数等于零的假设，即两个班学生成绩在统计上是显著正相关的。

```
>> [sr p]=corr(StudentScore,'type','kendall','tail','left')
slr=
    1.0000    0.6571
    0.6571    1.0000

p=
    1.0000    0.9999
    0.9999    1.0000
```

P 值=0.9999>0.05，故不能拒绝两个班的学生成绩的 Kendall 相关系数等于零的假设，即两个班的学生成绩统计上不是显著负相关的。

① 该例取自王晓林主编：《统计学》，经济科学出版社，2001 年版，183 页。

（三）偏相关系数

在 MATLAB 中，相关系数函数 Corr 可用于求线性相关系数，即 Pearson 相关系数、Kendall 秩相关系数、Spearman 秩相关系数。偏相关系数函数 Partialcorr 可用于求 Pearson 线性偏相关系数以及 Spearman 秩偏相关系数。

Partialcorr 的用法主要有：

1. RHO=partialcorr（X），返回矩阵 X 中，每两列对应的变量在控制其他列变量影响的情况下的样本线性偏相关系数。X 是一个 n×p 的矩阵，RHO 是 p×p 的对称矩阵，其中的元素（i，j）是 X 中第 i 列和第 j 列对应的线性偏相关系数。

2. RHO=partialcorr（X，Z），返回 X 中，每两列对应的变量在控制 Z 中列变量影响的情况下的样本线性偏相关系数。X 是一个 n×p 的矩阵，Z 是一个 n×q 的矩阵，RHO 是 p×p 对称矩阵，其中的元素（i，j）是 X 中第 i 列和第 j 列对应的线性偏相关系数。

3. RHO=partialcorr（X，Y，Z），返回 X 与 Y 中每两列对应的变量在控制 Z 中列变量影响的情况下的样本线性偏相关系数。X 是一个 n×p 的矩阵，Y 是一个 n×w 的矩阵，Z 是一个 n×q 的矩阵，RHO 是 p×w 对称矩阵，其中的元素（i，j）是 X 中第 i 列和 Y 中第 j 列变量对应的线性偏相关系数。

4. [RHO，PVAL] =partialcorr（...），除了返回 RHO 以外，还返回矩阵 PVAL。PVAL 的每一个元素是 RHO 中对应元素的 p 值。如果 PVAL（i，j）很小，比如说小于 0.05，说明 RHO（i，j）在 0.05 水平下显著不等于零。

[...] =partialcorr（...'PARAM1'，VAL1，'PARAM2'，VAL2...）可设定另外的参数及其取值。可选的参数及其取值与表 5.4.1 类似。只是'type'的取值只有'Pearson'和'Spearman'，分别对应求到的偏相关系数是 Pearson 线性偏相关系数和 Spearman 秩偏相关系数。

以下用实例来说明。

【例 3.3.4】①假设某商品的销售量、居民人均收入以及销售价格的数据已输入 MATLAB 矩阵 A 中。其中第一列是销售量 Y，第二列是居民人均收入 X_1，第三列是销售价格 X_2。

```
>> A=[650.4 102.1 134;758.4 105.3 134;819.9 110.1 129;1051.7 113.9 131;
1149.7 120.4 127;1388.1 131.0 125;1944.4 157.0 123;2534 193.5 123;2890
210.2 114;3576 228.7 89;3898 258.7 86]
A=
         650.4          102.1            134
         758.4          105.3            134
         819.9          110.1            129
```

① 该例取自王晓林主编：《统计学》，经济科学出版社，2001 年版，278 页。

```
  1051.7      113.9      131
  1149.7      120.4      127
  1388.1        131      125
  1944.4        157      123
    2534      193.5      123
    2890      210.2      114
    3576      228.7       89
    3898      258.7       86
```

可用下列命令计算 Y 与 X_1 的偏相关系数，Y 与 X_2 的偏相关系数：

```
>> [R  p]=partialcorr(A)
R=
            1     0.97995     -0.53736
      0.97995           1      0.37237
     -0.53736     0.37237            1
p=
            0  6.8987e-07      0.10918
   6.8987e-07           0       0.2893
      0.10918      0.2893            0
```

可见，Y 与 X_1 的偏相关系数为 0.97995，Y 与 X_2 的偏相关系数为-0.53736。由 P 值可以看出，前者拒绝零假设，后者不能拒绝零假设。

以下再求它们的单相关系数。

```
>> [Rd pd]=corr(A)
Rd=
            1     0.99636     -0.93269
      0.99636           1     -0.91786
     -0.93269    -0.91786            1
pd=
            1   6.142e-11   2.8271e-05
    6.142e-11           1   6.7784e-05
   2.8271e-05  6.7784e-05            1
```

可见，Y 与 X_1 的单相关系数为 0.99636，Y 与 X_2 的单相关系数为-0.93269。由 P 值可以看出，两者都拒绝零假设，统计上都显著相关。

思考练习题

1. 输入矩阵

A =

11	25	-3
14	-5	46
-17	81	95
35	66	106
77	68	35
63	90	89

计算 A 的每列之间的 Pearson 相关系数、Kendall 秩相关系数以及 Spearman 秩相关系数，并进行检验。

2. 下列矩阵 B 中第一列是某行业所在公司的年销售额，第二列是对应公司的年订单数。

B =

30000	341
80000	251
150000	255
30000	162
80000	189
150000	381
30000	307
80000	136
150000	274
80000	266
80000	178
150000	130
80000	265
100000	283
300000	427
80000	149
100000	147
300000	271
100000	280
100000	64
300000	247
80000	318

150000	314
300000	75
80000	308
150000	248
300000	379
80000	136
150000	253
300000	257
80000	355
150000	145
300000	243
80000	217
150000	366
300000	91
80000	156
150000	219
300000	283
80000	114
150000	152
300000	278
80000	436
150000	250
300000	144
80000	393
150000	336
300000	84
80000	296
150000	274

请进行该数据的质量分析。

3. 对以上数据进行特征分析。

4. 运用以上数据计算销售额和订单数之间的相关系数。

5. 谈谈你对以上分析的看法。

6. 根据以上分析、数据和图形，你能得出什么结论?

7. 从国泰安数据库中下载一个公司3年的财务比率数据（为简化，可任意选择3个比率），将其导入MATLAB。然后按行删除所有带有缺失值的数据。

8. 对上题删除缺失值后的数据，用3σ原则判断3个财务比率中是否存在异常值。

第四章

数据预处理

在数据挖掘中，收集到的数据经常包含缺失数据、异常值以及不一致的数据等。上一章我们主要讨论了这些所谓的脏数据的识别和分析，这一章接着要讨论脏数据的处理，即数据清洗的问题。

脏数据必须清洗，否则数据挖掘的结果将受到影响，有时甚至会产生较大偏差。当然，脏数据的存在也会在一定程度上影响数据挖掘的效率。因此，数据清洗在数据挖掘中是非常重要的一项内容。

在做数据挖掘之前，还有一些工作必须做。一是数据集成。我们收集到的数据可能来源于不同的数据源，因此有必要将这些数据进行整合，此即数据集成。当然，集成的时候也可能产生不同的问题。例如，数据不一致的问题。这些问题必须在数据使用前得到解决。二是数据转换、数据变换或者数据转化。有些数据的格式、大小、单位、量纲等不一致，这些对数据挖掘的结果也可能产生影响，因此有必要做一些数据转化工作。三是数据规约。数据规约是将数据进行属性上或者数值上的某种简化，以消除数据错误或者冗余，从而提高数据挖掘的效率。

数据挖掘前所要做的数据清洗、数据集成、数据转换以及数据规约等工作统称为数据预处理。

数据预处理是整个数据挖掘工作的很重要的内容，有时也是很大量的工作。曾有人统计①，数据预处理的工作量占到整个数据挖掘工作的60%。

本章内容包括：数据清洗；数据集成；数据变换；数据规约。

第一节 数据清洗

数据清洗就是对“垃圾数据”进行处理。也就是说对原始数据集中的无关数据、重复数据进行删除，对噪声数据进行平滑，对缺失值、异常值等进行处理。本节主要讨论缺失值和异常值的处理。前一章数据探索曾经提到缺失值和异常值的问题，

---

① 参见张良均等著：《MATLAB数据分析与挖掘实战》，机械工业出版社，2015年版，46页。

但仅限于识别和影响等的讨论。本章对缺失值和异常值的讨论更多的是处理方法的讨论。

一、缺失值处理

缺失值处理的方法主要有三种：不处理、简单删除或者进行数据插补。不处理就是不对缺失值做任何处理。简单删除就是将带有缺失值的样本从数据集中简单移除。MATLAB 的很多命令可以自动处理缺失值，因此一般不需要对缺失值做人工处理或删除。

数据插补就是用一个适当的数据代替缺失数据。常用的数据插补方法有如下几种：

（1）均值/中位数/众数插补。根据属性值的类型，用该属性所有取值的平均数/中位数/众数进行插补。这种插补可用 MATLAB 的 mean/median/mode 函数实现。

（2）使用固定值。将缺失值用一个常量替换。例如，如果在一个数据集中，一个普通外来务工人员的“基本工资”缺失，那么我们可以用当年本市普通外来务工人员的标准工资来替代。

（3）最近邻插补。在记录中找到与缺失样本最接近的样本的该属性值进行插补。

（4）回归方法。对带有缺失值的变量，可以建立该变量同与其有关的其他变量的回归模型来预测缺失的属性值。简单的 MATLAB 回归函数有 regress，stepwise，robustfit 以及 regstats 等。这些方法的使用可参见本书作者的《MATLAB 财务建模与分析》一书。

（5）插值法。插值法是利用已知点建立合适的插值函数 f（x），未知值由对应点 xi 求出的函数值 f（xi）近似代替。

插值是在一组已知数据点的范围内添加新数据点的技术。插值可以用来填充缺失的数据、对现有数据进行平滑处理以及进行预测等。MATLAB 中的插值技术分为两类：一类适用于网格数据；另一类适用于散点数据。MATLAB 的插值函数主要有：一维数据插值 interp1，二维网格数据插值 interp2，三维网格数据插值 interp3，分段 Hermite 多项式插值 pchip，三次样条插值 spline 等。

以下主要介绍 interp1 的使用：

Interp1 是一维数据插值函数，其主要用法为：

vq=interp1（x，v，xq，method，extrapolation）使用线性插值返回一维函数在特定查询点的插入值。向量 x 包含样本点，v 包含对应值 v（x）。向量 xq 包含查询点的坐标。x、method、extrapolation 是可选项。如果 x 不写，那么样本点坐标假定为默认集从 1 到 n 的数字序列，其中 n 取决于 v 的形状：

当 v 是向量时，默认点是 1：length（v）。

当 v 是数组时，默认点是 1：size（v，1）。

Method 是线性插值的方法，可以取'linear'、'nearest'、'next'、'previous'、'pchip'、'cubic'、'v5cubic'、'makima' 或 'spline'。默认方法为 'linear'。

extrapolation 用于指定外插策略，来计算落在 x 域范围外的点。

【例 4.1.1】在命令行输入

```
>> v=[0  1.41  2  1.41  0  -1.41  -2  -1.41  0];  %定义数据集 v
>> xq=1.5:8.5;                 %从 1.5 到 8.5 之间每隔 1 取一个点
>> vq=interp1(v,xq)            %x 坐标取默认值,即从 1 到 9,求 xq 中的 8 个点的插值
vq=
    0.7050  1.7050  1.7050  0.7050  -0.7050  -1.7050  -1.7050  -0.7050
```

用图形表示:

```
>> figure
>> plot((1:9),v,'o',xq,vq,'* ');
>> legend('v','vq')
```

参见图 4.1.1。

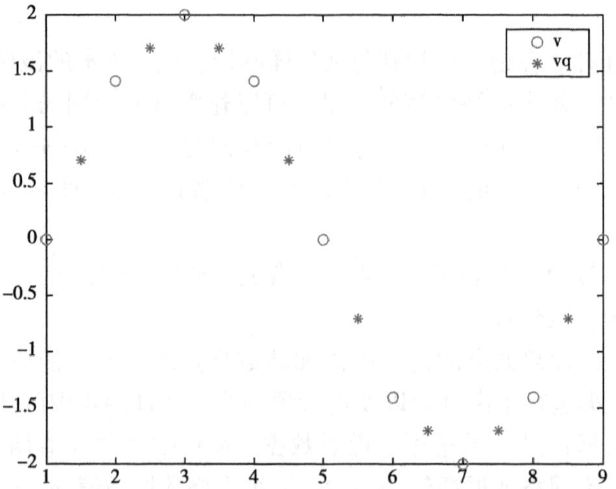

图 4.1.1 x 取默认值的线性插值

【例 4.1.2】不同插值方法对插值的影响。

```
>> x=0:pi/4:2* pi;              %定义 x 坐标
>> v=sin(x);                    %求 sin 函数在 x 坐标上的对应值
>> xq=0:pi/16:2* pi;            %将查询点定义为 x 范围内更精细的采样点
>> vq1=interp1(x,v,xq);         %求查询点的插入值
>> figure                       %作图
>> plot(x,v,'o',xq,vq1,':.');
>> xlim([0 2* pi]);
>> title('(Default) Linear Interpolation');
```

如图 4. 1. 2 所示。

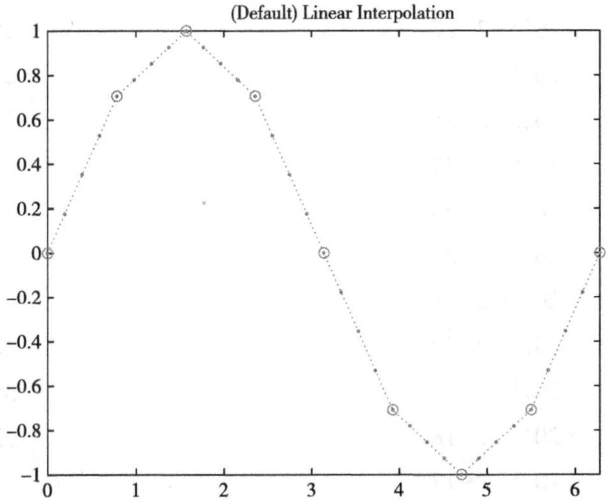

图 4. 1. 2　线性插值

```
>> vq2=interp1(x,v,xq,'spline');    %使用 'spline' 方法计算相同点处的 v
>> figure                            %作图
>> plot(x,v,'o',xq,vq2,':.');
>> xlim([0 2* pi]);
>> title('Spline Interpolation');
```

如图 4. 1. 3 所示。

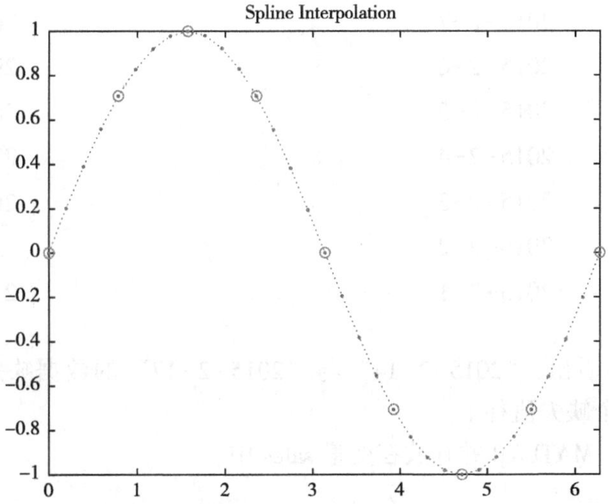

图 4. 1. 3　样条插值

【例 4.1.3】某餐厅 2015 年 2 月份的销售数据如下①：

2015-2-28	2618.2
2015-2-27	2608.4
2015-2-26	2651.9
2015-2-25	3442.1
2015-2-24	3393.1
2015-2-23	3136.6
2015-2-22	3744.1
2015-2-21	6607.4
2015-2-20	4060.3
2015-2-19	3614.7
2015-2-18	3295.5
2015-2-17	
2015-2-16	2332.1
2015-2-15	2699.3
2015-2-14	
2015-2-13	3036.8
2015-2-12	865
2015-2-11	3014.3
2015-2-10	2742.8
2015-2-9	2173.5
2015-2-8	3161.8
2015-2-7	3023.8
2015-2-6	2998.1
2015-2-5	2805.9
2015-2-4	2383.4
2015-2-3	2620.2
2015-2-2	2600
2015-2-1	2358.6

从该数据可以看出，"2015-2-14" 与 "2015-2-17" 的数据缺失。我们用插值函数 interp1 将这两个缺失值补上。

数据已经引入 MATLAB 并存放在变量 sales 中。

① 该例选自张良均等著：《MATLAB 数据分析与挖掘实战》，机械工业出版社，2015 年版，49 页。

```
>> sales
sales=
  列 1 至 12
2618.2     2608.4     2651.9     3442.1     3393.1     3136.6     3744.1
6607.4     4060.3     3614.7     3295.5     2332.1
  列 13 至 24
2699.3     3036.8     865     3014.3     2742.8     2173.5     3161.8
3023.8     2998.1     2805.9     2383.4     2620.2
  列 25 至 26
        2600       2358.6
```

为了将以上数据按照日期从小到大排列，可以调用本书编写的函数 chang。

```
function[B,A]=chang(A)
%将向量 A 调个,如:将 1 2 3 调为 3 2 1
N=length(A);
for i=0:N-1
    B(i+1)=A(N-i);
end
B;
A;
>> s=chang(sales)                %调用函数 chang
s=
  列 1 至 12
2358.6     2600     2620.2     2383.4     2805.9     2998.1     3023.8
3161.8     2173.5     2742.8     3014.3     865
  列 13 至 24
3036.8     2699.3     2332.1     3295.5     3614.7     4060.3     6607.4
3744.1     3136.6     3393.1     3442.1     2651.9
  列 25 至 26
        2608.4       2618.2
>> x=[1:13 15 16 18:28]             %定义 x 坐标
x=
     1     2     3     4     5     6     7     8     9     10     11     12
13     15     16     18     19     20     21     22     23     24     25     26     27
28
>> xq=[14 17];                  %定义要插补的点
>> sq=interp1(x,s, xq)          %求插补点 14 和 17 的线性插值
sq=
        2868.1       2813.8
```

```
>> figure                    %作图
>> plot(x,s,'o',xq,sq,'*');
>> xlim([0 28]);
>> title('销售数据的线性插值');
```

如图 4.1.4 所示。

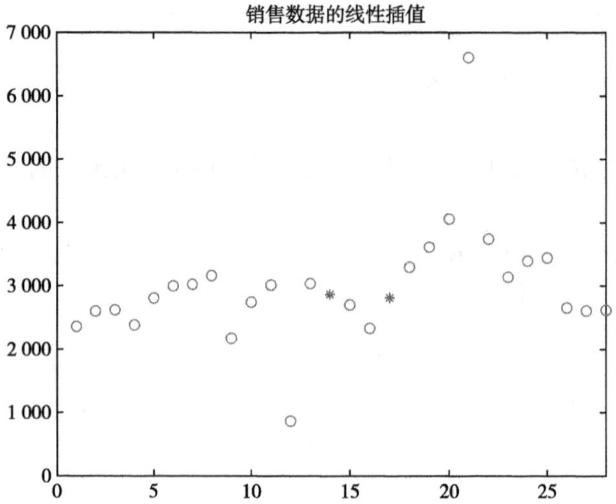

图 4.1.4　销售数据的线性插值

```
>> sq=interp1(x,s, xq,'spline')              %求插补点的样条插值
sq=
      3648.9          2677
>> figure
>> plot(x,s,'o',xq,sq,'*');
>> xlim([0 28]);
>> title('销售数据的样条插值');
```

如图 4.1.5 所示。

二、异常值处理

上章已经分析过，异常值是指样本中明显偏离其他观察值的样本。异常值也称为离群点。

在进行数据预处理时，异常值是否剔除，需视具体情况而定。因为有些异常值可能蕴含着有用的信息，剔除以后可能对数据挖掘的结果产生不良影响。异常值处理常用方法如下：

(1) 删除含有异常值的记录：直接将含有异常值的记录删除。

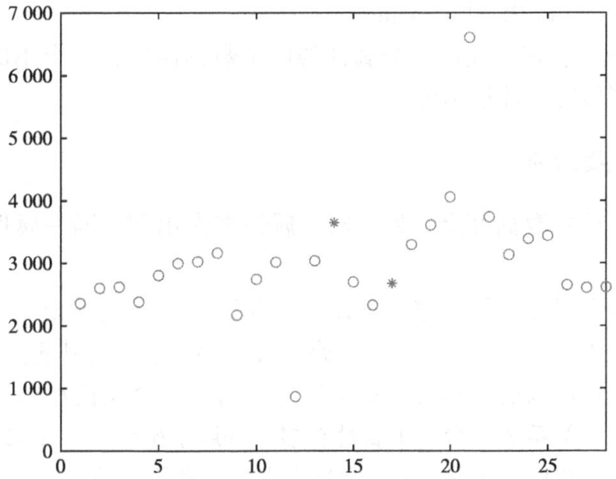

图 4.1.5　销售数据的样条插值

（2）视为缺失值：将异常值视为缺失值，利用缺失值处理的方法进行处理。

（3）平均值修正：可用前后两个观测值的平均值修正该异常值。

（4）不处理：直接在具有异常值的数据集上进行挖掘建模。

一般情况下，异常值可以不去处理。MATLAB 的一些函数就是专门针对异常值设计的。例如，robust 回归可以有效地消除异常值对回归结果的影响，参见本书作者的《MATLAB 财务建模与分析》一书①。本书第八章专门讨论异常值的问题。

第二节　数据集成

数据挖掘需要的数据往往分布在不同的数据源中。数据集成就是将多个数据源合并存放在一个一致的数据存储（如数据仓库）中的过程。

来自不同数据源的数据，其表达形式可能是不一样的，不匹配的。因此在进行数据集成时要考虑属性冲突问题和属性冗余问题，从而实现不同数据源的数据在最低层上的转换、提炼和集成。

一、属性冲突识别

属性冲突识别的任务是检测和解决同名异义、异名同义、单位不统一的问题。

（1）同名异义：数据源 A 中的属性 ID 和数据源 B 中的属性 ID 分别描述的是客户编号和订单编号，即描述的是不同的属性。

（2）异名同义：数据源 A 中的 sales_ dt 和数据源 B 中的 sales_ date 都是描述销售

① 参见段新生：《MATLAB 财务建模与分析（第二版）》，中国金融出版社，2017 年版，207 页。

日期的，即 A. sales_ dt=B. sales_ date。

（3）单位不统一：在描述同一个属性的两个数据源中，一个用的是国际单位，而另一个用的是中国传统的计量单位。

二、属性冗余识别

数据集成往往导致数据冗余，如：同一属性多次出现；同一属性命名不一致导致重复等等。

不同数据源的数据经过仔细整合可以减少甚至避免属性冗余与不一致。对于冗余属性，要先进行分析检测。如果确实是冗余属性，那么就要将其删除。

冗余属性的识别可以通过相关分析来完成。给定两个数值型的属性 A 和 B，根据其属性值，可以用相关系数度量一个属性在多大程度上蕴含另一个属性。

MATLAB 相关分析的命令是 corr。参见本书第三章第三节。

第三节　数据变换

数据变换就是对数据进行规范化处理。规范化处理包括：函数变换、规范化、连续属性离散化、属性构造等。

一、函数变换

函数变换就是对原始数据按照某个函数进行运算，得出一个新的属性。常用的变换有：平方、开方、求对数、求差分等。

MATLAB 提供了进行这些函数变换的功能：

- 平方运算是基本的数学运算，可以用符号“^”来完成。
- 开方运算标准函数是 sqrt。
- 求对数可以有 log。例如，在财务数据中，总资产可能是一个巨大的数，有时是几百甚至几千亿这么大的数，此时经常用求对数的方法将其转化为适中的大小。
- 差分运算经常用于时间序列分析。MATLAB 差分运算函数为 diff。diff 的语法结构为：

Y=diff（X，n，dim），其中：X 是必选项，是要计算差分的数据集，可以是向量或者矩阵。n，dim 是可选项。

如果 X 是长度为 m 的向量，则 Y=diff（X）返回长度为 m-1 的向量。Y 的元素是 X 相邻元素之间的差分。

Y=［X（2）-X（1）　X（3）-X（2）　…　X（m）-X（m-1）］

如果 X 是不为空的非向量 p×m 矩阵，则 Y=diff（X）返回大小为（p-1）×m 的矩阵，其元素是 X 的行之间的差分。

Y=［X（2,:）-X（1,:）；X（3,:）-X（2,:）；…，X（p,:）-X（p-1,:）］

如果 X 是 0×0 的空矩阵，则 Y=diff（X）返回 0×0 的空矩阵。

Y=diff（X，n）通过递归应用 diff（X）运算符 n 次来计算第 n 阶差分。在实际操作中，这表示 diff（X，2）与 diff（diff（X））相同。

Y=diff（X，n，dim）是沿 dim 指定的维计算的第 n 个差分。dim 输入是一个正整数标量，1 代表按照行求差分（默认值），2 代表按照列求差分。

【例 4.3.1】求各个输入数据的差分。

```
>> X0=[1 1 2 3 5 8 13 21];                %输入 X0 向量 1×8
>> Y0=diff(X0)                            %计算 X0 的差分,注意 Y0 是 1×7 的向量
Y0=
     0     1     1     2     3     5     8
>> X1=[1 1 1;5 5 5;25 25 25];             %输入 X1 矩阵 3×3
>> Y1=diff(X1)                            %计算 X1 的各行的差分
Y1=
      4     4     4
     20    20    20
>> Y1=[X1(2,:)-X1(1,:);X1(3,:)-X1(2,:)] %这与手工计算结果相同
Y1=
      4     4     4
     20    20    20
>> X2=[0 5 15 30 50 75 105];              %输入 X2 向量 1×7
>> Y2=diff(X2,2)                          %计算 X2 的 2 阶差分
Y2=
     5     5     5     5     5
>> Y2=diff(diff(X2))                      %这与计算 X2 的差分的差分相同
>> Y2=
     5     5     5     5     5
>> X3=[1 3 5;7 11 13;17 19 23];           %创建一个 3×3 矩阵
>> Y3=diff(X3,1,2)                        %计算各列之间的一阶差分
Y3=
     2     2
     4     2
     2     4
>> Y3=diff(X3,1,1)                        %与之相对比,计算各行之间的一阶差分
Y3=
     6     8     8
    10     8    10
```

【例 4.3.2】股价的差分运算，然后根据股价求投资回报率。

表 4.3.1 是上市公司康佳（000016）2006 年 6 月 1 日至 2006 年 7 月 31 日的收盘价数据。

表 4.3.1　上市公司康佳（000016）2006.6.1 至 2006.7.31 收盘价数据

时　间	收盘价［元］
	深康佳 A（000016）
2006-6-1	4.1
2006-6-2	4.13
2006-6-5	4.2
2006-6-6	4.06
2006-6-7	3.69
2006-6-8	3.73
2006-6-9	3.72
2006-6-12	3.73
2006-6-13	3.66
2006-6-14	3.62
2006-6-15	3.66
2006-6-16	3.74
2006-6-19	3.77
2006-6-20	3.8
2006-6-21	3.75
2006-6-22	3.77
2006-6-23	3.89
2006-6-26	3.94
2006-6-27	3.9
2006-6-28	3.93
2006-6-29	4.02
2006-6-30	4.03
2006-7-3	4.04
2006-7-4	3.93
2006-7-5	3.97
2006-7-6	4.01
2006-7-7	3.95
2006-7-10	3.95

续表

时　间	收盘价［元］
	深康佳 A（000016）
2006-7-11	3.97
2006-7-12	4
2006-7-13	4
2006-7-14	3.9
2006-7-17	3.91
2006-7-18	4.12
2006-7-19	3.94
2006-7-20	4.01
2006-7-21	4.03
2006-7-24	3.98
2006-7-25	4.04
2006-7-26	4
2006-7-27	3.97
2006-7-28	4.1
2006-7-31	4.11

先把数据导入 MATLAB，然后求收盘价的差分并进而求康佳的投资回报率。

```
>> closeprice=[4.1
4.13
4.2
4.06
3.69
……]                                    %为节省篇幅,只显示前 5 个数据,以下类同
closeprice=
          4.1
         4.13
          4.2
         4.06
         3.69
         ……
>> closeprice_diff=diff(closeprice)    %求收盘价的差分
closeprice_diff=
      0.03
```

```
     0.07
    -0.14
    -0.37
     0.04
    ……
```

```
>> rateofreturn=closeprice_diff./closeprice(1:42,:)      %用矩阵点除运算求投资回报率
rateofreturn=
   0.0073171
    0.016949
   -0.033333
   -0.091133
     0.01084
   ……
```

求出的投资回报率可用于后续的进一步分析。

二、规范化

数据规范化，也称为数据标准化或者数据归一化。规范化处理是数据挖掘的一项基础工作，不同评价指标往往具有不同的量纲和量纲单位，数值间的差别可能很大，不进行处理可能会影响到数据分析的结果。为了消除指标之间的量纲和大小不一的影响，需要进行数据规范化处理，将数据按照比例进行缩放，使之落入一个特定的区域，从而进行综合分析。如将总资产属性值映射到区间［-1，1］或者［0，1］。

下面介绍三种常用的数据规范化方法：最小-最大规范化、零-均值规范化、小数定标规范化。

（1）最小-最大规范化：也称为离差标准化，是对原始数据的线性变换，使结果值映射到［0，1］之间。转换函数为：

$$x^{*}=\frac{x-\min}{\max-\min}$$

其中，max 为样本数据的最大值，min 为样本数据的最小值。max-min 为极差。变换以后的数据位于 0 到 1 之间。

（2）零-均值规范化：也称标准差标准化，经过处理的数据的平均数为 0，标准差为 1。转化函数为：

$$x^{*}=\frac{x-\bar{x}}{\sigma}$$

其中，$\bar{x}$ 为原始数据的均值，σ 为原始数据的标准差。

（3）小数定标规范化：通过移动属性值的小数位数，将属性值映射到［-1，1］之间，移动的小数位数取决于属性值绝对值的最大值。转化函数为：

$$x^* = \frac{x}{10^k}$$

MATLAB 用于最小-最大规范化的函数是 mapminmax。

［Y，PS］=mapminmax（X，YMIN，YMAX）将矩阵 X 的每一行映射到［YMIN，YMAX］，Y 是映射后的矩阵，PS 是一个结构变量，包含了映射的每一个设置。映射计算公式为：

y=（ymax-ymin）*（x-xmin）/（xmax-xmin）+ymin

特别是，当［YMIN，YMAX］=［0，1］时，mapminmax 实现的就是数据的最小-最大规范化。

注意，函数 mapminmax 是对矩阵 X 的行所做的变换。如果要对列做变换，则必须对矩阵进行转置，然后再将结果转置回来。

【例 4.3.3】 将数据矩阵 x1 按行、按列进行固定区间的映射。

```
>> x1=[1 2 4;1 1 1;3 2 2;0 0 0]              %输入数据 x1
>> [y1,PS]=mapminmax(x1)                     %将 x1 的每一行映射到区间[-1, 1]
x1=
     1     2     4
     1     1     1
     3     2     2
     0     0     0
y1=
          -1     -0.33333           1
           1            1           1
           1           -1          -1
           0            0           0
PS=
包含以下字段的 struct:
        name:'mapminmax'
       xrows:4
        xmax:[4×1 double]
        xmin:[4×1 double]
      xrange:[4×1 double]
       yrows:4
        ymax:1
        ymin:-1
      yrange:2
        gain:[4×1 double]
     xoffset:[4×1 double]
   no_change:0
```

如果要对 x1 按列进行最小-最大规范化，则应进行如下操作：

```
>> y11=mapminmax(x1',0,1)
y11=
     0.33333    0.33333        1        0
           1        0.5        1        0
           1       0.25      0.5        0
>> y11=y11'
y11=
     0.33333          1        1
     0.33333        0.5     0.25
           1          1      0.5
           0          0        0
```

MATLAB 零-均值规范化的函数为 zscore。

[Z, mu, sigma] =zscore（X, flag, dim）计算矩阵 X 的零-均值规范化数据。flag 可以取 0（默认）或 1，0 表示计算标准差用的是样本标准差，即分母除的是 n-1；1 表示计算标准差用的是总体标准差，即分母除的是 n。dim 可以取 1（默认）或 2，1 表示按列标准化；2 表示按行标准化。

Z 是标准化以后的数据矩阵。mu 和 sigma 分别是计算所用的均值和方差。

【例 4.3.4】求矩阵 X 的零-均值标准化。

```
>> X=[1    4    7    10
      2    5    8    11
      3    6    9    12]                %输入矩阵 X
X=
     1    4    7    10
     2    5    8    11
     3    6    9    12
>> Z=zscore(X)                           %将矩阵 X 按列标准化
Z=
    -1    -1    -1    -1
     0     0     0     0
     1     1     1     1
>> Z=zscore(X,0,2)                       %将矩阵 X 按行标准化
Z=
     -1.1619    -0.3873    0.3873    1.1619
     -1.1619    -0.3873    0.3873    1.1619
     -1.1619    -0.3873    0.3873    1.1619
```

【例 4.3.5】[①]求指定数据集 S 的三种规范化后的数据。

```
>> S=                                          %输入指定数据集 S
        78         521         602        2863
       144        -600        -521        2245
        95        -457         468       -1283
        69         596         695        1054
       190         527         691        2051
       101         403         470        2487
       146         413         435        2571
>> Minmax=mapminmax(S',0,1);
>> Minmax=Minmax'                             %计算最小-最大规范化后的数据
Minmax=
    0.07438     0.93729     0.92352           1
    0.61983           0           0     0.85094
    0.21488     0.11957     0.81332           0
          0           1           1     0.56368
          1     0.94231     0.99671     0.80415
    0.26446     0.83863     0.81497     0.90931
    0.63636     0.84699     0.78618     0.92957
>> Zsc=zscore(S)                              %计算零-均值规范化后的数据
Zsc=
   -0.90538     0.63586     0.46453     0.79815
    0.60468     -1.5877     -2.1932     0.36939
   -0.51643      -1.304     0.14741     -2.0783
    -1.1113     0.78463     0.68463    -0.45691
     1.6571     0.64776     0.67516      0.2348
   -0.37915     0.40181     0.15214     0.53729
    0.65044     0.42164    0.069308     0.59556
>> max_=max(abs(S))                           %计算 S 每一列的绝对值最大的值
max_=
       190         600         695        2863
>> max10=power(10, ceil(log10(max_)))         %计算每一列最大值的位数 k 及 10 的 k 次方
max10=
      1000        1000        1000       10000
>> S_dot(:,[1 2 3 4])=S(:,[1 2 3 4])./max10(1,[1 2 3 4])   %计算小数定标规范化后的数据
S_dot=
```

① 该例选自：张良均等著，《MATLAB 数据分析与挖掘实战》，机械工业出版社，2015，53 页。

0.078	0.521	0.602	0.2863
0.144	-0.6	-0.521	0.2245
0.095	-0.457	0.468	-0.1283
0.069	0.596	0.695	0.1054
0.19	0.527	0.691	0.2051
0.101	0.403	0.47	0.2487
0.146	0.413	0.435	0.2571

注意：ceil（X）函数将 X 的每个元素四舍五入到大于或等于该元素的最接近整数。ceil（log10（max_））求到的是 S 每一列最大值的位数。

如果 x 介于 100 到 1000 之间，那么 log10（x）大于 2 且小于 3。一个大于 2 且小于 3 的数的 ceil 值即为 3。所以 ceil（log10（max_））求到的是 S 每一列最大值的位数。

三、连续属性离散化

将连续属性变换成分类属性，即连续属性离散化。

有些数据挖掘算法，特别是某些分类算法，要求数据是分类属性形式，如 ID3 算法、Apriori 算法等。因此，要使用这些算法就需要将连续属性离散化。

连续属性离散化的方法主要有等宽法、等频法和聚类分析法。

（1）等宽法。等宽法就是将连续属性的取值范围分成相等宽度的区间。区间个数根据数据本身的特点决定。

（2）等频法。将连续属性的取值范围分为若干个区间，使得每个区间包含相同数量的记录。

（3）聚类分析法。聚类分析法就是根据某个聚类算法将记录按照连续属性值进行聚类，属于同一类的记录放入一个类，最后有多少类就是多少个分类。

聚类分析法的使用详见第七章。

四、属性构造

属性构造就是利用已有的属性集构造出新的属性。属性构造在数据挖掘中使用非常广泛。我们将在后面举例。

第四节　数据规约

数据规约就是将海量数据按照某种方式进行简化，使得简化之后的数据仍保持原来数据集的绝大部分信息。统计上的降维就是数据规约的一种。

通过数据规约，可以达到如下目的：

- 降低无效、错误数据对建模的影响，提高建模的准确性。
- 少量且具代表性的数据将大幅缩减数据挖掘所需的时间。

- 降低储存数据的成本。

数据规约分为属性规约和数值规约。

一、属性规约

属性规约就是通过一定的方法设法减少属性的个数。属性规约的方法主要有：

- 合并属性：将一些属性合并为一个新属性。
- 直接删除无关属性：将不相关或者相关性不大的属性直接删除。
- 降维：就是使用统计上降维方法减少属性的个数，而且使新数据仍然保持原数据的绝大部分信息。主成分分析就是统计中用于降维的一种常用方法。

主成分分析的基本思想是：将原来的 p 个指标重新组合为相互无关的几个新指标，使得新指标的个数远远少于 p 而又能充分包含原数据的绝大部分信息。一般来讲，第一个组合称为第一主成分，第二个组合称为第二主成分，依此类推。

主成分分析的数据结构如下：

$$X = \begin{pmatrix} x_{11} & x_{12} & \cdots & x_{1p} \\ x_{21} & x_{22} & \cdots & x_{2p} \\ \vdots & \vdots & & \vdots \\ x_{n1} & x_{n2} & \cdots & x_{np} \end{pmatrix}$$

其中：x_{ij} 是第 i 个样本的第 j 个指标的观察值，因此，共有 p 个指标（变量），n 个样本值。

在应用主成分分析时，需要先将数据标准化，以消除量纲的影响。从数学上可以证明，在数据标准化以后，p 个指标的主成分就是以样本协方差矩阵或相关矩阵的特征向量为系数的线性组合，对应的特征根就是相应的方差。

以下举例说明主成分的求解过程。

【例 4.4.1】[①]主成分分析过程：

数据如表 4.4.1 所示。

表 4.4.1　包含 8 个属性的数据集

X1	X2	X3	X4	X5	X6	X7	X8
40.4	24.7	7.2	6.1	8.3	8.7	2.442	20.0
25.0	12.7	11.2	11	12.9	20.2	3.542	9.1
13.2	3.3	3.9	4.3	4.4	5.5	0.578	3.6
22.3	6.7	5.6	3.7	6.0	7.4	0.176	7.3
34.3	11.8	7.1	7.1	8.0	8.9	1.726	27.5
35.6	12.5	16.4	16.7	22.8	29.3	3.017	26.6

① 该例选自张良均等著：《MATLAB 数据分析与挖掘实战》，机械工业出版社，2015 年版，62 页。

续表

X1	X2	X3	X4	X5	X6	X7	X8
22.0	7.8	9.9	10.2	12.6	17.6	0.847	10.6
48.4	13.4	10.9	9.9	10.9	13.9	1.772	17.8
40.6	19.1	19.8	19.0	29.7	39.6	2.449	35.8
24.8	8.0	9.8	8.9	11.9	16.2	0.789	13.7
12.5	9.7	4.2	4.2	4.6	6.5	0.874	3.9
1.8	0.6	0.7	0.7	0.8	1.1	0.056	1.0
32.3	13.9	9.4	8.3	9.8	13.3	2.126	17.1
38.5	9.1	11.3	9.5	12.2	16.4	1.327	11.6

表4.4.1的数据已经导入MATLAB。

```
>> pri
pri =
 40.4      24.7      7.2      6.1      8.3      8.7     2.442      20
  25       12.7     11.2      11      12.9     20.2     3.542      9.1
 13.2       3.3      3.9      4.3      4.4      5.5     0.578      3.6
 22.3       6.7      5.6      3.7       6       7.4     0.176      7.3
 34.3      11.8      7.1      7.1       8       8.9     1.726     27.5
 35.6      12.5     16.4     16.7     22.8     29.3     3.017     26.6
  22        7.8      9.9     10.2     12.6     17.6     0.847     10.6
 48.4      13.4     10.9      9.9     10.9     13.9     1.772     17.8
 40.6      19.1     19.8      19      29.7     39.6     2.449     35.8
 24.8        8       9.8      8.9     11.9     16.2     0.789     13.7
 12.5       9.7      4.2      4.2      4.6      6.5     0.874      3.9
  1.8       0.6      0.7      0.7      0.8      1.1     0.056       1
 32.3      13.9      9.4      8.3      9.8     13.3     2.126     17.1
 38.5       9.1     11.3      9.5     12.2     16.4     1.327     11.6
```

将原数据标准化，得到：

```
>> X=zscore(pri);          %将原数据用 zscore 函数标准化
>> cor=corr(X)             %求标准化数据的相关矩阵
cor=
                1  0.76266  0.70758  0.64281  0.59617  0.54426  0.62178  0.77285
          0.76266        1  0.55341  0.51434  0.51538  0.46888  0.73562  0.71214
          0.70758  0.55341        1  0.98793   0.9776  0.97409  0.68282  0.78019
```

```
    0.64281  0.51434  0.98793        1  0.98071   0.9798  0.69735  0.77306
    0.59617  0.51538   0.9776  0.98071        1  0.99235  0.62663  0.78718
    0.54426  0.46888  0.97409   0.9798  0.99235        1   0.6303  0.72449
    0.62178  0.73562  0.68282  0.69735  0.62663   0.6303        1  0.62202
    0.77285  0.71214  0.78019  0.77306  0.78718  0.72449  0.62202        1
>>  [V eigen]=eig(cor)        %求相关矩阵的特征向量和特征根
V=
     0.32113   -0.4151  -0.45123  -0.66817-0.038217  -0.10167  -0.19295   -0.1596
     0.29516  -0.59766   0.10303   0.36336   0.62435   0.13584  0.031987  0.061134
     0.38912   0.22974-0.039895  -0.22596   0.12273  -0.15811   0.64176   0.53966
     0.38472   0.27869  0.053874  -0.11081-0.036909   0.86226  -0.11002-0.046606
     0.37955   0.31632-0.037292   0.14874   0.15928  -0.25204   0.25397   -0.7609
     0.37087   0.37151  0.075186  0.069353   0.21062  -0.34506  -0.68791   0.27809
     0.31996  -0.27814   0.77059  -0.13495  -0.43006  -0.13934  0.006045  -0.06203
     0.35546  -0.15684  -0.42478   0.55949  -0.58105-0.026557 0.0054031   0.13126

eigen=
      6.1366         0         0         0         0         0         0         0
           0    1.0421         0         0         0         0         0         0
           0         0   0.43595         0         0         0         0         0
           0         0         0   0.22037         0         0         0         0
           0         0         0         0   0.15191         0         0         0
           0         0         0         0         0 0.0088274         0         0
           0         0         0         0         0         0 0.0012238         0
           0         0         0         0         0         0         0 0.0029624
```

可见，特征根从大到小排列为：

6. 1366　1. 0421　0. 43595　0. 22037　0. 15191　0. 0088274　0. 0029624　0. 0012238

特征向量中的第一列为对应于最大特征根的特征向量。因此，第一主成分为：

F1=0. 32113X1+0. 29516X2+0. 38912X3 +…+0. 35546X8

由于

```
>> e=eig(cor)
e=
      6.1366
      1.0421
     0.43595
     0.22037
```

```
      0.15191
    0.0088274
    0.0012238
    0.0029624
>> gxl=e/sum(e)                       %求方差贡献率
gxl=
       0.76708
       0.13027
      0.054494
      0.027547
      0.018988
     0.0011034
    0.00015297
     0.0003703
>> cumgxl=cumsum(gxl)                 %求累计方差贡献率
cumgxl=
       0.76708
       0.89734
       0.95184
       0.97938
       0.99837
       0.99948
       0.99963
             1
```

因此，第一主成分包含了原数据中77%的信息。第二主成分包含了原数据中13%的信息。如果只取两个主成分，那么这两个主成分就占据了原始数据90%的信息。

用MATLAB提供的专用函数，可以非常方便地求得所有有关信息。

MATLAB主成分分析函数是：pca。它的语法结构为：

[COEFF, SCORE, LATENT, TSQUARED, explained, mu] =pca（X, Name, Value)

其中：X是标准化以后的数据或者原始数据。

Name和Value是参数名和参数值对儿。可以规定：

'Algorithm', 'SVD', 'eig', 'ALS'

其中：

SVD（默认）是奇异值分解算法；eig是特征值法；ALS是替代最小二乘法。

'Centered', 'true'（default), 'false'

该参数表示数据是否被中心化。若选true（默认)，则是；否则，不中心化。

还有其他参数，可参见MATLAB帮助文档。

输出中COEFF是特征向量矩阵，每列所对应的特征向量或主成分其特征值由大到小排列；SCORE 是每个样本对应于每一个主成分的得分；LATENT 就是按降序排列的特征值；TSQUARED 是对应于每个样本的 Hotelling T 平方统计量，该统计量衡量了每个观察值与数据中心的多维距离，可用于分析数据中所包含的奇异点。explained 是方差贡献率。mu 是每列的均值。如果' Centered' 被设定为 ' true'，那么 mu 输出一个行向量；否则输出 0。

用函数 pca 重新求解上面的例子如下：

```
[coeff, score, latent, tsquared, explained, mu] = pca(X, 'Algorithm',
'eig')
  coeff =
       0.32113    0.4151  -0.45123   0.66817 -0.038217  -0.10167    0.1596    0.19295
       0.29516   0.59766   0.10303  -0.36336   0.62435   0.13584 -0.061134  -0.031987
       0.38912  -0.22974 -0.039895   0.22596   0.12273  -0.15811  -0.53966   -0.64176
       0.38472  -0.27869  0.053874   0.11081 -0.036909   0.86226  0.046606    0.11002
       0.37955  -0.31632 -0.037292  -0.14874   0.15928  -0.25204    0.7609   -0.25397
       0.37087  -0.37151  0.075186 -0.069353   0.21062  -0.34506  -0.27809    0.68791
       0.31996   0.27814   0.77059   0.13495  -0.43006  -0.13934   0.06203  -0.006045
       0.35546   0.15684  -0.42478  -0.55949  -0.58105 -0.026557  -0.13126 -0.0054031
 score =
       0.73165    2.6178   0.17959  -0.40564   0.49689 0.0067633  0.061729  -0.012073
        1.0647 -0.0084232    1.848   0.37829  -0.10635 -0.072748 -0.036698   0.038834
       -2.8241  -0.55374   0.10694  0.047233  -0.13856  0.060586  0.077205   0.015197
       -2.1886  -0.15873  -0.61176  0.077048   0.25247  -0.16925 0.0046026  -0.024744
      0.066793    1.0415  -0.64328  -0.43353  -0.95893  0.022139 -0.038528   0.023788
        3.4578  -0.86751   0.40164 0.0082106  -0.46469  0.049383  0.086125  -0.070563
      -0.27669   -1.0514  -0.15703  0.038661   0.31553   0.19002 -0.026744   0.017927
        1.0112   0.87272  -0.64411   0.88191 -0.060996  0.067071  0.019923   0.043556
        5.2238   -1.0216  -0.41708    -0.709   0.32484 -0.081723 0.0019448   0.044942
      -0.30203  -0.75065  -0.44313 -0.017743   0.13672  0.019496 -0.072053   -0.03001
         -2.37  0.079556   0.44364  -0.34861   0.41514   0.10144 -0.022711  -0.010475
       -4.3581  -0.69575   0.16125  -0.42575  -0.24155 -0.091015  0.034518   0.019955
       0.39917   0.71592   0.20503  0.028497  -0.12588 -0.014208  -0.10152  -0.045967
        0.3644  -0.21968  -0.42968   0.88043   0.15535 -0.087956  0.012206  -0.010367
  latent =
        6.1366
        1.0421
       0.43595
       0.22037
       0.15191
     0.0088274
```

```
    0.0029624
    0.0012238
 tsquared=
       10.52
      11.028
      4.3732
      5.8621
      9.9161
      11.311
      6.3863
      7.5967
      11.231
       3.662
      4.4884
      6.4918
      5.9507
      5.1823
 explained=
      76.708
      13.027
      5.4494
      2.7547
      1.8988
     0.11034
     0.03703
    0.015297
 mu=
   -2.379e-16   9.9127e-17   7.1371e-17   -3.0135e-16   -3.1919e-16
2.379e-17   -3.0135e-16   2.8152e-16
```

则得到同样结果。从 t2 统计量可以看出，第 2、6、9 个样本具有最大的值，因此它们是样本中的奇异点。

我们也可以直接用原数据来求主成分，得到如下结果：

```
>>[coeff, score, latent, tsquared, explained, mu]=pca(pri,'Algorithm',
'eig')
 coeff=
     0.56788   0.64802   -0.4514  -0.19405 -0.061337 -0.025797  0.038004   -0.10147
     0.22804   0.24732   0.23802   0.90219 -0.033838  0.066787 -0.095201   0.039379
     0.23281  -0.17085  -0.17686 0.0073016   0.12652  -0.12816  -0.15593    0.91023
```

```
      0.22427  -0.20898  -0.11844 -0.014245   0.64326    0.57024    -0.343     -0.1876
      0.33586  -0.36051 -0.051733  0.031063  -0.38964    0.52642    0.5664     0.061938
       0.4368  -0.55909  -0.20092   0.12563  -0.10682    -0.5228  -0.18985    -0.34598
     0.038611 0.0018689 -0.0012442  0.11152   0.63233   -0.31168   0.69903   -0.020901
      0.46467  0.059104   0.80699  -0.34489  0.047208  -0.075422 -0.045058    0.021374
score=
       8.1913    16.904    3.9099    7.4811  -0.51614    0.40684   0.23741   -0.020154
      0.28527   -6.4807   -4.6287    5.0137    1.6528   -0.82723   0.17232    -0.15816
      -23.707   -2.8525  -0.49652   -1.5729   0.20952    0.51357   0.20753    -0.21485
      -14.432    2.2992   -1.5027   -1.3076   -1.5405   -0.35894   0.26819     0.18481
       5.4305    10.007    9.5209   -5.6378   0.92197   -0.31929  -0.14006    -0.10028
        24.16   -9.3643   0.72658   -1.9862   0.99853    0.76773   0.55242     0.27199
      -3.6613    -7.602   -2.3644  0.042132   0.08482    0.56151  -0.62587    -0.11056
       13.968    13.891   -6.4492   -2.9292   0.19199    0.16336  -0.14697    -0.29304
       40.881   -13.257    4.1654    1.2124   -1.3354   -0.31405 -0.063878     -0.2399
      -1.7489   -4.2311  -0.58981   -1.5748  -0.41061  -0.078159  -0.38791     0.27454
      -21.943   -2.3665     1.332    4.3976  0.026111    0.33119  -0.32401    0.066672
      -36.709   -6.0054    3.9718   -1.5481  -0.30057   -0.25142    0.3137    -0.14707
       3.2875    4.8638    1.0042   0.85119   0.62711   -0.43098  -0.25385     0.41229
       5.9989     4.194   -8.5995   -2.4416  -0.60962   -0.16414   0.19097    0.073707
latent=
       400.72
       81.255
       22.137
       12.459
      0.77801
      0.21278
      0.10754
     0.047868
tsquared=
        10.52
       11.028
       4.3732
       5.8621
       9.9161
       11.311
       6.3863
       7.5967
       11.231
        3.662
       4.4884
```

```
        6.4918
        5.9507
        5.1823
explained=
        77.401
        15.695
        4.2759
        2.4066
       0.15028
      0.041099
      0.020772
     0.0092459
mu=
        27.979       10.95          9.1       8.5429       11.064
14.614     1.5515     14.686
```

这两个结果有一些差别。但是，最终的选择基本一致。

另外，在已知协方差或相关矩阵时也可以用另一函数 pcacov 直接进行主成分分析。

pcacov 可以直接用协方差矩阵或相关矩阵进行主成分分析。它的语法结构为：

[COEFF, LATENT, EXPLAINED] =pcacov (V)

V 是原数据的协方差矩阵，要用标准化后的数据则使用相关矩阵。

COEFF 是主成分矩阵或特征向量矩阵，每列所对应的特征向量，其特征值由大到小排列；LATENT 就是按降序排列的特征值；EXPLAINED 是总的方差能被每一个主成分解释的比例或称方差贡献率。

```
[coef2 lat2 expl]=pcacov(cor)
coef2=
    0.32113    0.4151  -0.45123   0.66817 -0.038217  -0.10167    0.1596    0.19295
    0.29516   0.59766   0.10303  -0.36336   0.62435   0.13584 -0.061134  -0.031987
    0.38912  -0.22974 -0.039895   0.22596   0.12273  -0.15811  -0.53966   -0.64176
    0.38472  -0.27869  0.053874   0.11081 -0.036909   0.86226  0.046606    0.11002
    0.37955  -0.31632 -0.037292  -0.14874   0.15928  -0.25204    0.7609   -0.25397
    0.37087  -0.37151  0.075186 -0.069353   0.21062  -0.34506  -0.27809    0.68791
    0.31996   0.27814   0.77059   0.13495  -0.43006  -0.13934   0.06203  -0.006045
    0.35546   0.15684  -0.42478  -0.55949  -0.58105 -0.026557  -0.13126 -0.0054031
lat2=
        6.1366
        1.0421
       0.43595
       0.22037
```

```
        0.15191
      0.0088274
      0.0029624
      0.0012238
expl =
         76.708
         13.027
         5.4494
         2.7547
         1.8988
        0.11034
        0.03703
       0.015297
```

如果用原始数据，则用如下操作：

```
>> covv = cov(pri)
covv =
     168.33    60.357    45.758    41.216    57.906    71.672     8.602    101.62
     60.357    37.207    16.825    15.505    23.535    29.029    4.7846    44.023
     45.758    16.825    24.843    24.335    36.478    49.278     3.629     39.41
     41.216    15.505    24.335    24.423    36.283    49.146    3.6747    38.718
     57.906    23.535    36.478    36.283    56.046    75.404    5.0022    59.723
     71.672    29.029    49.278    49.146    75.404    103.02    6.8215    74.523
      8.602    4.7846     3.629    3.6747    5.0022    6.8215     1.137    6.7217
     101.62    44.023     39.41    38.718    59.723    74.523    6.7217    102.71
>> [coef3 lat3 expl3] = pcacov(covv)
coef3 =
    0.56788   0.64802   -0.4514  -0.19405 -0.061337 -0.025797  0.038004  -0.10147
    0.22804   0.24732   0.23802   0.90219 -0.033838  0.066787 -0.095201  0.039379
    0.23281  -0.17085  -0.17686 -0.0073016  0.12652  -0.12816  -0.15593   0.91023
    0.22427  -0.20898  -0.11844 -0.014245   0.64326   0.57024    -0.343   -0.1876
    0.33586  -0.36051 -0.051733  0.031063  -0.38964   0.52642    0.5664  0.061938
     0.4368  -0.55909  -0.20092   0.12563  -0.10682   -0.5228  -0.18985  -0.34598
   0.038611 0.0018689 -0.0012442  0.11152   0.63233  -0.31168   0.69903 -0.020901
    0.46467  0.059104   0.80699  -0.34489  0.047208 -0.075422 -0.045058  0.021374
lat3 =
     400.72
     81.255
     22.137
```

```
        12.459
       0.77801
       0.21278
       0.10754
      0.047868
expl3 =
        77.401
        15.695
        4.2759
        2.4066
       0.15028
      0.041099
      0.020772
     0.0092459
```

与前面的结果相同。

值得说明的是：用原数据与用标准化后的数据结果略有不同，但最终的选择基本一致。

二、数值规约

数值规约就是从所有数据中选择一部分数据用于数据挖掘。数值规约的好处：一是减少数据处理量，从而节省系统资源；二是通过数据的筛选，使得数据所反映的规律更加凸显出来。

数值规约可以是有参数的，也可以是无参数的。有参数方法是使用一个模型来评估数据，只需存放参数，而不需要存放实际数据。有参数的数值规约技术主要有两种：回归（线性回归和多元回归）和对数线性模型，详细可参见本书第六章的内容。

无参数方法就需要存放实际数据。常用方法有直方图、用聚类数据表示实际数据、抽样（采样）等。

（一）直方图

前面第三章我们用直方图来观察数据的分布特征。现在我们用直方图来完成数值规约。

【例 4.4.2】 假设某企业近期的销售额为：

```
>> S=[3,3,5,5,5,8,8,10,10,10,10,15,15,15,22,22,22,22,22,22,22,22,22,
25,25,25,25,25,25,25,25,25,30,30,30,30,30,35,35,35,35,35,39,39,40,40,40]
S =    3    3    5    5    5    8    8    10    10    10    10    15
15    15    22    22    22    22    22    22    22    22    22    25    25
25    25    25    25    25    25    25    30    30    30    30    30    35
35    35    35    35    39    39    40    40    40
>> C=categorical(S,[3 5 8 10 15 22 25 30 35 39 40],{'3','5','8','10','15',
```

```
'22','25','30','35','39','40'})      %将 S 转化为分类数组
    C=
      1×47 categorical 数组
      列 1 至 21
3      3      5      5      5      8      8      10      10      10      10
15     15     15     22     22     22     22     22      22      22
      列 22 至 41
        22     22     25     25     25     25     25     25     25
25     25     30     30     30     30     30     35     35     35
35
      列 42 至 47
        35     39     39     40     40     40
    >> h=histogram(C,'BarWidth',0.5)      %用 histogram 针对分类数据 C 画出直
方图 4.4.1。
    h=
      Histogram -属性:
                  Data:[1×47 categorical]
                Values:[2 3 2 4 3 9 9 5 5 2 3]
        NumDisplayBins:11
            Categories:{'3'  '5'  '8'  '10'  '15''22'  '25'  '30'  '35'  '39'
  '40'}
          DisplayOrder:'data'
         Normalization:'count'
          DisplayStyle:'bar'
             FaceColor:'auto'
             EdgeColor:[0 0 0]
```

得到如图 4.4.1 所示的直方图。

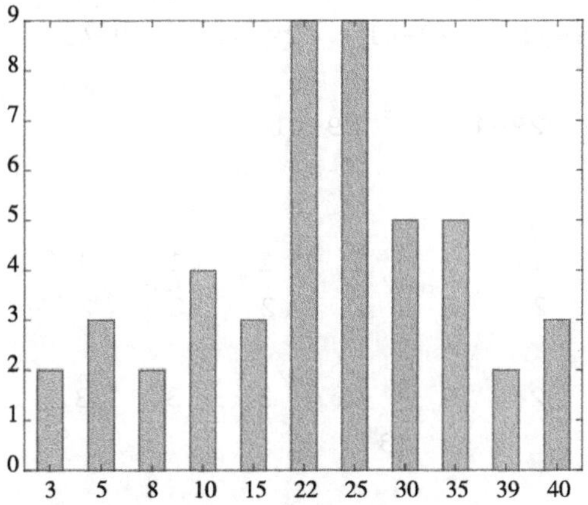

图 4.4.1　使用单桶的销售额直方图

用本书编写的函数 numtoc，可以将 S 转化为只包含 3 个类的分类数据，并且画出如图 4.4.2 所示的压缩的直方图。

```
function[c,C,A]=numtoc(A, a, b)
%UNTITLED2 change a numerical vector to a categorical
%  A vector, number of categrical 3, a,b edges
n=length(A);
for i=1:n
   if A(i)<=a
      C(i)=1;
   elseif A(i)>b
         C(i)=3;
   else
      C(i)=2;
   end
end
c=categorical(C,[1 2 3],{' 3-15' ,' 16-28' ,' 29-41' });
histogram(c);
   >> [c C]=numtoc(S,15, 28)
   c =
     1×47 categorical 数组
     列 1 至 16
3-15   3-15   3-15   3-15   3-15   3-15   3-15   3-15
3-15   3-15   3-15   3-15   3-15   3-15   16-28   16-28
     列 17 至 30
16-28   16-28   16-28   16-28   16-28   16-28   16-28
16-28   16-28   16-28   16-28   16-28   16-28   16-28
     列 31 至 44
16-28   16-28   29-41   29-41   29-41   29-41   29-41
29-41   29-41   29-41   29-41   29-41   29-41   29-41
     列 45 至 47
      29-41   29-41   29-41
C =
  列 1 至 27
  1  1  1  1  1  1  1  1  1  1  1  1  1
1  2  2  2  2  2  2  2  2  2  2  2  2  2
  列 28 至 47
  2  2  2  2  2  3  3  3  3  3  3  3  3
3  3  3  3  3  3  3
```

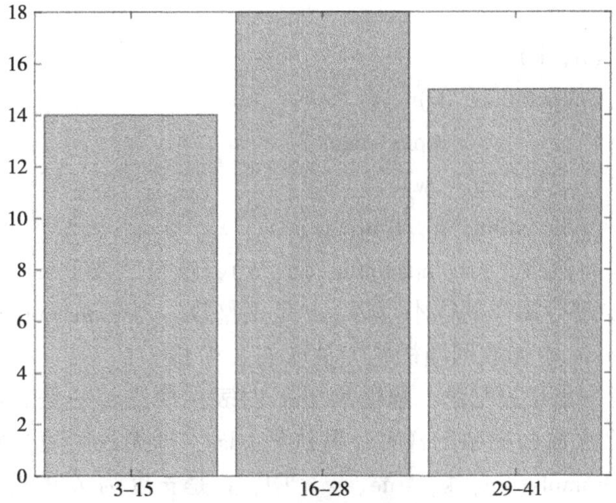

图 4.4.2　压缩的销售额直方图

（二）聚类

聚类就是将数据集中的行作为对象，把性质相似的对象归为一个类，使得同一类中的对象相似，不同类中的对象不相似。聚类技术将在第七章讨论。

做数据规约时，用数据聚类以后的类替换原来的数据。

（三）抽样

抽样也称为采样或者样本选取。当进行数据挖掘时，如果不是对所有样本数据进行挖掘，而是从所有数据样本中选择一部分进行挖掘，这称为抽样。

抽样时要注意：一是选取的样本不能太少也不能太多，要能刻画数据原来的特征，同时满足挖掘算法的要求；二是要注意样本选择的平衡性。例如：对于分类样本，每个类别的样本数量要尽可能一致。

从统计学知识得知，抽样方法有四种：

一是随机抽样。随机抽样是从数据总体中按照随机方式进行的抽样。随机抽样又分为有放回抽样和无放回抽样。随机抽样适合于样本数据较多，同时数据质量又比较均衡的情况。可按抽取样本数和抽取样本数占总数的比例两种方式进行。

二是系统抽样。系统抽样也称为等距抽样，是按照相同的间隔从总体中等距离地选取样本的一种方法。需要给定起始点和间距。

三是分层抽样。分层抽样也称分类抽样。先把数据集划分成互不相交的部分，称为层。然后对每一层的数据进行无放回随机抽样。

四是 PPS 抽样。PPS 抽样是概率比例规模抽样。PPS 抽样按照每个数据占数据总数的比率进行抽样，数据越大，抽取的可能性越大。

MATLAB 中进行抽样的函数是 randsample，可实现随机抽样和 PPS 抽样。它的语法结构为：

y=randsample（n，k）

y=randsample（population，k）

y=randsample（________，replacement）

y=randsample（n，k，true，w）

y=randsample（population，k，true，w）

其中：n，k 是自然数。y=randsample（n，k），从自然数 1-n 中随机抽取 k 个数。

Population 是要进行抽样的样本总体，k 是正整数。y=randsample（population，k），返回从向量 population 中无放回随机均匀抽取的 k 个值。

replacement 是一个开关变量，取值为 true 时表示所进行的是有放回抽样，取值为为 false 时返回一个无放回抽取的样本。默认是 false，即无放回随机抽样。

在命令 y=randsample（n，k，true，w）中，w 是长度为 n 的非负权重向量。w 用来确定整数 i 被选为 y 的输入项的概率。在命令 y=randsample（population，k，true，w）中，w 是与向量 population 长度相同的非负权重向量。w 用来确定值 population（i）被选为 y 的输入项的概率。用这两个命令可以实现 PPS 抽样。

【例 4.4.3】 使用例 4.1.3 某餐厅 2015 年 2 月份的插值以后的销售数据。

```
>> sales=[2618.2
2608.4
2651.9
3442.1
3393.1
3136.6
3744.1
6607.4
4060.3
3614.7
3295.5

2332.1
2699.3

3036.8
865
3014.3
2742.8
2173.5
3161.8
3023.8
```

```
2998.1
2805.9
2383.4
2620.2
2600
2358.6
]
sales=
        2618.2
        2608.4
        2651.9
        3442.1
        3393.1
        3136.6
        3744.1
        6607.4
        4060.3
        3614.7
        3295.5
        2332.1
        2699.3
        3036.8
           865
        3014.3
        2742.8
        2173.5
        3161.8
        3023.8
        2998.1
        2805.9
        2383.4
        2620.2
          2600
        2358.6
>> s=chang(sales)
s=
   列 1 至 8
      2358.6        2600       2620.2       2383.4       2805.9
2998.1      3023.8      3161.8
   列 9 至 16
      2173.5      2742.8      3014.3          865       3036.8
```

```
2699.3      2332.1      3295.5
     列 17 至 24
        3614.7      4060.3      6607.4      3744.1      3136.6
3393.1      3442.1      2651.9
     列 25 至 26
        2608.4      2618.2
   >> x=[1 2 3 4 5 6 7 8 9 10 11 12 13 15 16 18 19 20 21 22 23 24 25 26 27 28];
   >> vq=interp1(x,s,[17 14])
   vq=
        2813.8      2868.1
   >> vq=interp1(x,s,[14 17])
   vq=
        2868.1      2813.8
   >> vq=interp1(x,s,1:28)
   vq =
    列 1 至 8
        2358.6      2600      2620.2      2383.4      2805.9
2998.1      3023.8      3161.8
    列 9 至 16
        2173.5      2742.8      3014.3      865      3036.8
2868.1      2699.3      2332.1
    列 17 至 24
        2813.8      3295.5      3614.7      4060.3      6607.4
3744.1      3136.6      3393.1
    列 25 至 28
        3442.12651.9      2608.4      2618.2
```

vq 就是插值后的销售额数据。对 vq 进行 5 天随机抽样，得到如下结果：

```
>> y=randsample(vq,5)
y=
     2651.9      2620.2      2383.4      3295.5      3136.6
```

再抽一次，则结果不同。

```
>> y=randsample(vq,5)
y=
     2383.4      2618.2      3136.6      2868.1      2608.4
```

如果想知道抽取的样本是第几个样本，可以使用前两个命令的结合。

```
>> y=randsample(28,5)
y=
    24
    20
    22
    27
     1
>> y2=vq(:,y)
y2=
      3393.1      4060.3      3744.1      2608.4      2358.6
```

【例 4.4.4】 使用例 4.1.3 某餐厅 2015 年 2 月份插值以后的销售数据进行 PPS 抽样。

承例 4.4.3，插值后的数据是 vq。

```
>> for i=1:28 w(i)=vq(i)/sum(vq);end      %按照 vq 中每一个数占 vq 总和的比例确定每一个数被抽到的权重
>> y_pps=randsample(vq,5,true,w)          %按照权重 w 随机抽取 5 个数
y_pps=
        2600      2173.5      2600      2383.4      3136.6
>> y_pps=randsample(vq,5,true,w)          %再抽一遍,当然结果会不同
y_pps=
      6607.4      2742.8      2608.4      2600      2699.3
```

事实上，MATLAB 还有另一个函数 datasample，可以实现有放回或者无放回的随机抽样。其语法结构为：

y=datasample（data，k）

y=datasample（data，k，dim）

y=datasample（________，Name，Value）

[y，idx] =datasample（________）

其中：

data 可以是向量，也可以是矩阵或者数组、表等。y=datasample（data，k）实现从数据集 data 中通过有放回方式随机抽取 k 个样本。dim 是定义维度的值。对于矩阵，dim=2，表示按列抽取；dim=1，表示按行抽取；默认为 1。Name，Value 是属性、值对，比如，'replace'，true 等。[y，idx] =datasample（________）除了返回抽取的样本以外，还返回样本对应的位置下标。

【例 4.4.5】 完成如下矩阵的有放回随机抽样。

```
data=
              1        12.5        12.76        12.16        12.43
```

```
     2     12.55     12.65        12     12.43
     3     12.31     12.75     12.31     12.73
     4     12.83        14     12.65        14
     5      14.4      14.5      13.9     14.08
     6        14      14.5     13.65     14.41
     7      14.4      14.6     14.03     14.27
     8      14.2     14.45      14.1     14.21
     9     14.01     14.23     13.35     13.67
    10     13.54        14      13.5     13.73
    11     13.65     13.94      13.1      13.3
    12     13.39      13.5     13.01     13.26
    13     13.39     13.64     12.75     13.09
    14      13.4     13.65     13.01     13.51
    15     13.46      13.9     13.35     13.44
    16      13.3     13.58        13     13.21
    17     13.15      14.1     13.05     13.99
    18     14.06      14.5      13.8     14.44
    19      14.5     14.58     14.08     14.31
    20     14.35      15.3      14.3     14.99
```

```
>> y=datasample(data,5)     %datasample默认情况下实施的是有放回随机抽样
y=
     8      14.2     14.45      14.1     14.21
    16      13.3     13.58        13     13.21
    16      13.3     13.58        13     13.21
     4     12.83        14     12.65        14
    10     13.54        14      13.5     13.73
```

```
>> y=datasample(data,5,'replace',true)     %参数'replace'设定为true,就是默认情况下的有放回随机抽样
y=
     4     12.83        14     12.65        14
    20     14.35      15.3      14.3     14.99
    20     14.35      15.3      14.3     14.99
    10     13.54        14      13.5     13.73
    17     13.15      14.1     13.05     13.99
```

```
>> y=datasample(data,5,'replace',false)     %参数'replace'设定为false,变成了无放回随机抽样
y=
     1      12.5     12.76     12.16     12.43
    16      13.3     13.58        13     13.21
    10     13.54        14      13.5     13.73
```

```
        20          14.35          15.3          14.3          14.99
        17          13.15          14.1          13.05         13.99
>> y = datasample(data,5,'replace',false)     %参数'replace'设定为
false,变成了无放回随机抽样
y=
        10          13.54            14          13.5          13.73
         9          14.01          14.23         13.35         13.67
         8           14.2          14.45          14.1         14.21
         7           14.4           14.6         14.03         14.27
         5           14.4           14.5          13.9         14.08
```

所以，randsample 输入中不加 replcement 时，进行的是无放回随机抽样。而 datasample 默认情况下进行的是有放回随机抽样。

```
>> [y,idx]=datasample(data,5,'replace'  ,false)
y=
        11          13.65          13.94          13.1           13.3
         7           14.4           14.6         14.03          14.27
        13          13.39          13.64         12.75          13.09
         6             14           14.5         13.65          14.41
        20          14.35           15.3          14.3          14.99
idx=
    11     7    13     6    20
```

用 [y, idx] =datasample (________) 除了返回抽取的样本以外，还返回样本对应的位置下标，存放在向量 idx 中。

思考练习题

1. 仿照例 4.1.2，将函数换为 cos，完成不同插值方法的插值并对比插值效果。
2. 下列向量 b 中存放的是某公司某年某月一些工作日的销售额;
b= [200 205 301 456 234 432 789 543 78 92 88 190 350 67 123 200 398 567 331]
对应的日期为，1 2 3 4 5 8 10 11 12 15 16 17 19 22 23 25 26 29 30
其中 6 7，13 14，20 21，27 28 为星期六和星期日。9，18，24 三天的数据缺失。
请分别应用线性插值法和 spline 插值法补齐这三天的销售数据。
3. 求以下数据集 A 的最小-最大规范化、零-均值规范化和小数定标规范化。

A=

11	25	-3
14	-5	46
-17	81	95

35	66	106
77	68	35
63	90	89

4. 从国泰安数据库中下载上交所某个行业所有公司近两年的 5 个利润类指标、5 个资产类指标、5 个负债类指标、5 个现金流量类指标。对这些数据进行主成分分析并对结果进行解释。

5. 对上述数据进行抽样，可使用不同方法并进行分析对比。

6. 主成分分析法和抽样法有什么不同?

7. 下载某只股票近 3 个月的每日收盘价交易数据并导入 MATLAB 中。用 MATLAB 差分运算函数计算该只股票的投资回报率。

第五章

关联规则

关联规则是数据挖掘中最活跃的方法之一。关联规则分析的目的是通过数据挖掘找到隐含在数据集中的各种关联关系。

例如，对一个餐饮企业而言，客户在点餐时，经常会碰到这样的问题：面对菜单中大量的菜品信息，往往不能迅速找到满意的菜品。这时，作为餐厅服务员，如果能给客户提供一些建议或者推荐一些客户可能喜欢的菜品，那么客户会很高兴。这样既节约了点菜的时间，也增加了客户满意，同时还可能增加餐厅的收入。

那么，如何知道客户喜欢什么？不喜欢什么？经常吃什么？口味如何？

实际上，菜品的合理搭配是有规律可循的：有些菜品之间是相互关联的，而有些菜品之间是对立或竞争关系。中华文化博大精深，几千年来形成了有规律的饮食习惯和饮食搭配。另外，有些饮食规律也可以从以前大量的历史菜单数据中获得。这就要通过本章将讨论的数据挖掘方法——关联规则去发现客户点餐的规则，快速识别客户的口味和偏好，从而给客户提供恰当的点餐建议。

本章内容包括：关联规则的基本概念；Apriori 算法；Apriori 算法的 MATLAB 实现。

第一节　关联规则的基本概念

关联规则分析也称为购物篮分析，最早是为了发现超市销售数据库中不同的商品之间的关联关系而开发的。为了增加超市的销售额，超市经理想要更多地了解顾客的购物习惯或者说购物的规律。比如：哪组商品可能会在一次购物中同时购买？又如：某顾客购买了个人电脑，那该顾客三个月后购买数码相机的概率有多大？通过观察和分析，他发现如果一位顾客购买了面包，那么该顾客非常有可能会同时购买牛奶，这就导出了一条关联规则“面包=>牛奶”，其中面包称为规则的前项，而牛奶称为后项。据此，该经理就可以制定有针对性的营销策略：降低面包的售价，而适当提高牛奶的售价。通过对面包降低售价进行促销，顾客会大量购买面包，而同时顾客也会跟着大量购买牛奶，那么关联销售出的牛奶就有可能使超市整体的利润不降反升。

下面给出关联规则的几个基本概念：

定义 1：项与项集。

数据集中不可分割的最小单位，称为项，用符号 i 表示。项的集合称为项集。

设集合 I = $\{i_1, i_2, \cdots, i_k\}$ 是项集，k 是项集 I 中项的个数，则项集 I 称为 k-项集。例如：项集｛尿布，婴儿车｝是一个 2-项集，｛牛奶，面包，巧克力｝是一个 3-项集。

定义 2：事务数据。

设 I = $\{i_1, i_2, \cdots, i_m\}$ 是由数据库中的所有项构成的项集。如果 $T = \{t_1, t_2 \cdots t_n\}$ 是项集 I 的一个子集，则 T 是一个事务数据，简称事务。

一个由事务数据构成的数据集称为事务数据库。

例如，某个客户在超市购买了多项物品，则这些物品是超市所有项物品构成的项集的子集。那么此子集就是一个事务数据。所有顾客每次购物产生的事务数据构成的数据集就是一个事务数据库。

定义 3：项集的频数。

在一个事务数据库中，包含某一个项集 U 的事务数据的个数称为该项集的频数，或者支持度计数，记为 Support（U）。

在选择项集时可以设定一个阈值，称为最小频数或者最小支持度计数，也简称为最小支持度，用 min_ sup 来表示。

定义 4：关联规则。

关联规则是形如 X⇒Y 的蕴含式，其中 X、Y 分别是 I 的真子集，并且 $X \cap Y = \phi$。X 称为规则的前提，Y 称为规则的结果。关联规则反映 X 中的项出现时，Y 中的项也跟着出现的规律。

定义 5：关联规则的支持度。

关联规则 X⇒Y 的支持度是事务数据库中同时包含 X 和 Y 的事务数据的个数与数据库中所有事务个数之比，记为 Support（X⇒Y）。根据定义，

$$\text{Support}(X \Rightarrow Y) = P(XUY)$$

支持度反映了 X 和 Y 同时出现的概率，描述了关联规则 X⇒Y 的重要程度。

定义 6：关联规则的置信度。

关联规则的置信度是事务数据库中同时包含 X 和 Y 的事务数与所有包含 X 的事务数之比，记为 Confidence（X⇒Y）。根据定义，

$$\text{Confidence}(X \Rightarrow Y) = \frac{\text{Support}(X \cup Y)}{\text{Support}(X)} = P(Y \mid X)$$

置信度反映了包含 X 的事务中，出现 Y 的条件概率，描述了关联规则 X⇒Y 的可靠性。

定义 7：最小支持度与最小置信度。

最小支持度与最小置信度是为规则选择设定的阈值，分别记为 min_sup 和 min_conf。对于规则 X⇒Y，如果 Support（X⇒Y）和 Confidence（X⇒Y）分别大于各自的阈值，即 min_ sup 和 min_ conf，则 X⇒Y 称为是有趣的。

注意：min_ sup 可以是针对项集的阈值，也可用于规则。

定义 8：频繁项集。

设 U 是一个非空项集，对于给定的最小支持度计数 min_sup，如果项集 U 的支持度计数 Support（U）≥min_sup，则称 U 为频繁项集；反之，称为非频繁项集。

定义 9：强关联规则与弱关联规则。

设 min_ sup 和 min_ conf 分别是最小支持度与最小置信度。对于关联规则 X⇒Y，如果 Support（X⇒Y）≥min_sup 且 Confidence（X⇒Y）≥min_conf，则称关联规则 X⇒Y 是强关联规则；反之称为弱关联规则。

为了说明这些概念，举一个例子。

【例 5.1.1】[①] 客户购买网球拍后一定购买网球吗？

假设项集 I=｛网球拍，网球，运动鞋，羽毛球｝，客户购买事务数据库包含如下事务：

M1=｛网球拍，网球，运动鞋｝

M2=｛网球拍，网球｝

M3=｛网球拍｝

M4=｛网球拍，运动鞋｝

M5=｛网球，运动鞋，羽毛球｝

M6=｛网球拍，网球｝

这样的购买数据转化为如表 5.1.1 所示的数据。

表 5.1.1　客户购买数据库

TID	网球拍	网球	运动鞋	羽毛球
1	1	1	1	0
2	1	1	0	0
3	1	0	0	0
4	1	0	1	0
5	0	1	1	1
6	1	1	0	0

考虑 2-项集｛网球，运动鞋｝。它的支持度计数是 2，因为 M1，M5 包含该项集。

考虑关联规则：网球拍⇒网球。同时包含｛网球拍｝和｛网球｝的事务有 M1，M2 和 M6，包含｛网球拍｝的事务有 M1，M2，M3，M4，M6。因此，

Support（网球拍⇒网球）=3/6=0.5

Confidence（网球拍⇒网球）=3/5=0.6

如果设定最小支持度 min_sup=0.5，最小置信度 min_conf=0.5，则关联规则：网球

① 该例选自卓金武、周英：《量化投资——数据挖掘技术与实践（MATLAB 版）》，中国工信出版集团，2015 年版，112 页。

拍⇒网球是有趣的，说明购买网球拍与购买网球存在关联。

第二节　Apriori 算法

关联规则算法是关联规则挖掘研究的主要内容。

关联规则是 1993 年由阿格拉沃尔（Agrawal）等人在分析顾客购物篮时提出的。开始时给出了关联规则的挖掘算法 AIS，后来，在 1994 年又提出了著名的 Apriori 算法。至今 Apriori 算法仍然作为关联规则挖掘的经典方法被广泛使用。

一、Apriori 算法的基本思想

关联规则的挖掘分为两步：

第一步，找出所有频繁项集；

第二步，由频繁项集产生强关联规则。

可以证明：频繁项集的所有非空子集也必须是频繁项集。由此也可以得出：向不是频繁项集的项集中添加事务，新的项集一定也不是频繁项集。

频繁项集的这两条定理或者性质对于下面求频繁项集的过程非常重要。

Apriori 算法使用逐层搜索迭代法。步骤如下：

首先，扫描数据库，计算每个单项事务的支持度计数，并根据最小支持度阈值，确定频繁 1 项集的集合，记为 L1。

然后，由 L1 出发，找到频繁 2 项集的集合，记为 L2；再由 L2 出发，找到 L3。以此类推。直到找到最大的频繁 m 项集的集合 Lm 为止。

由 Lk-1 到 Lk 需要经过两个关键步骤，称为连接步和剪枝步。

连接步：为找出频繁 k 项集，由 Lk-1 与自身连接产生 k 项候选集 Ck。根据最小支持度阈值，保留 Ck 中满足约束条件的频繁 k 项集，记为 Lk。

剪枝步：Ck 中包含所有 k 项集，它们可能是也可能不是频繁 k 项集。为得到 Lk，对 Ck 中的所有 k 项集，计算其支持度计数，判断此计数是否大于最小支持度，然后判断该 k 项集是否是频繁 k 项集。由于 Ck 可能很大，因此全部扫描一遍可能需要很大计算量。为压缩 Ck，使用上述频繁项集的定理，如果一个候选 k 项集的（k-1）项集不在 Lk-1 中，则该候选项也不可能是频繁的，从而可以从 Ck 中删除。

频繁项集找到以后，即可以根据最小置信度，由频繁项集产生强关联规则。

二、Apriori 算法的步骤

第一步：扫描全部数据，产生候选 1 项集的集合 C1。

第二步：根据最小支持度阈值，由候选 1 项集的集合 C1 产生频繁 1 项集的集合 L1。

第三步：对 k>1，重复执行第四、五、六步。

第四步：由 Lk 执行连接和剪枝操作，产生候选 k+1 项集的集合 Ck+1。

第五步：根据最小支持度阈值，由候选 k+1 项集 Ck+1 产生频繁 k+1 项集的集合 Lk+1。

第六步：若 Lk+1 不为空，则 k=k+1，返回第四步；否则，执行第 7 步。

第七步：根据最小置信度阈值，由频繁项集产生强关联规则。

三、实例

以下用一个实例说明 Apriori 算法。

【例 5.2.1】[①] Apriori 算法实例。

假设数据库中有 9 笔交易。交易商品为 i1，i2，i3，i4，i5。因此 I= {i1，i2，i3，i4，i5}。每笔交易对应的事务见表 5.2.1。

表 5.2.1　包含 9 笔交易的事务数据库

事务编号	商品
T1	i1，i2，i5
T2	i2，i4
T3	i2，i3
T4	i1，i2，i4
T5	i1，i3
T6	i2，i3
T7	i1，i3
T8	i1，i2，i3，i5
T9	i1，i2，i3

该事务数据库可以转化为如表 5.2.2 所示的购物数据库。

表 5.2.2　包含 9 笔交易的购物数据库

TID	i1	i2	i3	i4	i5
1	1	1	0	0	1
2	0	1	0	1	0
3	0	1	1	0	0
4	1	1	0	1	0
5	1	0	1	0	0
6	0	1	1	0	0

① 该例选自卓金武、周英：《量化投资——数据挖掘技术与实践（MATLAB 版）》，中国工信出版集团，2015 年版，114 页。

续表

TID	i1	i2	i3	i4	i5
7	1	0	1	0	0
8	1	1	1	0	1
9	1	1	1	0	0

设最小支持度计数为 2，即 min_ sup = 2，利用 Apriori 算法求候选项集和频繁项集的步骤如下：

（一）第一次扫描

扫描数据库得到候选 1 项集及其支持度计数 C1，再与最小支持度计数比较，得到频繁 1 项集及其支持度计数 L1。

C1		L1	
项集	支持度计数	项集	支持度计数
{i1}	6	{i1}	6
{i2}	7	{i2}	7
{i3}	6	{i3}	6
{i4}	2	{i4}	2
{i5}	2	{i5}	2

由于最小支持度计数为 2，全部 1 项集的支持度计数都大于 2，因此没有删除任何 1 项集，得到 L1。L1 与 C1 相同。

（二）第二次扫描

将 L1 与 L1 连接产生候选 2 项集的集合 C2。

C2		L2	
项集	支持度计数	项集	支持度计数
{i1，i2}	4	{i1，i2}	4
{i1，i3}	4	{i1，i3}	4
{i1，i4}	1	{i1，i5}	2
{i1，i5}	2	{i2，i3}	4
{i2，i3}	4	{i2，i4}	2
{i2，i4}	2	{i2，i5}	2
{i2，i5}	2		

续表

C2		L2	
项集	支持度计数	项集	支持度计数
{i3, i4}	0		
{i3, i5 }	1		
{ i4, i5}	0		

计算 C2 中各项集的支持度计数，选取支持度计数大于 2 的项集，得到频繁 2 项集 L2。这一步没有任何项集从 C2 中删除，因为这些候选 2 项集的每一个子集都是频繁 1 项集。

（三）第三次扫描

将 L2 与 L2 连接产生候选 3 项集的集合 C3。

C3＝｛｛i1，i2，i3｝，｛i1，i2，i5｝，｛i1，i2，i4｝，｛i1，i3，i5｝，｛i2，i3，i4｝，｛i2，i3，i5｝，｛i2，i4，i5｝｝

使用 Apriorri 性质剪枝，频繁项集的所有非空子集也必须是频繁的。

｛i1，i2，i4｝剪掉，因为｛i1，i4｝不是频繁的。

｛i1，i3，i5｝剪掉，因为｛i3，i5｝不是频繁的。

｛i2，i3，i4｝剪掉，因为｛i3，i4｝不是频繁的。

｛i2，i3，i5｝剪掉，因为｛i3，i5｝不是频繁的。

｛i2，i4，i5｝剪掉，因为｛i4，i5｝不是频繁的。

剪枝以后的 C3＝｛｛i1，i2，i3｝，｛i1，i2，i5｝｝。

C3		L3	
项集	支持度计数	项集	支持度计数
{i1, i2, i3}	2	{i1, i2, i3}	2
{i1, i2, i5}	2	{i1, i2, i5}	2

计算 C3 中候选 3 项集的支持度计数，全都为 2，大于等于最小支持度计数，得到频繁 3 项集 L3。

（四）第四次扫描

将 L3 与 L3 连接产生候选 4 项集的集合 C4＝｛｛i1，i2，i3，i5｝｝。由于｛i1，i2，i3，i5｝的子集｛i2，i3，i5｝，｛i3，i5｝等都不是频繁项集，因此项集｛i1，i2，i3，i5｝被删除。删除后 C4＝ϕ，算法终止。所有频繁项集被找到。

第三节 Apriori 算法的 MATLAB 实现

在网上以及许多专著中，有各种语言编写的 Apriori 算法实现的程序。本书采用张良均等专著①中的 MATLAB 程序，用来说明 Apriori 的 MATLAB 实现。

算法包含两个函数，一个脚本。

第一个函数 trans2matrix，将事务数据转换为 0，1 矩阵。就像前面例 5.1.1 和例 5.2.1 中那样。

```
function [ output, code ] = trans2matrix ( inputfile, outputfile, splitter )
%%把输入事务转换为 0,1 矩阵;每行代表一个事务

%输入参数:
% inputfile:输入文件,空格分隔每个项目;
% outputfile:输出文件,转换后的 0,1 矩阵文件;
% splitter:输入文件项目的间隔符,默认为空格

%输出参数:
% output :转换后的 0,1 矩阵
% code:编码规则;

if nargin<3
   splitter=' ';
end

%%读入文件, 获得编码规则
code={};
fid=fopen(inputfile);
tline=fgetl(fid);
lines=0;
while ischar(tline)
    lines=lines+1;%记录行数
    tline=deblank(tline);
    tline=regexp(tline,splitter,'split');
    code=[code tline];%合并
    code=unique(code);%去除重复记录
```

① 张良均等著：《MATLAB 数据分析与挖掘实战》，机械工业出版社，2015 年版，109 页。

```
%     disp(code)
    tline=fgetl(fid);
end
disp('编码规则为:')
disp(num2str(1:size(code,2)))
disp( code);
fclose(fid);%关闭文档

%%读取文件,根据编码规则对原始数据进行转换
itemsnum=size(code,2);
output=zeros(lines,itemsnum);
fid=fopen(inputfile);
tline=fgetl(fid);
lines=0;
while ischar(tline)
    lines=lines+1;%记录行数
    tline=deblank(tline);
    tline=regexp(tline,splitter,'split');
    [~,icode,~]=intersect(code,tline);%寻找下标
    output(lines,icode')=1;
    %disp(output(lines,:))
    tline=fgetl(fid);
end
fclose(fid);

%%把转换后的矩阵写入文件
fid=fopen(outputfile,'w');
for i=1:lines
  fprintf(fid,'%s \n',num2str(output(i,:)));
end
fclose(fid);
end
```

第二个函数 findRules，完成算法 Apriori 所要求的所有功能。

```
function [ Rules, FreqItemsets ] = findRules ( transactions, minSup, minConf, nRules, sortFlag, code, rulesfile)
%
% This function performs Association Analysis (Apriori Algorithm): Given a set of transactions,
% find rules that will predict the occurrence ofan item based on the
```

```
occurrences of other
    % items in the transaction
    %
    % Rules are of the form  A-> B (e.g., {milk, diaper} -> {Coke}), where
    % support=minSup (minimum support threshold)
    % confidence=minConf (minimum confidence threshold)
    %
    %Support is the fraction of transactions that contain both A and B:
    % Support(A,B)=P(A,B)
    %
    % Confidence is the fraction of transactions where items in B appear
in transactions  that contain A:
    % Confidence(A,B)=P(B |A)
    %
    %
    % INPUT:
    %  transactions:  M x N matrix of binary transactions, where each row
    %                                     represents one transaction and each
column represents
    %                                    one attribute/item
    %          minSup:          scalar value thatrepresents the minimum
    %                                    threshold for support for each rule
    %          minConf:         scalar value that represents the minimum
    %                                threshold for confidence of each rule
    %          nRules:        scalar value indicating the number of rules
    %                                    the user wants to find
    %          sortFlag:    binary value indicating if the rules should be
    %                                             sorted by support level or
confidence level
    %                                    1:sort by rule support level
    %                                    2:sort by rule confidence level
    %          code (labels):编码规则            optional parameter that
    provides labels for
    %                             each attribute (columns of transactions),
    %                                                  by default attributes
are represented
    %                                    with increasing numerical values 1:N
    %
    %          fname:            optional file name where rules are saved
    %
```

```
% OUTPUT:
%          Rules:              2 x 1 cell array, where the first cell
(Rules{1}{:})
%                               contains the itemsets in the left side
of the rule and second
%                                    cell (Rules{2}{:}) contains
the itemsets
%                               in the right side of the rule (e.g., if
%                               the first rule is {1, 2} -> 3,
%                               Rules{1}{1}=[1,2], Rules{2}{1}=[3])
%        FreqItemsets:A cell array of frequent itemsets of size 1, 2,
%                               etc., with itemset support >=minSup,
%                                        where FreqItemSets{1}
represents itemsets
%                               of size 1,FreqItemSets{2} itemsets of
%                               size 2, etc.
%          fname.txt:        The code creates a text file and stores
all the
%                               rules in the form left_side -> right_
side.
%
% author:Narine Manukyan07/08/2013

% Number of transactions in the dataset
M=size(transactions,1);
% Number of attributes in the dataset
N=size(transactions,2);

if nargin < 7
   fname='  default'  ;
end
if nargin < 6
   labels=cellfun(@ (x){num2str(x)}, num2cell(1:N));
end

if nargin < 5
   sortFlag=1;
end

if nargin < 4
   nRules=100;
```

```
    end
    if nargin < 3
        minConf=0.5;
    end

    if nargin < 2
        minSup=0.5;
    end

    if nargin==0
        error('No input arguments were supplied. At least one is expected.');
    end
    %Preallocate memory for Rules and FreqItemsets
    maxSize=10^2;
    Rules=cell(2,1);
    Rules{1}=cell(nRules,1);
    Rules{2}=cell(nRules,1);
    FreqItemsets=cell(maxSize);
    RuleConf=zeros(nRules,1);
    RuleSup=zeros(nRules,1);
    ct=1;

    % Find frequent item sets of size one (list of all items with minSup)
    T=[];
    for i=1:N
        S=sum(transactions(:,i))/M;
        if S >=minSup
            T=[T;i];
        end
    end
    FreqItemsets{1}=T;

    %Find frequent item sets of size >=2 and from those identify rules
with minConf

    forsteps=2:N

        % If there aren't at least two items with minSup terminate
        U=unique(T);
        if isempty(U) || size(U,1)==1
            Rules{1}(ct:end)=[];
```

```
            Rules{2}(ct:end)=[];
            FreqItemsets(steps-1:end)=[];
            break
    end

        % Generate all combinations of items that are in frequent itemset
        Combinations=nchoosek(U'  ,steps);
        TOld=T;
        T=[];

        for j=1:size(Combinations,1)
            if ct > nRules
                break;
            else
                % Apriori rule:if any subset of items are not in frequent
itemset do not
                 % consider the superset (e.g., if {A, B} does not have
minSup do not consider {A,B,* })
                 if sum(ismember(nchoosek(Combinations(j,:),steps-1),
TOld,'rows')) -steps+1>0
                     % Calculate the support for the new itemset
                      S=mean((sum(transactions(:,Combinations(j,:)),2)-
steps)>=0);
          if S >=minSup
                          T=[T;Combinations(j,:)];
                          % Generate potential rules and check for minConf
                          for depth=1:steps-1
                              R=nchoosek(Combinations(j,:),depth);
                              for r=1:size(R,1)
                                  if ct > nRules
                                      break;
                                  else
                                      % Calculate the confidence of the rule
            Ctemp=S/mean((sum(transactions(:,R(r,:)),2)-depth)==0);
                                      if Ctemp > minConf
                                          % Store the rules that have minSup
and minConf
                                          Rules{1}{ct}=R(r,:);
                                          Rules{2}{ct}=
    setdiff(Combinations(j,:),R(r,:));
                                          RuleConf(ct)=Ctemp;
```

```
                            RuleSup(ct)=S;
                            ct=ct+1;
                        end
                    end
                end
            end
        end
    end
  end
 end

 % Store the freqent itemsets
 FreqItemsets{steps}=T;
end

% Get rid of unnecessary rows due to preallocation (helps with speed)
FreqItemsets(steps-1:end)=[];
RuleConf=RuleConf(1:ct-1);
RuleSup=RuleSup(1:ct-1);

% Sort the rules in descending order based on the confidence or
support level
switch sortFlag
    case 1 % Sort by Support level
        [V ind]=sort(RuleSup,'descend');
    case 2 % Sort by Confidence level
        [V ind]=sort(RuleConf,'descend');
end

RuleConf=RuleConf(ind);
RuleSup=RuleSup(ind);

for i=1:2
    temp=Rules{i,1};
    temp=temp(ind);
    Rules{i,1}=temp;
end

disp(['关联规则算法完成,规则数为:' num2str(size(RuleSup,1))]);
% Save the rule in a text file and print them on display
fid=fopen(rulesfile,'w');
```

```
fprintf(fid,'%s   (%s,%s) \n','Rule','Support','Confidence');
for i=1:size(Rules{1},1)
    s1='';
    s2='';
    for j=1:size(Rules{1}{i},2)
        if j==size(Rules{1}{i},2)
            s1=[s1 code{Rules{1}{i}(j)}];
        else
            s1=[s1 code{Rules{1}{i}(j)} ','];
        end
    end
    for k=1:size(Rules{2}{i},2)
        if k==size(Rules{2}{i},2)
            s2=[s2 code{Rules{2}{i}(k)}];
        else
            s2=[s2 code{Rules{2}{i}(k)} ','];
        end
   end
   s3=num2str(RuleSup(i)* 100);
   s4=num2str(RuleConf(i)* 100);
   fprintf(fid,'%s -> %s  (%s%%,%s%%) \n',s1,s2,s3,s4);
end
fclose(fid);
disp(['存储规则到文件'' rulesfile ''完成'])
end
```

第三个是脚本文件，cal_ apriori. m，用来准备 Apriori 算法所需要的输入数据并且调用上面谈到的两个函数，最终得到所有频繁项集和有趣的关联规则。

```
%%使用 Apriori 算法挖掘菜品订单关联规则
clear;
%参数初始化
inputfile='../data/menu_orders.txt';%销量及其他属性数据
outputfile='../tmp/as.txt';%输出转换后 0,1 矩阵文件
minSup=0.2;%最小支持度
minConf=0.5;%最小置信度
nRules=1000;%输出最大规则数
sortFlag=1;%按照支持度排序
rulefile='../tmp/rules.txt';%规则输出文件

%%调用转换程序，把数据转换为 0,1 矩阵,自定义函数
```

```
[transactions,code]=trans2matrix(inputfile,outputfile,',');
%%调用 Apriori 关联规则算法,自定义函数
[Rules, FreqItemsets] = findRules (transactions, minSup, minConf, nRules,sortFlag, code, rulefile);

disp('Apriori 算法挖掘菜品订单关联规则完成!');
```

说明：

输入数据放在'../data/menu_ orders. txt' 文件中。使用程序提供的数据如下：

a, c, e
b, d
b, c
a, b, c, d
a, b
b, c
a, b
a, b, c, e
a, b, c
a, c, e

每一行代表一个事务，10 行数据表示 10 次交易数据。a、b、c、d、e 分别代表一个餐馆中的所有 5 个菜品的编码。

其他输入说明如下：

outputfile='../tmp/as. txt';　　　%转换后的 0，1 矩阵文件放在文件../tmp/as. txt 中

minSup=0. 2;　　　%最小支持度
minConf=0. 5;　　　%最小置信度
nRules=1000;　　　%输出最大规则数
sortFlag=1;　　　%按照支持度排序
rulefile='../tmp/rules. txt';　　　%规则输出文件

运行程序以后，as. txt 中的内容为：

1 0 1 0 1
0 1 0 1 0
0 1 1 0 0
1 1 1 1 0
1 1 0 0 0
0 1 1 0 0
1 1 0 0 0

1　1　1　0　1
1　1　1　0　0
1　0　1　0　1

这是转换后的 0，1 矩阵。

rules. txt 中的内容为：

Rule　(Support, Confidence)
a -> b　(50%, 71.4286%)
b -> a　(50%, 62.5%)
a -> c　(50%, 71.4286%)
c-> a　(50%, 71.4286%)
b -> c　(50%, 62.5%)
c -> b　(50%, 71.4286%)
e -> a　(30%, 100%)
e -> c　(30%, 100%)
a, b -> c　(30%, 60%)
a, c -> b　(30%, 60%)
b, c -> a　(30%, 60%)
e -> a, c　(30%, 100%)
a, c -> e　(30%, 60%)
a, e -> c　(30%, 100%)
c, e -> a　(30%, 100%)
d -> b　(20%, 100%)

这是所有满足条件的有趣的规则。

以下，将应用该程序求解例 5. 2. 1。

修改 cal_ apriori. m 如下：

```
%%使用 Apriori 算法挖掘例 521 关联规则
clear;
%参数初始化
inputfile='li521-data.txt';% 销量数据
outputfile='li521-as.txt';% 输出转换后 0,1 矩阵文件
minSup=2/9;%修改最小支持度为 2/9
minConf=0.5;%最小置信度
nRules=1000;%输出最大规则数
sortFlag=1;%按照支持度排序
rulefile='li521-rules.txt';%规则输出文件

%%调用转换程序 ,把数据转换为 0,1 矩阵,自定义函数
```

```
[transactions,code]=trans2matrix(inputfile,outputfile,',');
%%调用 Apriori 关联规则算法,自定义函数
[Rules, FreqItemsets] = findRules (transactions, minSup, minConf,
nRules, sortFlag, code, rulefile);

disp('Apriori 算法挖掘关联规则完成! ');
```

数据放在 li521-data. txt 文件中。

a, b, e
b, d
b, c
a, b, d
a, c
b, c
a, c
a, b, c, e
a, b, c

为了防止版本不同导致错误，请将修改后的 cal_ apriori. m 文件、函数 trans2matrix. m 文件、函数 findRules. m 文件，还有数据文件 li521-dat. txt 放在同一个目录中。

运行修改后的 cal_ apriori. m 文件，得到如下结果：

频繁项集放在变量 FreqItemsets 中，结果与例 5. 2. 1 手工计算相同。

转换后的矩阵放在文件 li521-as. txt 中，内容为：

1 1 0 0 1
0 1 0 1 0
0 1 1 0 0
1 1 0 1 0
1 0 1 0 0
0 1 1 0 0
1 0 1 0 0
1 1 1 0 1
1 1 1 0 0

所有满足条件的有趣规则放在文件 li521-rules. txt 中，内容为：

Rule (Support, Confidence)
a -> b (44. 4444%, 66. 6667%)
b -> a (44. 4444%, 57. 1429%)
a -> c (44. 4444%, 66. 6667%)
c -> a (44. 4444%, 66. 6667%)
b -> c (44. 4444%, 57. 1429%)

c -> b (44.4444%, 66.6667%)

e -> a (22.2222%, 100%)

d -> b (22.2222%, 100%)

e -> b (22.2222%, 100%)

e -> a, b (22.2222%, 100%)

a, e -> b (22.2222%, 100%)

b, e -> a (22.2222%, 100%)

读者可以自行修改 cal_ apriori. m 文件，将 Apriori 算法用于例 5. 1. 1，验证结果是否相同。

思考练习题

1. 将 Apriori 算法用于例 5. 1. 1，验证结果是否与手工计算相同。

2. 包含 10 笔交易、6 种商品的购物数据库如下表所示：

TID	a	b	c	d	e	f
1	1	0	1	0	1	1
2	0	1	0	1	0	0
3	0	1	0	0	1	0
4	0	1	0	1	0	0
5	1	0	0	1	1	0
6	0	1	1	0	0	1
7	1	0	1	0	1	0
8	1	1	1	0	1	1
9	1	1	1	0	0	0
10	0	1	0	1	0	1

设最小支持度计数为 3，即 min_sup = 3，利用 Apriori 算法手工求解候选项集和频繁项集。

3. 针对上例的购物数据库，设最小支持度计数为 2，即 min_sup = 2，利用 Apriori 算法求候选项集和频繁项集；

设最小支持度计数为 3，即 min_sup = 3，利用 Apriori 算法求候选项集和频繁项集。

设最小支持度计数为 4，即 min_sup = 4，利用 Apriori 算法求候选项集和频繁项集。

4. 将你本人或者某同学（或者同一宿舍的同学，或者同一班级的同学）近半年来在某个超市购物的清单加以整理，形成一个客户购物数据集。然后据此分析你的或者某同学的，或者你宿舍同学的，或者你班级同学的购物习惯。

5. 走访一个超市，了解该超市客户的购买行为和习惯，分析该超市物品的有趣关联规则。根据这些分析，为超市管理者提交一份管理咨询报告。

6. 你认为关联规则除了可以进行超市购物篮分析以外，还可以应用到什么领域，解决什么问题？

7. 上网查询，求解关联规则的算法还有哪些？

第六章

分类与预测

分类与预测是数据挖掘、模式识别以及人工智能中理论最成熟、应用最广泛的领域之一。

分类（Classification）是数据挖掘中非常重要的一项研究内容，具有非常广泛的商业应用。数据分类的通常做法是，基于样本数据先训练构建分类函数或者分类模型（也称为分类器），然后用该分类器将待分类数据映射到某一特定类别。

分类与预测是预测问题的两种主要类型。

分类主要是预测分类标号。分类标号一般是离散的，有时也是无序的。例如：企业评级 AAA、AA、A、BBB、BB、B、CCC、CC、C 等就是一种分类标号。0 或者 1 也是一种简单的分类标号。Yes 或者 No 是一种无序的分类标号。

预测主要是建立连续值函数模型，预测在给定自变量的条件下因变量的值是多少。

本章内容包括：基本概念；回归建模；决策树；贝叶斯分类；支持向量机；神经网络。

第一节　基本概念

分类的目的是建立一个分类函数或者分类模型，也称分类算法或者分类器，把数据库中的数据项映射到某个给定的类别。

一般来讲，分类算法将数据集分为两部分：一部分称为训练集，另一部分称为测试集。通过对训练集中数据的挖掘找到分类函数，然后用测试集中的数据进行测试。根据测试结果就可以判断该分类函数是否可用。因此，分类属于有监督的学习。

分类建立在对已有数据集的学习基础上。因此分类算法也称为学习算法。学习算法能够建立输入数据中的类标号与属性集之间的联系。

学习算法可以表现为规则形式、决策树形式或者是数学函数形式。

预测是建立两种或者两种以上变量间的相互依赖的函数模型来对未知变量的函数值进行预测。

预测模型的实现也可以归纳为两步：第一步是通过训练集建立预测属性与其他属

性的对应函数模型；第二步通过测试集进行检验，之后进行预测。

常用的分类与预测算法主要有：

- ◆ 回归分析
- ◆ 决策树
- ◆ 人工神经网络
- ◆ 支持向量机
- ◆ 贝叶斯分类
- ◆ K 近邻

第二节　回归建模

回归建模用来建立预测变量，可以是连续型数值变量或者离散型分类变量，与其他变量间是相互依赖的定量关系。常用的回归建模方法包括：线性回归、非线性回归、Logistic 回归、岭回归、主成分回归以及偏最小二乘回归等。

一、线性回归模型

线性回归模型用函数 fitlm 来实现。fitlm 的语法结构如下所示：

mdl=fitlm（tbl）

mdl=fitlm（X，y）

mdl=fitlm（________，modelspec）

mdl=fitlm（________，Name，Value）

输入可以是表格数据（table），或者数据集向量（dataset array）。当然也可以是一般的数据矩阵。其中，X 是 n×p 矩阵，每一列对应一个解释变量，y 是 n×1 的列向量，对应于被解释变量。输出是线性回归模型对应的各个参数。

modelspec 用于规定模型的形式，后面用实例说明。Name，Value 是参数名和参数值对儿，用来规定解释变量的类型、常数项的有无、被解释变量的名称等内容。

【例 6.2.1】数据矩阵。

```
>> load carsmall                      %调用 carsmall 的数据
>> X=[Weight,Horsepower,Acceleration];     %设定解释变量
>> mdl=fitlm(X,MPG)          %求以 MPG 为被解释变量,X 为解释变量的线性模型
mdl=
Linear regression model:
    y ~ 1+x1+x2+x3
```

```
Estimated Coefficients:
                   Estimate        SE          tStat        pValue
                  __________   __________   __________   __________
    (Intercept)      47.977       3.8785        12.37    4.8957e-21
    x1           -0.0065416    0.0011274      -5.8023    9.8742e-08
    x2            -0.042943     0.024313      -1.7663       0.08078
    x3            -0.011583      0.19333    -0.059913       0.95236

Number of observations:93, Error degrees of freedom:89
Root Mean Squared Error:4.09
R-squared:0.752, Adjusted R-Squared:0.744
F-statistic vs. constant model:90, p-value=7.38e-27
```

输出中的线性模型的形式是 $y \sim 1+x_1+x_2+x_3$，也就是：

$$y=b_0+b_1x_1+b_2x_2+b_3x_3+\varepsilon$$

模型的三个系数分别为：-0.0065416，-0.42943，-0.011583。

SE 是系数估计的标准误，tStat 是系数检验所用的 t 统计量，P-Value 是 t 检验对应的 P 值。本例中，从这些 P 值可以看出，x_1（即 Weight）显著，x_2 和 x_3 不显著。

输出中最后的一部分是模型有关的参数。F 值和对应的 P 值用于模型整体的检验，P 值很小说明模型整体显著。

模型的可决系数 R^2 为 0.752，调整后的 R^2 为 0.744。

用 plot 命令可以将模型经过调整以后画成一个平面图，如图 6.2.1 所示。该图形直观地将模型及其拟合效果表示在一个平面图中。

\>\> plot（mdl）

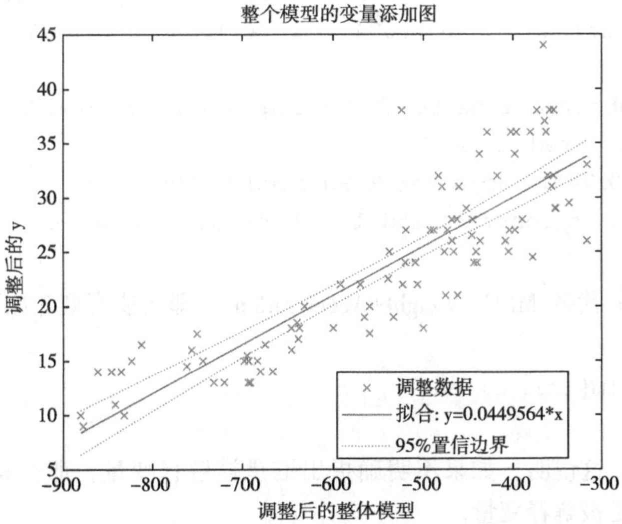

图 6.2.1 模型效果的模拟平面图

【例 6.2.2】表格（table）数据。

```
>> load carsmall                  %调用 carsmall 的数据
>> tbl=
table(Weight,Acceleration,MPG,'VariableNames',{'Weight','Acceleration',
'MPG'});
%构造名为'Weight','Acceleration','MPG'的三个变量构成的表格
>> tbl(1:5,:)                     %为节省篇幅,只显示前 5 行
ans=
  5×3 table
    Weight    Acceleration    MPG
    ______    ____________    ___
     3504          12          18
     3693        11.5          15
     3436          11          18
     3433          12          16
     3449        10.5          17
>> lm=fitlm(tbl,'MPG~Weight+Acceleration')      %建立以 MPG 为被解释变
量,Weight 和 Acceleration 为解释变量的线性模型
lm=
Linear regression model:
    MPG ~ 1+Weight+Acceleration
Estimated Coefficients:
                     Estimate          SE          tStat        pValue
                    __________    __________    ________    __________
    (Intercept)         45.155        3.4659      13.028    1.6266e-22
    Weight          -0.0082475    0.00059836     -13.783    5.3165e-24
    Acceleration       0.19694       0.14743      1.3359       0.18493

Number of observations:94, Error degrees of freedom:91
Root Mean Squared Error:4.12
R-squared:0.743,  Adjusted R-Squared:0.738
F-statistic vs. constant model:132, p-value=1.38e-27
```

如果用'linear'代替'MPG~Weight+Acceleration'，即构造模型 2 如下：

```
>> lm2=fitlm(tbl,'linear');
```

则结果是一样的。这说明，如果不明确指出谁是被解释变量，那么模型将默认表格数据中的最后一列是被解释变量。

【例 6.2.3】用预先设定的模型格式建立模型（modelspec 参数的使用）。

```
>> load carsmall                          %调用 carsmall 的数据
>> tbl=table(Weight,Acceleration,Model_Year,MPG,'VariableNames',{'
Weight','Acceleration','Model_Year','MPG'});
%构造名为'Weight','Acceleration','Model_Year','MPG'的四个变量构成的表格
>> lm=fitlm(tbl,'MPG~Weight+Acceleration')  %建立 MPG 作为被解释变量，
Weight 和 Acceleration 为解释变量的线性模型。此处不一定要使用表格 tbl 中的所有
变量。这就是 modelspec 参数的作用。
lm=
Linear regression model:
    MPG ~ 1+Weight+Acceleration
Estimated Coefficients:
                     Estimate        SE          tStat       pValue
                    _________    __________    _______    __________

    (Intercept)        45.155        3.4659     13.028    1.6266e-22
    Weight         -0.0082475    0.00059836    -13.783    5.3165e-24
    Acceleration      0.19694       0.14743     1.3359       0.18493

Number of observations:94, Error degrees of freedom:91
Root Mean Squared Error:4.12
R-squared:0.743,   AdjustedR-Squared:0.738
F-statistic vs. constant model:132, p-value=1.38e-27
```

不过，此模型整体显著，但 Acceleration 不显著。

我们可以移除 Acceleration，增加 Model_ Year 作为新的解释变量。

```
>> tbl.Model_Year=categorical(tbl.Model_Year)  %先将 Model_Year 变为
离散的分类变量。
>> lm=fitlm(tbl,'MPG~Weight+Model_Year')        %建立 MPG 与 Weight 和
Model_Year 的线性模型。
lm=
Linear regression model:
    MPG ~ 1+Weight+Model_Year

Estimated Coefficients:
                     Estimate        SE          tStat       pValue
                    _________    __________    _______    __________

    (Intercept)         40.11        1.5418     26.016    1.2024e-43
    Weight         -0.0066475    0.00042802    -15.531    3.3639e-27
```

```
    Model_Year_76          1.9291        0.74761      2.5804        0.011488
    Model_Year_82          7.9093        0.84975      9.3078      7.8681e-15
Number of observations:94, Error degrees of freedom:90
Root Mean Squared Error:2.92
R-squared:0.873,  Adjusted R-Squared:0.868
F-statistic vs. constant model:206, p-value=3.83e-40
```

从此模型输出可以发现，modelspec 参数的作用不仅可以随意选择表格 tbl 中的指定变量（不一定是所有变量），而且还为离散分类变量创建了两个虚拟变量 Model_Year_76 和 Model_Year_82。

$$\text{Model\_ Year\_ 76}=\begin{cases}1 & \text{如果 Model\_ Year}=76\\ 0 & \text{如果 Model\_ Year}\neq 76\end{cases}$$

$$\text{Model\_ Year\_ 82}=\begin{cases}1 & \text{如果 Model\_ Year}=82\\ 0 & \text{如果 Model\_ Year}\neq 82\end{cases}$$

用 unique 函数可以检查出，Model_ Year 中只包含三个数：

```
>> unique(Model_Year)
ans =
    70
    76
    82
```

建模函数 fitlm 将 Model_Year 中最小的数作为参考值，只创建两个虚拟变量 Model_Year_76 和 Model_Year_82。那么为什么此处不使用三个虚拟变量 Model_Year_70, Model_Year_76 和 Model_Year_82 呢?

我们再尝试建立包含三个虚拟变量的线性模型，看是什么结果。

【例 6.2.4】 分类变量与虚拟变量。

```
>> temp_Year=dummyvar(categorical(Model_Year));
>> Model_Year_70=temp_Year(:,1);
>> Model_Year_76=temp_Year(:,2);
>> Model_Year_82=temp_Year(:,3);
>> tbl=table(Model_Year_70,Model_Year_76,Model_Year_82,MPG);
>> mdl=fitlm(tbl,'MPG ~ Model_Year_70+Model_Year_76+Model_Year_82')
警告：Regression design matrix is rank deficient to within machine
precision.
  > In classreg.regr.CompactTermsRegression/checkDesignRank (line 35)
    In LinearModel.fit (line 1237)
    In fitlm (line 121)
```

```
mdl =
Linear regression model:
    MPG ~ 1+Model_Year_70+Model_Year_76+Model_Year_82

Estimated Coefficients:
                        Estimate       SE          tStat        pValue
                        ________    _______     _______     __________

    (Intercept)            31.71    0.99896      31.743     1.1558e-50
    Model_Year_70         -14.02     1.4369     -9.7571      9.134e-16
    Model_Year_76        -10.136     1.3812     -7.3385     9.2031e-11
    Model_Year_82              0          0         NaN            NaN

Number of observations:94, Error degrees of freedom:91
Root Mean Squared Error:5.56
R-squared:0.531,   Adjusted R-Squared:0.521
F-statistic vs. constant model:51.6, p-value=1.07e-15
```

结果中出现了警告信息，而且 Model_Year_82 的系数为 0。

但是，如果使用全部虚拟变量的话，也可以建立不包含常数项的线性模型。

```
>> mdl=fitlm(tbl,'MPG ~ Model_Year_70+Model_Year_76+Model_Year_82 -
1')          %此处-1 表示模型中不包含常数项
mdl =
Linear regression model:
    MPG ~ Model_Year_70+Model_Year_76+Model_Year_82

Estimated Coefficients:
                        Estimate       SE          tStat        pValue
                        ________    _______     ______      __________

    Model_Year_70          17.69     1.0328      17.127     3.2371e-30
    Model_Year_76         21.574    0.95387      22.617     4.0156e-39
    Model_Year_82          31.71    0.99896      31.743     5.2234e-51

Number of observations:94, Error degrees of freedom:91
Root Mean Squared Error:5.56
```

另外，用下面的方法也可以互换参考值。比如，可以用 76 作为参考值。

```
>> Year=categorical(Model_Year);                %将 Model_Year 转换为分类数据
>> Year_reordered=reordercats(Year,{'76','70','82'});  %将 76 和 70 互
```

换位置

```
>> categories(Year_reordered)      %用 categories 函数查看分类数据
ans=
  3×1 cell 数组
    {'76'}
    {'70'}
    {'82'}
>> mdl2=fitlm(Year_reordered,MPG,'VarNames',{'Model_Year','MPG'})
mdl2=
Linear regression model:
   MPG ~ 1+Model_Year

Estimated Coefficients:
                      Estimate      SE        tStat        pValue
                      ________    _______    _______    __________

    (Intercept)        21.574     0.95387     22.617    4.0156e-39
    Model_Year_70     -3.8839      1.4059    -2.7625     0.0069402
    Model_Year_82      10.136      1.3812     7.3385    8.7634e-11

Number of observations:94, Error degrees of freedom:91
Root Mean Squared Error:5.56
R-squared:0.531,   AdjustedR-Squared:0.521
F-statistic vs. constant model:51.6, p-value=1.07e-15
```

可见，模型 mdl2 将 76 作为了参考值，而产生了两个虚拟变量 Model_ Year_ 70 和 Model_ Year_ 82。

【例 6.2.5】条款矩阵的使用。

条款矩阵（terms matrix）是一个只包含 0 和 1 两个数的矩阵，0 和 1 的不同位置代表不同的含义。

在前面的例子中，如果用表格数据创建线性回归模型，则最后一列默认是被解释变量。如果不是这样，例如我们想把中间的一列，比如第二列作为被解释变量，那么该如何做呢？

此时可以通过定义条款矩阵来实现。只需将条款矩阵对应于该变量的那一列全部设为 0 即可。

```
>> load hospital            %调用 hospital,它是一个数据集(data set)
>> t=
table ( hospital.Sex, hospital.BloodPressure (:, 1 ), hospital.Age,
hospital.Smoker,...
  'VariableNames',{'Sex','BloodPressure','Age','Smoker'});  %定义表格数据
```

要建立模型：BloodPressure ~ 1+Sex+Age+Smoker，定义条款矩阵，使其第 2 列全为 0。

```
>> T=[0 0 0 0;1 0 0 0;0 0 1 0;0 0 0 1]
T=
     0     0     0     0
     1     0     0     0
     0     0     1     0
     0     0     0     1
>> mdl1=fitlm(t,T)          %根据条款矩阵建立线性回归模型
mdl1=
Linear regression model:
    BloodPressure ~ 1+Sex+Age+Smoker

Estimated Coefficients:
                    Estimate       SE          tStat        pValue
                    ________    ________    ________    ___________

   (Intercept)        116.14      2.6107      44.485     7.1287e-66
    Sex_Male        0.050106     0.98364    0.050939        0.95948
    Age             0.085276    0.066945      1.2738         0.2058
    Smoker_1            9.87      1.0346      9.5395     1.4516e-15

Number of observations:100, Error degrees of freedom:96
Root Mean Squared Error:4.78
R-squared:0.507, Adjusted R-Squared:0.492
F-statistic vs. constant model:33, p-value=9.91e-15
```

最后的 P 值是一个很小的数，因此该模型整体显著。

该模型产生了两个虚拟变量，Sex_ Male 和 Smoker_ 1。Sex_ Male 和 Age 都不显著，只有 Smoker_ 1 显著。这说明血压只与抽烟有关。

【例 6.2.6】 包含交乘项和指数项的非线性模型可用 fitlm 来拟合。

再引入一个例子。

```
>> load carsmall
>> X=[Acceleration,Weight];        %构建解释变量矩阵
```

要建立模型 'MPG ~ Acceleration+Weight+Acceleration：Weight+Weight^2'，可以定义如下的条款矩阵。注意：该模型包含 Acceleration 和 Weight 的交乘项和 Weight 的平方项。

```
>> T=[0 0 0;1 0 0;0 1 0;1 1 0;0 2 0]
T=
     0     0     0
     1     0     0
     0     1     0
     1     1     0
     0     2     0
```

T 矩阵最后一列全为 0，表示数据的第 3 列是被解释变量。第一行全为 0 表示模型包含常数项。数据的第 1 列表示第 1 个解释变量，第 2 列表示第 2 个解释变量。T 的第 4 行第 1 列和第 2 列都有一个 1 表示交乘项；第 5 行的第 2 列的 2 表示平方项。

```
>> mdl2=fitlm(X,MPG,T)              %根据条款矩阵 T 建立线性回归模型
mdl2=
Linear regression model:
    y ~ 1+x1* x2+x2^2

Estimated Coefficients:
                       Estimate           SE          tStat         pValue
                     ___________    __________    _________    ___________

    (Intercept)          48.906         12.589       3.8847     0.00019665
    x1                  0.54418        0.57125      0.95261        0.34337
    x2                -0.012781      0.0060312      -2.1192       0.036857
    x1:x2           -0.00010892     0.00017925      -0.6076          0.545
    x2^2             9.7518e-07     7.5389e-07       1.2935        0.19917

Number of observations:94, Errordegrees of freedom:89
Root Mean Squared Error:4.1
R-squared:0.751,  Adjusted R-Squared:0.739
F-statistic vs. constant model:67, p-value=4.99e-26
```

只有 x2，对应于 Weight，是显著的。其他交乘项和 2 次项都是不显著的。

因此。fitlm 也可以用于带有交乘项的多项式回归。

用 plot 画出模型效果的平面图，如图 6.2.2 所示。

```
>> plot(mdl2)
```

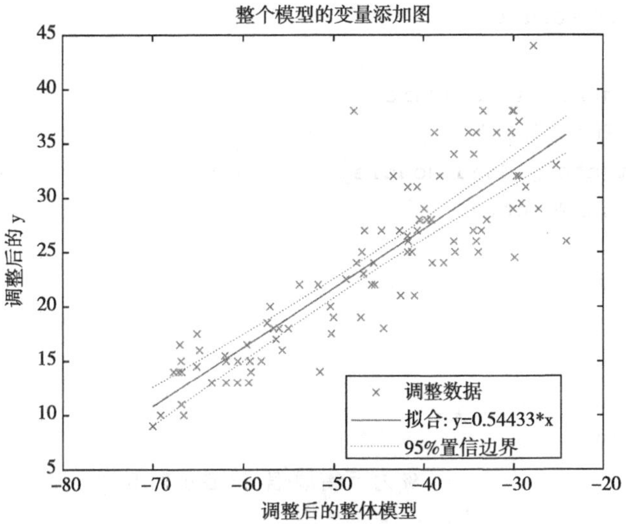

图 6.2.2　模型效果平面图

【例 6.2.7】 Robust 回归。

fitlm 可以将' RobustOpts' 设置为' on'，来进行 Robust 回归。

```
>> load carsmall
>> mdl=fitlm(Weight,MPG,'VarNames',{'Weight','MPG'},'RobustOpts','on')
mdl=
Linear regression model (robust fit):
    MPG ~ 1+Weight

Estimated Coefficients:
                     Estimate        SE          tStat       pValue
                    __________    _________    _______    __________

    (Intercept)       48.094        1.5893      30.262    1.3149e-49
    Weight        -0.0083419     0.0005179     -16.107    1.6146e-28

Number of observations:94, Error degrees of freedom:92
Root Mean Squared Error:4
R-squared:0.739,  Adjusted R-Squared:0.736
F-statistic vs. constant model:260, p-value=1.47e-28
```

可以用如下命令查看各个样本的权重：

```
>> mdl.Robust
ans=
```

包含以下字段的 struct：

```
    RobustWgtFun:@ bisquare
            Tune:4.685
         Weights:[100×1 double]
>> mdl.Robust.Weights
ans =
      0.99488
      0.96421
      0.98599
      0.91966
      0.96329
      ……                    %为节省篇幅,只显示前 5 行
```

二、广义线性回归模型（Logistic 回归）

广义线性回归模型（generalized linear model）是被解释变量为分类变量、虚拟变量等的模型。广义线性回归模型包括：Logistic 回归、probit 回归等。

广义线性回归模型用函数 fitglm 来实现。fitglm 的语法结构如下：

mdl = fitglm（tbl）

mdl = fitglm（X，y）

mdl = fitglm（________，modelspec）

mdl = fitglm（________，Name，Value）

输入与 fitlm 类似。Modelspec 以及参数名、参数值对儿的取值后面用例子说明。

【例 6.2.8】 客户违约预测。

假设我们已经收集到客户基本信息及违约信息，该信息存入文件 bannkloan.xls 中①。该文件共包含 700 条数据，部分数据见表 6.2.1。

表 6.2.1　客户违约数据

年龄	教育	工龄	地址	收入	负债率	信用卡负债	其他负债	违约
41	3	17	12	176.00	9.30	11.36	5.01	1
27	1	10	6	31.00	17.30	1.36	4.00	0
40	1	15	14	55.00	5.50	0.86	2.17	0
41	1	15	14	120.00	2.90	2.66	0.82	0
24	2	2	0	28.00	17.30	1.79	3.06	1
41	2	5	5	25.00	10.20	0.39	2.16	0
39	1	20	9	67.00	30.60	3.83	16.67	0

① 参见：张良均等著，《MATLAB 数据分析与挖掘实战》，机械工业出版社，2015，77 页。

续表

年龄	教育	工龄	地址	收入	负债率	信用卡负债	其他负债	违约
43	1	12	11	38.00	3.60	0.13	1.24	0
24	1	3	4	19.00	24.40	1.36	3.28	1
36	1	0	13	25.00	19.70	2.78	2.15	0

其中：年龄、工龄、收入、负债率、信用卡负债和其他负债均为数值变量，教育、地址为分类变量。

```
>> [n t]=xlsread('bankloan.xls');    %首先用 xlsread 命令读入 bankloan 数据
>> mdlbankloan=
fitglm(n(:,1:8),n(:,9),'linear','distr','binomial','VarNames',{'age','education','worktime','address','income','debtratio','Liabilities','otherLia','Default'})        %先用 fitglm 对所有数据进行 Logit 建模
mdlbankloan=
Generalized linear regression model:
    logit(Default) ~ 1+age+education+worktime+address+income+debtratio+Liabilities+otherLia
    Distribution=Binomial

Estimated Coefficients:
                    Estimate       SE          tStat       pValue
                  __________    _________    ________    __________

    (Intercept)      -1.5536      0.61927     -2.5088      0.012115
    age             0.034407      0.01737      1.9808       0.04761
    education       0.090563      0.12306     0.73595       0.46176
    worktime        -0.25823     0.033159     -7.7875     6.837e-15
    address           -0.105     0.023224     -4.5213    6.1463e-06
    income        -0.0085673    0.0079563     -1.0768       0.28157
    debtratio        0.06733     0.030532      2.2052      0.027437
    Liabilities      0.62558      0.11283      5.5446    2.9468e-08
    otherLia        0.062704     0.077485     0.80925       0.41837

700 observations, 691 error degrees of freedom
Dispersion:1
Chi^2-statistic vs. constant model:253, p-value=4.62e-50
```

由结果可以看出，p-value=4.62e-50<0.05，模型整体显著。由系数检验的 P 值可以看出，年龄、工龄、地址、负债率和信用卡负债这些变量显著。教育、收入、其他

负债不显著。

接下来，再用 stepwiseglm 对模型进行改进，得到如下结果。

```
>> mdlbankloan=
stepwiseglm(n(:,1:8),n(:,9),'linear','distr','binomial','VarNames',{'age
','education','worktime','address','income','debtratio','Liabilities','
otherLia','Default'})
    1. Removing education, Deviance=552.21, Chi2Stat=0.53853, PValue=0.46304
    2. Removing otherLia, Deviance=553.02, Chi2Stat=0.80958, PValue=0.36825
    3. Removing income, Deviance=553.18, Chi2Stat=0.15877, PValue=0.69029
    mdlbankloan=
    Generalized linear regression model:
        logit(Default) ~ 1+age+worktime+address+debtratio+Liabilities
        Distribution=Binomial

    Estimated Coefficients:
                       Estimate       SE         tStat       pValue
                      _________    ________    ________    ___________

        (Intercept)     -1.6313     0.51268     -3.1819      0.0014631
        age            0.032557    0.017174      1.8958       0.057991
        worktime       -0.26076    0.030106     -8.6616     4.6532e-18
        address        -0.10365    0.023086     -4.4896     7.1346e-06
        debtratio      0.089255    0.018546      4.8126     1.4895e-06
        Liabilities     0.57265    0.087227      6.5651     5.1993e-11

    700 observations, 694 error degrees of freedom
    Dispersion:1
    Chi^2-statistic vs. constant model:251, p-value=3.06e-52
```

这个结果用的是向后逐步回归，用'linear'来规定。下面的结果使用向前逐步回归，用参数'constant'来规定。

```
>> mdlbankloan=
stepwiseglm(n(:,1:8),n(:,9),'constant','distr','binomial','VarNames',{'
age','education','worktime','address','income','debtratio','Liabilities',
'otherLia','Default'})
    1. Adding debtratio, Deviance = 701.429, Chi2Stat = 102.9352, PValue =
3.462836e-24
    2. Adding worktime, Deviance = 631.0827, Chi2Stat = 70.3463, PValue =
4.975615e-17
```

```
3. Adding Liabilities, Deviance=575.6363, Chi2Stat=55.44638, PValue=9.604349e-14
4. Adding address, Deviance = 556.7317, Chi2Stat = 18.90459, PValue = 1.374216e-05
mdlbankloan=
Generalized linear regression model:
    logit(Default) ~ 1+worktime+address+debtratio+Liabilities
    Distribution=Binomial

Estimated Coefficients:
                     Estimate       SE          tStat        pValue
                     _________    ________     _______     __________

    (Intercept)      -0.79107      0.25154     -3.1449      0.0016617
    worktime          -0.2426     0.028058     -8.6464     5.3133e-18
    address         -0.081245       0.0196     -4.1453     3.3944e-05
    debtratio        0.088267     0.018543      4.7601     1.9349e-06
    Liabilities         0.573     0.087271      6.5658     5.1769e-11
700 observations, 695 error degrees of freedom
Dispersion:1
Chi^2-statistic vs. constant model:248, p-value=2.11e-52
```

以下我们将样本分成两部分，前500个用于建模，后面的200个用于模型检测。

```
>> mdlbankloan1 =
fitglm(n(1:500,1:8),n(1:500,9),'distr','binomial','VarNames',{'age','education','worktime','address','income','debtratio','Liabilities','otherLia','Default'})
%用前500个样本建模
mdlbankloan1=
Generalized linear regression model:
    logit(Default) ~ 1+age+education+worktime+address+income+debtratio+Liabilities+otherLia
    Distribution=Binomial

Estimated Coefficients:
                     Estimate       SE          tStat        pValue
                     _________    ________     _______     __________

    (Intercept)       -1.7844      0.75198     -2.3729       0.017648
    age              0.029958     0.020488      1.4622        0.14368
    education        0.076306      0.14483     0.52685        0.59829
    worktime         -0.25336     0.039147      -6.472     9.6701e-11
```

```
    address         -0.096529    0.027164    -3.5536    0.00037998
    income          0.0013212    0.012566    0.10514       0.91626
    debtratio        0.076962    0.039668     1.9402      0.052357
    Liabilities       0.54894     0.13208      4.156    3.2394e-05
    otherLia         0.041698     0.10056    0.41467       0.67838

500 observations, 491 error degrees of freedom
Dispersion:1
Chi^2-statistic vs. constant model:170, p-value=1.32e-32
```

模型整体显著，但模型中有一些变量不显著，用 stepwiseglm 进行改进。

```
>> mdlbankloan1=
stepwiseglm(n(1:500,1:8),n(1:500,9),'Constant','distr','binomial','VarNames',{'age','education','worktime','address','income','debtratio','Liabilities','otherLia','Default'})
1. Adding debtratio, Deviance=501.7527, Chi2Stat=69.20187, PValue=8.88839e-17
2. Adding worktime, Deviance = 458.29, Chi2Stat = 43.46267, PValue = 4.321243e-11
3. Adding Liabilities, Deviance=415.5295, Chi2Stat=42.76054, PValue=6.18677e-11
4. Adding address, Deviance=404.5557, Chi2Stat=10.97377, PValue=0.0009241041
mdlbankloan1=
Generalized linear regression model:
    logit(Default) ~ 1+worktime+address+debtratio+Liabilities
    Distribution=Binomial

Estimated Coefficients:
                     Estimate       SE         tStat       pValue
                    ________     ________     _______    __________

    (Intercept)      -0.86697       0.2997    -2.8928     0.0038185
    worktime         -0.23099     0.031854    -7.2516    4.1175e-13
    address         -0.074084     0.023393     -3.167     0.0015403
    debtratio        0.082456     0.022664     3.6382     0.0002745
    Liabilities       0.57648      0.10589     5.4439    5.2119e-08

500 observations, 495 error degrees of freedom
Dispersion:1
Chi^2-statistic vs. constant model:166, p-value=6.2e-35
```

得到新的模型，模型整体显著，所有系数也显著。

以下，用 predict 命令进行预测。根据所得到的模型，预测第 501 到第 700 个样本的违约情况。

```
>> [newf,newc]=predict(mdlbankloan1,n(501:700,1:8))
```

% predict 的第一个输入是已得到的模型,第二个输入是预测数据;第一个输出是预测结果,即违约的概率,第二个输出是预测结果的 95%的置信区间。

```
newf=
      0.49238
      0.52061
      0.18333
      0.21824
      0.67525
      ……                    %为节省篇幅只显示前 5 行
newc=
      0.38677      0.59867
      0.42204       0.6176
     0.089494      0.33892
      0.12464      0.35372
      0.55784      0.77411
      ……                    %为节省篇幅只显示前 5 行
```

为了将预测结果与原数据进行对比，假设如果预测结果 p>=0.5，我们就说该客户违约，否则不违约。以下是本书自编的用于计算违约情况并与原数据进行对比的函数 accuracy_cal。

```
function[accuracy  newsco]=accuracy_cal(olddata,newf)
%accuracy_cal Calculate the accuracy of model
%olddata-original data;newf-predicted data
n=length(olddata);
for i=1:n
if newf(i)>=0.5
    newsco(i)=1;
else
    newsco(i)=0;
end
end
m=0;
for i=1:n
  if olddata(i)==newsco(i)
```

```
        m=m+1;
    end
  end
  accuracy=m/n;
```

函数的第一个输入是原数据，第二个输入是根据模型计算出的预测结果。

函数的第一个输出是预测准确度，第二个输出是按照大于 0.5 的原则计算出的客户违约情况。

```
>>[acc news]=accuracy_cal(n(501:700, 9), newf)    %计算模型的准确度
acc=
        0.815
news =
      0
      1
      0
      0
      1
      ......                         %为节省篇幅只显示前 5 行
```

【**例 6.2.9**】客户贷款成功与否？①

此例研究客户贷款成功与否的影响因素。

假设已经得到客户的商业信用支持度（XY）和市场竞争地位等级（SC）以及贷款是否成功的二元离散变量（1 表示成功，0 表示失败）数据，见表 6.2.2。

表 6.2.2　客户贷款数据

JG	XY	SC
0	125	-2
0	599	-2
0	100	-2
0	160	-2
0	46	-2
0	80	-2
0	133	-2
0	350	-1
1	23	0

① 该例选自：李子奈，潘文卿编著，《计量经济学》，高等教育出版社，2000，245 页。

续表

JG	XY	SC
0	60	−2
0	70	−1
1	−8	0
0	400	−2
0	72	0
0	120	−1
1	40	1
1	35	1
1	26	1
1	15	−1
0	69	−1
0	107	1
1	29	1
1	2	1
1	37	1
0	53	−1
0	194	0
0	1500	−2
0	96	0
1	−8	0
0	375	−2
0	42	−1
1	5	2
0	172	−2
1	−8	0
0	89	−2
0	128	−2
1	6	0
0	150	−1
1	54	2
0	28	−2
1	25	0
1	23	0

续表

JG	XY	SC
1	14	0
0	49	-1
0	14	-1
0	61	0
1	40	2
0	30	-2
0	112	-1
0	78	-2
1	0	0
0	131	-2
0	54	-1
1	42	2
0	42	0
1	18	2
0	80	1
1	-5	0
0	326	2
0	261	1
1	-2	-1
0	14	-2
1	22	0
0	113	1
1	42	1
1	57	2
0	146	0
1	15	0
0	26	-2
0	89	-2
1	5	1
1	-9	-1
1	4	1
0	54	-2
1	32	1

续表

JG	XY	SC
0	54	0
0	131	-2
1	15	0

此数据已存入 KH. xls 文件中，并引入 MATLAB 中的矩阵 A。

```
>> A=xlsread('KH.xls')
A=
        0       125         -2
        0       599         -2
        0       100         -2
        0       160         -2
        0        46         -2
        0        80         -2
        0       133         -2
        0       350         -1
        1        23          0
        0        60         -2
        0        70         -1
        1        -8          0
              ......          %为节省篇幅,只显示前 12 行
>> tab=table(A(:,1),A(:,2),A(:,3),'VariableNames',{'JG','XY','SC'})
%构造表格数据 tab
tab=
   78×3 table
   JG     XY    SC
   _    _____   __
   0     125    -2
   0     599    -2
   0     100    -2
   0     160    -2
   0      46    -2
   0      80    -2
   0     133    -2
   0     350    -1
   1      23     0
   0      60    -2
   0      70    -1
```

```
    1         -8       0
                    ……                    %为节省篇幅,只显示前12行
>> mdl=fitglm(tab,'JG ~ 1+XY+SC','distr','binomial','link','probit')
 %构造probit模型。'link'选项如果不写,则默认为logit模型。
mdl=
Generalized linear regression model:
    probit(JG) ~ 1+XY+SC
    Distribution=Binomial

Estimated Coefficients:
                     Estimate       SE          tStat        pValue
                     ________     _______      _______      _______

    (Intercept)        8.7974       7.131       1.2337      0.21732
    XY               -0.25788     0.21532      -1.1977      0.23104
    SC                 5.0618      4.2355       1.1951      0.23206

78 observations, 75 error degrees of freedom
Dispersion:1
Chi^2-statistic vs. constant model:102, p-value=6.03e-23
>> [y yc]=predict(mdl,A(:,[2 3]))    %用predict检验模型输出的结果。
y=
   2.2204e-16
   2.2204e-16
   2.2204e-16
   2.2204e-16
   2.2204e-16
   2.2204e-16
   2.2204e-16
   2.2204e-16
      0.99792
   2.2204e-16
   2.2204e-16
            1
                          ……                    %为节省篇幅,只显示前12行
yc=
   2.2204e-16            1
   2.2204e-16            1
   2.2204e-16            1
   2.2204e-16            1
   2.2204e-16            1
   2.2204e-16            1
```

```
  2.2204e-16          1
  2.2204e-16          1
    0.010051          1
  2.2204e-16          1
  2.2204e-16          1
  7.5355e-11          1
                   ......            %为节省篇幅,只显示前12行
```

用本书自编的函数 accuracy_ cal. m 计算预测准确度。

```
>> accuracy1=accuracy_cal(A(:,1),y)
accuracy1=
         0.97436
```

三、非线性回归

非线性回归模型用函数 fitnlm 来实现。函数 fitnlm 的语法结构为：

mdl=fitnlm（tbl，modelfun，beta0）

mdl=fitnlm（X，y，modelfun，beta0）

mdl=fitnlm（________，modelfun，beta0，Name，Value）

其中：

modelfun 是非线性模型的格式，其定义方法见下面的例子。beta0 是 modelfun 中系数的初始值，是一个与系数同维的向量。其他输入与前面线性模型和广义线性模型的输入类似，参见下面的例子。

【例 6.2.10】根据表格数据建立非线性模型。

```
>> loadcarbig
>> tbl=table(Horsepower,Weight,MPG);
modelfun=@ (b,x)b(1)+b(2)* x(:,1).^b(3)+b(4)* x(:,2).^b(5);  %定义非线性模型的函数形式
>> beta0=[-50 500 -1 500 -1];          %参数 b1,b2,b3,b4,b5 的初始值
>> mdl=fitnlm(tbl,modelfun,beta0)  %建立指定格式的非线性模型
mdl=
Nonlinear regression model:
    MPG ~ b1+b2* Horsepower^b3+b4* Weight^b5

Estimated Coefficients:
             Estimate      SE        tStat       pValue
             ________    ________    ________    ________

    b1       -49.383     119.97     -0.41164     0.68083
```

```
    b2      376.43     567.05      0.66384     0.50719
    b3    -0.78193    0.47168      -1.6578    0.098177
    b4      422.37     776.02      0.54428     0.58656
    b5    -0.24127    0.48325     -0.49926     0.61788

Number of observations:392, Error degrees of freedom:387
Root Mean Squared Error:3.96
R-Squared:0.745,  Adjusted R-Squared 0.743
F-statistic vs. constant model:283, p-value=1.79e-113
```

【例 6.2.11】直接使用矩阵数据的形式建立非线性模型。

```
>> X=[Horsepower,Weight];
>> y=MPG;
>> modelfun=@ (b,x)b(1) +b(2)* x(:,1).^b(3)+b(4)* x(:,2).^b(5);
>> beta0=[-50 500 -1 500 -1];
>> mdl=fitnlm(X,y,modelfun,beta0)        %建立以 X 为解释变量,y 为被解释
变量的非线性模型。
mdl=
Nonlinear regression model:
    y ~ b1+b2* x1^b3+b4* x2^b5

Estimated Coefficients:
            Estimate       SE         tStat       pValue
            ________    _______     ________    ________

    b1     -49.383     119.97     -0.41164     0.68083
    b2      376.43     567.05      0.66384     0.50719
    b3    -0.78193    0.47168      -1.6578    0.098177
    b4      422.37     776.02      0.54428     0.58656
    b5    -0.24127    0.48325     -0.49926     0.61788

Number of observations:392, Error degrees of freedom:387
Root Mean Squared Error:3.96
R-Squared:0.745,  Adjusted R-Squared 0.743
F-statistic vs. constant model:283, p-value=1.79e-113
```

可见，两种方式结果相同。

【例 6.2.12】设定一些参数以优化模型，或者观察模型的收敛情况。

```
>> opts=statset('Display','iter','TolFun',1e-10);  %用 statset 命令设
```

置模型的一些选项。'Display','iter'表示迭代步骤显示出来(默认不显示);'TolFun',1e-10 规定迭代结束条件是前后两次迭代的 SSE 的差小于 1e-10。

>> mdl=fitnlm(X,y,modelfun,beta0,'Options',opts);　　%建立满足选项的非线性模型

Iteration	SSE	Norm of Gradient	Norm of Step
0	1.82248e+06		
1	678600	788810	1691.07
2	616716	6.12739e+06	45.4738
3	249831	3.9532e+06	293.557
4	17675	361544	369.284
5	11746.6	69670.5	169.079
6	7242.22	343738	394.822
7	6250.32	159719	452.941
8	6172.87	91622.9	268.674
9	6077	6957.44	100.208
10	6076.34	6370.39	88.1905
11	6075.75	5199.08	77.9694
12	6075.3	4646.61	69.764
13	6074.91	4235.96	62.9114
14	6074.55	3885.28	57.0647
15	6074.23	3571.1	52.0036
16	6073.93	3286.48	47.5795
17	6073.66	3028.34	43.6844
18	6073.4	2794.31	40.2352
19	6073.17	2582.15	37.1663
20	6072.95	2389.68	34.4243
21	6072.74	2214.84	31.965
22	6072.55	2055.78	29.7516
23	6072.37	1910.83	27.753
24	6072.21	1778.51	25.9428
25	6072.05	1657.5	24.2986
26	6071.9	1546.65	22.8011
27	6071.76	1444.93	21.4338
28	6071.63	1351.44	20.1822
29	6071.51	1265.39	19.0339
30	6071.39	1186.06	17.978
31	6071.28	1112.83	17.0052
32	6071.17	1045.13	16.107
33	6071.07	982.465	15.2762

34	6070.98	924.389	14.5063
35	6070.89	870.498	13.7916
36	6070.8	820.434	13.127
37	6070.72	773.872	12.5081
38	6070.64	730.521	11.9307
39	6070.57	690.117	11.3914
40	6070.5	652.422	10.887
41	6070.43	617.219	10.4144
42	6070.37	584.315	9.97115
43	6070.31	553.53	9.55489
44	6070.25	524.703	9.1635
45	6070.19	497.686	8.79506
46	6070.14	472.345	8.44785
47	6070.08	448.557	8.12028
48	6070.03	426.21	7.81091
49	6069.99	405.201	7.51845
50	6069.94	385.435	7.2417
51	6069.9	366.825	6.97956
52	6069.85	349.293	6.73104
53	6069.81	332.764	6.49523
54	6069.77	317.171	6.27127
55	6069.74	302.452	6.0584
56	6069.7	288.55	5.85591
57	6069.66	275.411	5.66315
58	6069.63	262.986	5.47949
59	6069.6	251.23	5.3044
60	6069.57	240.1	5.13734
61	6069.54	229.558	4.97784
62	6069.51	219.567	4.82545
63	6069.48	210.094	4.67977
64	6069.45	201.108	4.5404
65	6069.43	192.578	4.407
66	6069.4	184.479	4.27923
67	6069.38	176.785	4.15677
68	6069.35	169.472	4.03935
69	6069.33	162.518	3.9267
70	6069.31	155.903	3.81855
71	6069.29	149.608	3.71468
72	6069.26	143.615	3.61486
73	6069.24	137.907	3.5189
74	6069.22	132.468	3.42658

75	6069.21	127.283	3.33774
76	6069.19	122.339	3.25221
77	6069.17	117.623	3.16981
78	6069.15	113.123	3.09041
79	6069.14	108.827	3.01386
80	6069.12	104.725	2.94002
81	6069.1	100.806	2.86877
82	6069.09	97.0611	2.8
83	6069.07	93.4814	2.73358
84	6069.06	90.0584	2.66942
85	6069.05	86.7841	2.60741
86	6069.03	83.6513	2.54745
87	6069.02	80.6528	2.48947
88	6069.01	77.7821	2.43338
89	6068.99	75.0327	2.37908
90	6068.98	72.399	2.32652
91	6068.97	69.8752	2.27561
92	6068.96	67.4561	2.22629
93	6068.95	65.1366	2.17849
94	6068.94	62.9123	2.13216
95	6068.93	60.7784	2.08723
96	6068.92	58.7308	2.04364
97	6068.91	56.7655	2.00135
98	6068.9	54.8787	1.9603
99	6068.89	4349.28	18.1917
100	6068.77	2416.27	14.4439
101	6068.71	1721.26	12.1305
102	6068.66	1228.78	10.289
103	6068.63	884.002	8.82019
104	6068.6	639.615	7.62744
105	6068.58	464.84	6.64627
106	6068.56	338.878	5.82964
107	6068.55	247.508	5.14296
108	6068.54	180.878	4.56032
109	6068.53	132.084	4.06194
110	6068.52	96.2341	3.63255
111	6068.51	69.8362	3.26019
112	6068.51	50.3735	2.93541
113	6068.5	36.0205	2.65062
114	6068.5	25.4452	2.39969
115	6068.49	17.6693	2.17764

```
         116          6068.49          1027.39          14.0164
         117          6068.48          544.039           5.3137
         118          6068.48          94.0576          2.86664
         119          6068.48          113.636          3.73502
         120          6068.48         0.518567           1.3705
         121          6068.48           4.5944          0.91284
         122          6068.48          1.56389         0.629322
         123          6068.48          1.13809         0.432547
         124          6068.48         0.295936         0.297509
Iterations terminated:relative change in SSE less than OPTIONS.TolFun
>mdl                            %显示改进后的模型
mdl=
Nonlinear regression model:
    y ~ b1+b2*x1^b3+b4*x2^b5

Estimated Coefficients:
            Estimate      SE          tStat        pValue
            ________    ______      _________    ________

    b1       -49.324    120.32       -0.40994     0.68208
    b2        376.12    567.85        0.66236     0.50813
    b3      -0.78167    0.4717        -1.6571    0.098302
    b4        422.76    773.76        0.54636     0.58513
    b5      -0.24151   0.48322       -0.49979     0.61751

Number of observations:392, Error degrees of freedom:387
Root Mean Squared Error:3.96
R-Squared:0.745,Adjusted R-Squared0.743
F-statistic vs. constant model:283, p-value=1.79e-113
```

可见，改进后的模型的系数与改进前的模型的系数有一些差异。

【**例 6.2.13**】用 Hougen-Watson 模型建模。

Hougen-Watson 模型是非线性模型中的一个有名的模型。其格式为：

$$y=\frac{\beta_1 x_2-\dfrac{x_3}{\beta_5}}{1+\beta_2 x_1+\beta_3 x_2+\beta_4 x_3}$$

```
>> S=load('reaction');          %调用 MATLAB 自带数据 reaction
>> X=S.reactants;
>> y=S.rate;
>> beta0=S.beta;
```

```
>> myfun='y~(b1* x2-x3/b5)/(1+b2* x1+b3* x2+b4* x3)';     %定义Hougen-Watson 模型
>> mdl=fitnlm(X,y,myfun,beta0)        %建立 Hougen-Watson 非线性模型
mdl=
Nonlinear regression model:
    y ~ (b1* x2 -x3/b5)/(1+b2* x1+b3* x2+b4* x3)

Estimated Coefficients:
              Estimate       SE          tStat       pValue
              ________    ________     ________    ________

    b1         1.2526      0.86701      1.4447      0.18654
    b2       0.062776     0.043561      1.4411      0.18753
    b3       0.040048     0.030885      1.2967      0.23089
    b4        0.11242     0.075157      1.4957      0.17309
    b5         1.1914      0.83671      1.4239       0.1923

Number of observations:13, Error degrees of freedom:8
Root Mean Squared Error:0.193
R-Squared:0.999,Adjusted R-Squared 0.998
F-statistic vs. zero model:3.91e+03, p-value=2.54e-13
```

也可以用 MATLAB 的标准函数 Hougen 建模。

```
>> mdl2=fitnlm(X,y,@ hougen,beta0)
mdl2=
Nonlinear regression model:
    y ~ hougen(b,X)

Estimated Coefficients:
              Estimate       SE          tStat       pValue
              ________    ________     ________    ________

    b1         1.2526      0.86701      1.4447      0.18654
    b2       0.062776     0.043561      1.4411      0.18753
    b3       0.040048     0.030885      1.2967      0.23089
    b4        0.11242     0.075157      1.4957      0.17309
    b5         1.1914      0.83671      1.4239       0.1923

Number of observations:13, Error degrees of freedom:8
Root Mean Squared Error:0.193
R-Squared:0.999,  Adjusted R-Squared 0.998
F-statistic vs. zero model:3.91e+03, p-value=2.54e-13
```

两种方式结果相同。

第三节 决策树

决策树又称为分类树。

分类树的构建用 MATLAB 命令 fitctree 和 fitrtree 来完成。fitctree 用于构建被解释变量为分类变量的二叉决策树。fitrtree 用于构建被解释变量为连续变量的决策树，也称为回归树。

一、二叉决策树

fitctree 语法结构为：

tree=fitctree（Tbl，ResponseVarName）

tree=fitctree（Tbl，formula）

tree=fitctree（Tbl，Y）

tree=fitctree（X，Y）

tree=fitctree（________，Name，Value）

其中：输入的第一项为表格数据或者矩阵数据，表示的是解释变量或者预测变量，分类变量；第二项是被解释变量，为决策树的叶节点。另外，也可以使用属性名，属性值对儿定义分类函数的不同特征。在下面的例子中将予以说明。

输出是一个结构变量，内容包括分类树的特征，解释变量的名称（默认为 x1，x2，…），分类变量的名称，被解释变量的名称（默认为 Y），观察值个数，分类方法等。

【例 6.3.1】销售额的预测（分类）①。

假设经过处理以后的某餐厅销售额数据如表 6.3.1 所示。

表 6.3.1 经过处理的销售额数据

'序号'	'天气'	'是否周末'	'是否有促销'	'销量'
1	'坏'	'是'	'是'	'高'
2	'坏'	'是'	'是'	'高'
3	'坏'	'是'	'是'	'高'
4	'坏'	'否'	'是'	'高'
5	'坏'	'是'	'是'	'高'
6	'坏'	'否'	'是'	'高'
7	'坏'	'是'	'否'	'高'

① 参见张良均等著：《MATLAB 数据分析与挖掘实战》，机械工业出版社，2015 年版，83 页。

续表

'序号'	'天气'	'是否周末'	'是否有促销'	'销量'
8	'好'	'是'	'是'	'高'
9	'好'	'是'	'否'	'高'
10	'好'	'是'	'是'	'高'
11	'好'	'是'	'是'	'高'
12	'好'	'是'	'是'	'高'
13	'好'	'是'	'是'	'高'
14	'坏'	'是'	'是'	'低'
15	'好'	'否'	'是'	'高'
16	'好'	'否'	'是'	'高'
17	'好'	'否'	'是'	'高'
18	'好'	'否'	'是'	'高'
19	'好'	'否'	'否'	'高'
20	'坏'	'否'	'否'	'低'
21	'坏'	'否'	'是'	'低'
22	'坏'	'否'	'是'	'低'
23	'坏'	'否'	'是'	'低'
24	'坏'	'否'	'否'	'低'
25	'坏'	'是'	'否'	'低'
26	'好'	'否'	'是'	'低'
27	'好'	'否'	'是'	'低'
28	'坏'	'否'	'否'	'低'
29	'坏'	'否'	'否'	'低'
30	'好'	'否'	'否'	'低'
31	'坏'	'是'	'否'	'低'
32	'好'	'否'	'是'	'低'
33	'好'	'否'	'否'	'低'
34	'好'	'否'	'否'	'低'

该数据可以进一步转化为数值矩阵。例如，将好、坏，高、低，以及是、否分别用1、0来表示。转化后的矩阵已输入MATLAB。

```
>> matrix
matrix=
    0    1    1    1
```

```
    0    1    1    1
    0    1    1    1
    0    0    1    1
    0    1    1    1
    ……             %为节省篇幅,只显示前 5 行
>> Mdl=fitctree(matrix(:,[1 2 3]),matrix(:,4))     %matrix 的前 3 列为解释变量,第 4 列为被解释变量
Mdl=
  ClassificationTree
             ResponseName:'  Y'
    CategoricalPredictors:[]
               ClassNames:[0 1]
           ScoreTransform:'  none'
          NumObservations:34
  Properties, Methods
```

也可以先构造表格数据，然后再建立决策树。

```
>> tab=
table(matrix(:,1),matrix(:,2),matrix(:,3),matrix(:,4),'VariableNames',
{'Weather','Weekend','Promotion','Sales'})
tab=
  34×4 table
```

Weather	Weekend	Promotion	Sales
0	1	1	1
0	1	1	1
0	1	1	1
0	0	1	1
0	1	1	1
0	0	1	1
0	1	0	1
1	1	1	1
1	1	0	1
1	1	1	1
1	1	1	1
1	1	1	1
1	1	1	1
0	1	1	0
1	0	1	1
1	0	1	1

```
1           0           1           1
1           0           1           1
1           0           0           1
0           0           0           0
0           0           1           0
0           0           1           0
0           0           1           0
0           0           0           0
0           1           0           0
1           0           1           0
1           0           1           0
0           0           0           0
0           0           0           0
1           0           0           0
0           1           0           0
1           0           1           0
1           0           0           0
1           0           0           0
```

```
>> Mdl=fitctree([tab.Weather,tab.Weekend,tab.Promotion],tab.Sales)
Mdl=
  ClassificationTree
           ResponseName:'Y'
    CategoricalPredictors:[]
             ClassNames:[0 1]
         ScoreTransform:'none'
        NumObservations:34

  Properties, Methods
```

或者明确指出解释变量中谁是分类变量、被解释变量的名称等。

```
>> Mdl=fitctree([tab.Weather,tab.Weekend,tab.Promotion],tab.Sales,
'ResponseName','Sales','PredictorNames',{'Weather','Weekend','Promotion'},
'CategoricalPredictors',{'Weather','Weekend','Promotion'})
Mdl=
  ClassificationTree
         PredictorNames:{'Weather'  'Weekend'  'Promotion'}
           ResponseName:'Sales'
    CategoricalPredictors:[1 2 3]
             ClassNames:[0 1]
```

```
        ScoreTransform:'none'
       NumObservations:34

  Properties,Methods
```

决策树构造完成以后就可以用 view 命令来查看。view 的用法有两种：

```
>> view(Mdl')
>> view(Mdl,'mode','graph')
```

第一种以文本的形式描述决策树，第二种以图形的方式显示决策树。执行第二个命令以后我们得到如图 6.3.1 所示的图形。

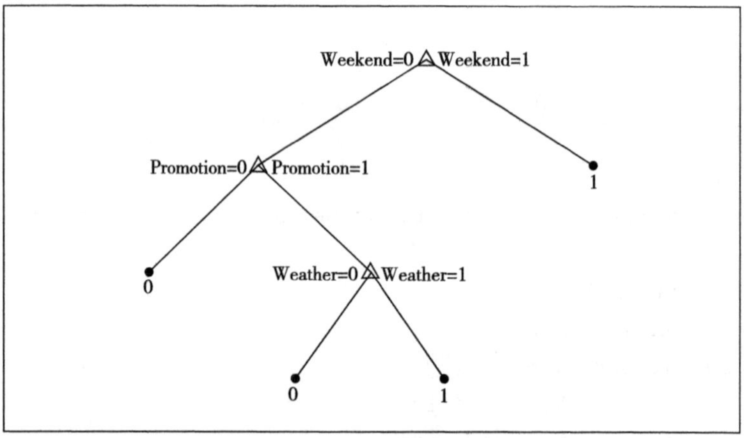

图 6.3.1　销售额预测决策树

接下来，可以用 loss 函数计算分类出错率。

```
>> L=loss(Mdl,tab,tab.Sales)          %计算分类出错率
L=
     0.26471
>> labl=predict(Mdl,matrix(:,[12 3]))      %用得到的模型对原数据进行预测分类
labl=
      1
      1
      1
      0
      1
```

```
        0
        1
        1
        1
        1
        1
        1
        1
        1
        1
        1
        1
        1
        0
        0
        0
        0
        0
        0
        1
        1
        1
        0
        0
        0
        1
        1
        0
        0
>> accur=accuracy_cal(matrix(:,4),labl)    %用本书自编函数 accuracy_cal 计算预测精确度。
accur=
        0.73529
```

可见，此处预测精确度与前面的分类错误率的和正好等于1。

二、回归树

用 fitrtree 为回归问题构建一个二叉决策树，称为回归树。

fitrtree 的语法结构为：

tree=fitrtree（Tbl，ResponseVarName）

tree=fitrtree (Tbl, formula)
tree=fitrtree (Tbl, Y)
tree=fitrtree (X, Y)
tree=fitrtree (________, Name, Value)
其中：输入部分与 fitctree 类似。输出为一个二叉树。
以下用实例来说明。
【例 6.3.2】用 carsmall 数据构建一个回归树。

```
>> load carsmall
>> tree=fitrtree([Weight, Cylinders],MPG,...
              'CategoricalPredictors',2,'MinParentSize',20,...
              'PredictorNames',{'W','C'})   %以 Weight、Cylinders 为解释变量,以 MPG 为被解释变量构建回归树
tree=
  RegressionTree
           PredictorNames:{'W'  'C'}
             ResponseName:'Y'
    CategoricalPredictors:2
        ResponseTransform:'none'
          NumObservations:94
  Properties, Methods
>> view(tree,'mode','graph')          %可以用命令 view 查看回归树的形状,见图 6.3.2
```

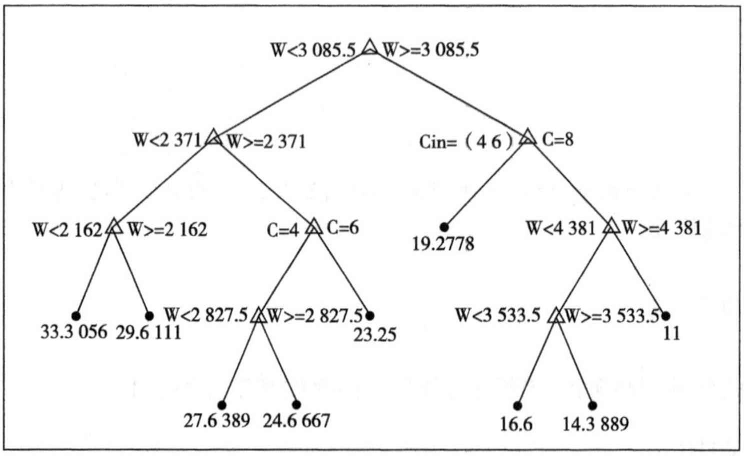

图 6.3.2 回归树

```
>> MPG4Kpred=predict(tree,[4000 4;4000 6;4000 8])  %用回归树预测重量为 4000,气缸分别为 4、6 和 8 时的 MPG
```

```
MPG4Kpred=
    19.278
    19.278
    14.389
```

为了与线性回归模型的结果进行对比，我们重新构建线性模型：

```
>> tbl=
table(Weight,Cylinders,MPG,'VariableNames',{'Weight','Cylinders','MPG'});
>> tbl.Cylinders=categorical(tbl.Cylinders);
>> lm=fitlm(tbl,'MPG~Weight+Cylinders')
lm=
Linear regression model:
    MPG ~ 1+Weight+Cylinders

Estimated Coefficients:
                    Estimate        SE          tStat       pValue
                   __________    _________    _______    __________

    (Intercept)       42.929       2.6583      16.149    2.5133e-28
    Weight        -0.0056819    0.0011018     -5.1571    1.4792e-06
    Cylinders_6      -3.5825          1.4     -2.5588      0.012172
    Cylinders_8        -6.01       2.0249     -2.9681      0.003839

Number of observations:94, Error degrees of freedom:90
Root Mean Squared Error:3.98
R-squared:0.763,  Adjusted R-Squared:0.755
F-statistic vs. constant model:96.7, p-value=4.73e-28
```

模型的系数通过显著性检验，模型整体也通过显著性检验。

```
>> Weig=[4000;4000;4000]
Weig=
     4000
     4000
     4000
>> ca=categorical([4;6;8])
ca=
  3×1 categorical 数组
    4
    6
```

```
    8
>> MPG4q=feval(lm,Weig,ca)      %用 feval 预测重量为 4000,气缸分别为 4、6
和 8 时的 MPG
MPG4q=
        20.202
        16.619
        14.192
```

结果有一定的差异。

第四节　贝叶斯分类

贝叶斯分类是基于统计学的分类方法，其特点是使用概率来表示所有形式的不确定性，学习或推理都要用概率规则来实现。贝叶斯分类在众多分类技术中占有重要地位，是一种非规则的分类方法。贝叶斯分类通过对已分类的样本子集进行训练，学习归纳出分类函数，或者称为分类器，利用训练得到的分类器实现对未分类数据的分类。

贝叶斯分类包括朴素贝叶斯分类法和贝叶斯分类法。

通过对比不同的分类算法，发现朴素贝叶斯分类算法（Naive Bayes），一种简单的贝叶斯分类算法，其应用效果有时比神经网络分类算法和决策树分类算法还要好。特别是当待分类数据量非常大时，贝叶斯分类方法相较其他分类算法可能具有更高的准确率。

基于统计学的贝叶斯分类方法以贝叶斯理论为基础。贝叶斯分类法根据总体的先验概率，求解后验概率分布，预测样本属于某一类别的概率。

假设 X，Y 是两个随机变量，P（X），P（Y）分别是 X，Y 出现的概率，已知 Y 出现的情况下，X 出现的概率为 P（X | Y），则可根据如下的贝叶斯公式求得 P（Y | X）：

$$P(Y \mid X)=\frac{P(X \mid Y)\ P(Y)}{P(X)}$$

贝叶斯公式也称为全概率公式。

对于分类问题，我们可以假设，A_1，A_2，…，A_m是 m 个属性，$x_i=(x_{i1}, x_{i2}, \cdots, x_{im})$（i=1，2，…，n）是 n 个样本，其中 x_{ij} 是对应于 A_j 的属性值。y_i（i=1，2，…，n）是对应于 x_i 的分类值。分类值可以取 c_1，c_2，…，c_p 中的任意一个值，表示有 p 个分类。用表 6.4.1 来表示。

表 6.4.1　分类问题数据矩阵

	A_1	A_2	…	A_m	
x_1	x_{11}	x_{12}	…	x_{1m}	y_1
x_2	x_{21}	x_{22}	…	x_{2m}	y_2

续表

	A_1	A_2	…	A_m	
…	…	…	…	…	…
x_n	x_{n1}	x_{n2}	…	x_{nm}	y_n

假设待分类的样本为 $X=(X_1, X_2, \cdots, X_m)$，我们的问题是 X 应该属于 c_1, c_2, …, c_p 中的哪类?

为此，我们需要求出使得 $P(c_k \mid X) > P(c_j \mid X)$ $(j=1, 2, \cdots, p, j \neq k)$ 成立的 k。

根据贝叶斯公式，

$$P(c_j \mid X)\ (j=1, 2, \cdots, p) = \frac{P(X \mid c_j) \cdot P(c_j)}{P(X)}$$

由于 P（X）可以看成是常数，因此以上问题就变成了求出使得

$$P(X \mid c_j) \cdot P(c_j)\ (j=1, 2, \cdots, p)$$

最大的类 c_j。

朴素贝叶斯分类法假定一个属性对于给定分类的影响独立于其他属性。这一假定被称作条件独立，对实例属性的这种假设大大简化了分类所需的计算量。

$$P(X|c_j) \cdot P(c_j) = P((X_1, X_2 \cdots X_m)|c_j) \cdot P(c_j)$$
$$= P(X_1|c_j) \cdot P(X_2|c_j) \cdot \cdots \cdot P(X_m|c_j) \cdot P(c_j) \quad (j=1,2,\cdots,p)$$

在 matlab 中，朴素贝叶斯分类用函数 fitcnb 来实现，其语法格式为：

Mdl=fitcnb（Tbl，ResponseVarName）

Mdl=fitcnb（Tbl，formula）

Mdl=fitcnb（Tbl，Y）

Mdl=fitcnb（X，Y）

Mdl=fitcnb（________，Name，Value）

fitcnb 的用法与前面的分类函数用法类似。以下用实例说明。

【例 6.4.1】 鸢（yuan）尾花数据集。

```
>> load fisheriris    %加载 Matlab 自带的鸢尾花数据集。删除萼片的长度和宽度以及所有观测到的山鸢尾花
>> whos
  Name          Size          Bytes      Class      Attributes

  meas          150×4          4800     double
  species       150×1         18100       cell
```

用 whos 可以查看到这个数据包含两个部分。meas(尺寸)，其中第 1、第 2 列分别是长度和宽度，以下只用第 3、第 4 列的数据。Species 是对应植物的种类，包含三种：setose

(山鸢尾)、versicolor(杂毛)、virginica(维尔吉尼卡)。

```
>> X=meas(:,3:4);
>> Y=species;
>> Mdl=fitcnb(X,Y,'ClassNames',{'setosa','versicolor','virginica'})    %构建朴素贝叶斯分类模型。
```

```
Mdl=
  ClassificationNaiveBayes
            ResponseName:'Y'
    CategoricalPredictors:[]
              ClassNames:{'setosa'  'versicolor'  'virginica'}
          ScoreTransform:'none'
         NumObservations:150
       DistributionNames:{'normal'  'normal'}
  DistributionParameters:{3×2 cell}
  Properties, Methods
```

```
>> [label,Posterior,Cost]=predict(Mdl,X)       %用构建好的模型对原数据进行重新分类。输出 label 是分类结果。Posterior 是计算出的后验概率。Cost 是分错的成本。
```

```
label=
  150×1 cell 数组
    {'setosa'    }
    {'setosa'    }
    {'setosa'    }
    {'setosa'    }
    {'setosa'    }          %为节省篇幅只显示 5 行
    …………
Posterior=
            1   1.9032e-16   1.8299e-23
            1   1.9032e-16   1.8299e-23
            1   7.3866e-17   6.6768e-24
            1   6.5294e-16   6.7612e-23
            1   1.9032e-16   1.8299e-23     %为节省篇幅只显示 5 行
            …………
Cost=
   1.9032e-16          1          1
   1.9032e-16          1          1
   7.3866e-17          1          1
   6.5294e-16          1          1
   1.9032e-16          1          1          %为节省篇幅只显示 5 行
   …………
```

```
>> L=loss(Mdl,X,Y)   %计算模型的出错率
L=
        0.04
```

用本书自编的函数 accuracy_ cal_ Gel 计算模型的精确率。

```
function[accuracy  newsco]=accuracy_cal_Gel(olddata,newf)
%accuracy_cal Calculate the accuracy of model
%   olddata-original data;newf-predicted data
n=length(olddata);
fori=1:n
ifstrcmp(olddata(i), newf(i))
    newsco(i)=1;
else
    newsco(i)=0;
end
end
m=0;
fori=1:n
if newsco(i)= =1
        m=m+1;
    end
end
accuracy=m/n;
>> acc=accuracy_cal_Gel(Y,label)
acc=
        0.96
```

事实上，经过对比发现，71、78、84 三个样本本来应该在第二类，结果分到了第三类；而 107、120、134 本来应该在第三类，结果分到了第二类。因此出错率是 6/150 = 0.04，从而正确率是 144/150=0.96，验证了前面的结果。

第五节　支持向量机

支持向量机（Support Vector Machine，SVM）是由数学家 Vapnik 等人提出，后经许多人改进的用于分类的方法。

支持向量机可用于数据正好有两个类时的分类问题。当然经过改进也可以用于多分类的情形。SVM 通过找到将一个类的所有数据点与另一个类的所有数据点分离的最

佳超平面对数据进行分类。SVM 的最佳超平面是指使两个类之间的边距最大的超平面。这个超平面就是通常所说的 SVM 分类器。

对于不同的维度空间，SVM 分类器具有不同的形式。二维空间中，SVM 分类器是一条直线；三维空间中，它是一个平面；多维空间中，它是一个超平面。

如何求到 SVM 分类器？支持向量起到了关键作用。所谓支持向量就是离分类器最近的样本点。

由数学证明可知，SVM 分类器可以通过求解多维空间中的一个二次规划问题来解决。

Matlab 已经做好了求解 SVM 分类器的函数——Fitcsvm。

Fitcsvm 的语法结构是：

Mdl=fitcsvm（Tbl，ResponseVarName）

Mdl=fitcsvm（Tbl，formula）

Mdl=fitcsvm（Tbl，Y）

Mdl=fitcsvm（X，Y）

Mdl=fitcsvm（________，Name，Value）

其中：输入的第一项为表格数据或者矩阵数据，表示的是解释变量或者分类变量；第二项是被解释变量，为分类变量。另外，也可以使用属性名、属性值对儿定义 SVM 分类器的不同特征。这将在下面的例子中予以说明。

输出是一个结构变量，就是训练以后的分类器。内容包括被解释变量的名称（默认为 Y），分类变量的名称、类名称、观察值个数，以及求解二次规划问题时涉及的有关方法等。

以下举例说明：

【例 6.5.1】 鸢尾花数据集。

```
>> load fisheriris              %加载 Matlab 自带的鸢尾花数据集。删除萼片的长度和宽度以及所有观测到的山鸢尾花
>> whos
  Name         Size              Bytes  Class     Attributes
  meas        150x4               4800  double
  species      150x1              18100  cell
```

用 whos 可以查看到这个数据包含两个部分，meas（尺寸），其中第 1、第 2 列分别是长度和宽度，以下只用第 3、第 4 列的数据。Species 是对应植物的种类，包含三种：setose（山鸢尾）、versicolor（杂毛）、virginica（维尔吉尼卡）。

由于支持向量机只可用于二分类问题，因此在以下的操作中将用函数 strcmp 将 setose 有关的样本删掉。

strcmp 的功能是比较字符串。tf=strcmp（s1，s2）将比较 s1 和 s2 两个字符串。如果二者相同，则返回 1（true），否则返回 0（false）。如果文本的大小和内容相同，则它们将视为相等。返回结果 tf 的数据类型为逻辑型。

```
>> inds=~strcmp(species,'setosa');
>> X=meas(inds,3:4);            %去掉 1,2 数据和所有山鸢尾花的样本
>> y=species(inds);
>> SVMModel=fitcsvm(X,y)        %用 fitcsvm 得到训练后的 SVM 分类器
SVMModel=
  ClassificationSVM
             ResponseName:'Y'
    CategoricalPredictors:[]
               ClassNames:{'versicolor'  'virginica'}
           ScoreTransform:'none'
          NumObservations:100
                    Alpha:[24×1 double]
                     Bias:-14.415
         KernelParameters:[1×1 struct]
           BoxConstraints:[100×1 double]
          ConvergenceInfo:[1×1 struct]
          IsSupportVector:[100×1 logical]
                   Solver:'SMO'
  Properties, Methods

>> classOrder=SVMModel.ClassNames          %查看两个分类变量
classOrder=
  2×1 cell 数组
    {'versicolor'}
    {'virginica' }
>> sv=SVMModel.SupportVectors;       %求到支持向量
Figure                               %画出分类图,如图 6.5.1 所示
gscatter(X(:,1),X(:,2),y)
hold on
plot(sv(:,1),sv(:,2),'ko','MarkerSize',10)
legend('versicolor','virginica','Support Vector')
hold off
```

接下来就可以用 SVM 分类器对新数据进行分类。

使用 predict 对新数据进行分类。使用经过训练的 SVM 分类器（SVMModel）对新数据进行分类的语法如下：

[label，score] =predict（SVMModel，newX）

生成的向量 label 表示 newX 中每行的分类。score 是软分数的 n×2 矩阵。每行对应于 newX 中的一行，即新观测值。第一列包含分类为负类的观测值的分数，第二列包含分类为正类的观测值的分数。

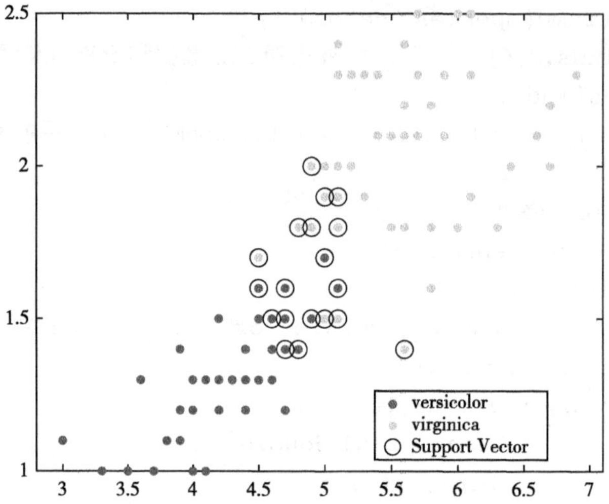

图 6.5.1　鸢尾花数据分类图

要估计后验概率而不是分数，需首先将经过训练的 SVM 分类器（SVMModel）传递给 fitPosterior，该方法对分数进行分数—后验概率转换函数拟合。语法是：

ScoreSVMModel=fitPosterior（SVMModel，X，Y）

分类器 ScoreSVMModel 的属性 ScoreTransform 包含最佳转换函数。

将 ScoreSVMModel 传递给 predict。输出参数 score 不返回分数，而是包含分类为负类（score 的列 1）或正类（score 的列 2）的观测值的后验概率。

本例中，在命令行输入：

```
>> [label,score]=predict(SVMModel,X)
label=
  100×1 cell 数组
    {'versicolor'}
    {'versicolor'}
    {'versicolor'}
    {'versicolor'}
    {'versicolor'}                     %为节省篇幅,只显示前 5 行
  …………
score=
           1            -1
      1.2112       -1.2112
     0.33805      -0.33805
      2.7534       -2.7534
     0.99293      -0.99293
      …………
```

接下来就可以计算预测精确度。由于 label 中的值是字符串，y 中也是字符串，所以以前用过的进行精确度计算的 accuracy_ cal 不能再用，需对其进行改进。

对之前进行精确度计算的 accuracy_ cal 进行改进如下：

```
function[accuracy  newsco]=accuracy_cal_Gel(olddata,newf)
%accuracy_calCalculate the accuracy of model
%   olddata-original data;newf-predicted data
n=length(olddata);
for i=1:n
if strcmp(olddata(i), newf(i))
   newsco(i)=1;
else
   newsco(i)=0;
end
end
m=0;
for i=1:n
   if newsco(i)= =1
      m=m+1;
   end
end
accuracy=m/n;
```

在命令行输入：

```
>> accur=accuracy_cal_Gel(y,label)
accur=
       0.95
```

可见本例的预测精确度为 95%。

以下将例 6.3.1 用支持向量机的方法重新求解如下：

【例 6.5.2】 销售额预测。假设表 6.3.1 的数据已经导入 Matlab。

```
>> matrix=[0        1        1        1
           0        1        1        1
           0        1        1        1
           0        0        1        1
           0        1        1        1
           0        0        1        1
           0        1        0        1
```

```
        1        1        1        1
        1        1        0        1
        1        1        1        1
        1        1        1        1
        1        1        1        1
        1        1        1        1
        0        1        1        0
        1        0        1        1
        1        0        1        1
        1        0        1        1
        1        0        1        1
        1        0        0        1
        0        0        0        0
        0        0        1        0
        0        0        1        0
        0        0        1        0
        0        0        0        0
        0        1        0        0
        1        0        1        0
        1        0        1        0
        0        0        0        0
        0        0        0        0
        1        0        0        0
        0        1        0        0
        1        0        1        0
        1        0        0        0
        1        0        0        0
]
matrix=
    0    1    1    1
    0    1    1    1
    0    1    1    1
    0    0    1    1
    0    1    1    1
    0    0    1    1
    0    1    0    1
    1    1    1    1
    1    1    0    1
    1    1    1    1
    1    1    1    1
    1    1    1    1
```

```
1    1    1    1
0    1    1    0
1    0    1    1
1    0    1    1
1    0    1    1
1    0    1    1
1    0    0    1
0    0    0    0
0    0    1    0
0    0    1    0
0    0    1    0
0    0    0    0
0    1    0    0
1    0    1    0
1    0    1    0
0    0    0    0
0    0    0    0
1    0    0    0
0    1    0    0
1    0    1    0
1    0    0    0
1    0    0    0
>> tab=
table(matrix(:,1),matrix(:,2),matrix(:,3),matrix(:,4),'VariableNames',
{'Weather','Weekend','Promotion','Sales'})          %构造表格数据
tab=
  34×4 table
  Weather    Weekend    Promotion    Sales
  _______    _______    _________    _____
     0          1           1          1
     0          1           1          1
     0          1           1          1
     0          0           1          1
     0          1           1          1
     0          0           1          1
     0          1           0          1
     1          1           1          1
     1          1           0          1
     1          1           1          1
     1          1           1          1
     1          1           1          1
```

```
     1      1      1      1
     0      1      1      0
     1      0      1      1
     1      0      1      1
     1      0      1      1
     1      0      1      1
     1      0      0      1
     0      0      0      0
     0      0      1      0
     0      0      1      0
     0      0      1      0
     0      0      0      0
     0      1      0      0
     1      0      1      0
     1      0      1      0
     0      0      0      0
     0      0      0      0
     1      0      0      0
     0      1      0      0
     1      0      1      0
     1      0      0      0
     1      0      0      0
>> Mdl=fitcsvm(tab,'Sales')          %训练 SVM 分类器
Mdl=
  ClassificationSVM
           PredictorNames:{'Weather'  'Weekend'  'Promotion'}
             ResponseName:'Sales'
    CategoricalPredictors:[]
               ClassNames:[0 1]
           ScoreTransform:'none'
          NumObservations:34
                    Alpha:[24×1 double]
                     Bias:-1.6667
         KernelParameters:[1×1 struct]
           BoxConstraints:[34×1 double]
          ConvergenceInfo:[1×1 struct]
          IsSupportVector:[34×1 logical]
                   Solver:'SMO'
  Properties, Methods
>>  [labl score]=predict(Mdl,matrix(:,[1 2 3]))     %用训练好的支持向
```

量机模型预测原始数据对应的销售额

```
labl=
    1
    1
    1
    0
    1
    0
    0
    1
    1
    1
    1
    1
    1
    1
    1
    1
    1
    1
    0
    0
    0
    0
    0
    0
    0
    1
    1
    0
    0
    0
    0
    1
    0
    0
score=
         -1            1
         -1            1
         -1            1
    0.33333     -0.33333
         -1            1        %为节省篇幅,只显示前5行
```

```
…………
>> accur = accuracy_cal(matrix(:,4),labl)          %用本书自编的函数accuracy_cal 计算预测精确度
accur =
      0.76471
```

支持向量机模型的预测精确度约为 76.5%，比决策树模型的预测精度要高一些。以下将解释变量设置成分类变量，看预测结果是否一致。

```
>> matrix= 0    1    1    1
           0    1    1    1
           0    1    1    1
           0    0    1    1
           0    1    1    1               %为节省篇幅,只显示前 5 行
           …………
>> tab = table(matrix(:,1),matrix(:,2),matrix(:,3),matrix(:,4),'VariableNames',{'Weather','Weekend','Promotion','Sales'})
tab=
  34×4 table
    Weather    Weekend    Promotion    Sales
    _______    _______    _________    _____
       0          1           1          1
       0          1           1          1
       0          1           1          1
       0          0           1          1
       0          1           1          1     %为节省篇幅,只显示前 5 行
  …………
>> tab.Weather=categorical(tab.Weather);
>> tab.Weekend=categorical(tab.Weekend);
>> tab.Promotion=categorical(tab.Promotion);
>>  Mdl=fitcsvm(tab,'Sales')                  %训练支持向量机分类器
Mdl=
  ClassificationSVM
           PredictorNames:{'Weather'  'Weekend'  'Promotion'}
             ResponseName:'Sales'
    CategoricalPredictors:[1 2 3]
               ClassNames:[0 1]
           ScoreTransform:'none'
          NumObservations:34
                    Alpha:[23×1 double]
                     Bias:0.00011574
```

```
          KernelParameters:[1×1 struct]
            BoxConstraints:[34×1 double]
           ConvergenceInfo:[1×1 struct]
           IsSupportVector:[34×1 logical]
                    Solver:'SMO'
   Properties, Methods
>> [label,score]=predict(Mdl,tab(:,[1 2 3]))      %用 predict 检验预测效果
label=
     1
     1
     1
     0
     1
     0
     0
     1
     1
     1
     1
     1
     1
     1
     1
     1
     1
     1
     0
     0
     0
     0
     0
     0
     0
     1
     1
     0
     0
     0
     0
     1
```

```
        0
        0
score=
        -1.0001        1.0001
        -1.0001        1.0001
        -1.0001        1.0001
        0.99931       -0.99931
        -1.0001        1.0001        %为节省篇幅,只显示前5行
        …………
>> accur = accuracy_cal(tab.Sales, label)        %用之前编写的函数accuracy_cal计算预测精确度
accur=
        0.76471
```

可见预测精确度没有改变。

值得说明的是：fitcsvm 是基于低维或中维预测变量数据集训练或交叉验证一类和二类（二元）分类的支持向量机（SVM）模型。fitcsvm 支持使用核函数映射预测变量数据，并支持序列最小优化（SMO）、迭代单点数据算法（ISDA）或 L1 软边距最小化（二次规划目标函数最小化）。核函数用属性' KernelFunction' 来定义，可选项有：' linear' | ' gaussian' | ' rbf' | ' polynomial' | 函数名称。例如：' KernelFunction'，' gaussian' 定义核函数为高斯核。线性核，默认用于二类学习；' gaussian' 或 ' rbf'，高斯或径向基函数（RBF）核，默认用于一类学习；' polynomial'，多项式核。也可以通过 ' KernelFunction' 和' kernel' 来设置自己定义的核函数。

当然，如果要训练或交叉验证一类和二类（二元）分类的非线性支持向量机（SVM）模型，可以直接使用 fitckernel。

要基于高维数据集（即包含许多预测变量的数据集）训练二类分类线性 SVM 模型，请改用 fitclinear。

对于结合使用二类 SVM 模型的多类学习，请使用纠错输出编码（ECOC）。有关详细信息，请参阅 fitcecoc。

要训练 SVM 回归模型，请参阅 fitrsvm（适用于低维和中维预测变量数据集）或 fitrlinear（适用于高维数据集）。

以上函数的详细使用信息，可进一步参阅 MATLAB 帮助系统。

应用 fitcecoc 可以构建多分类支持向量机模型。fitcecoc 的语法结构为：

Mdl=fitcecoc（Tbl，ResponseVarName）

Mdl=fitcecoc（Tbl，formula）

Mdl=fitcecoc（Tbl，Y）

Mdl=fitcecoc（X，Y）

Mdl=fitcecoc（________，Name，Value）

[Mdl, HyperparameterOptimizationResults] =fitcecoc (________, Name, Value)

以下用鸢尾花数据集加以说明。

【例 6.5.3】 鸢尾花数据集（多分类）。

```
>> load fisheriris                %载入鸢尾花数据集
>> X=meas;
>> Y=species;
>> Mdl=fitcecoc(X,Y)              %以默认选项构建一个多分类模型
Mdl=
  ClassificationECOC
           ResponseName:'Y'
    CategoricalPredictors:[]
             ClassNames:{'setosa'  'versicolor'  'virginica'}
         ScoreTransform:'none'
         BinaryLearners:{3×1 cell}
             CodingName:'onevsone'
  Properties, Methods
>> Mdl.ClassNames            %查看分类标识
ans=
  3×1 cell 数组
    {'setosa'     }
    {'versicolor' }
    {'virginica'  }
>> CodingMat=Mdl.CodingMatrix          %查看编码矩阵。这个编码对应于三个二分类学习器。第 1 列对应于 1、2 类分类器，其中'setosa'是正类，'versicolor'是负类；第 2 列对应于 1、3 类分类器；第 3 列对应于 2、3 类分类器
CodingMat=
     1     1     0
    -1     0     1
     0    -1    -1
>> Mdl.BinaryLearners{1}                 %查看第一个分类器
ans=
  CompactClassificationSVM
           ResponseName:'Y'
    CategoricalPredictors:[]
             ClassNames:[-1 1]
         ScoreTransform:'none'
                   Beta:[4×1 double]
                   Bias:1.4492
       KernelParameters:[1×1 struct]
```

```
  Properties, Methods
>> error=resubLoss(Mdl)        %计算模型的出错率
error=
    0.0066667
>> y=predict(Mdl,X);           %用原数据验证分类成效,发现只有一个数据,第
84个样本分错了类
>> acc=accuracy_cal_Gel(Y,y)       %用本书自编函数计算分类精确度
acc=
      0.99333
```

第六节　神经网络

18世纪末 Santiago R. Cajal 对神经细胞的微观结构进行了研究，提出了“神经元学说”，即神经细胞是整个神经活动最基本的单位。由于这项开创性工作，Santiago 因此获得了1906年的诺贝尔生理学奖。

后来人们借鉴医学上的神经元学说，提出了人工神经网络的概念。人工神经网络的提出是想让计算机模仿人类的神经元原理进行感知和学习。最早的人工神经网络是由 Warren McCulloch 等人于1943年提出的“M-P 神经元模型”。

一、神经元模型

神经元是神经网络的基本单位。每一个神经元都与其他神经元相互联系构成了整个神经网络。

神经元可以接收来自周围神经元的信号输入，这些信号经过处理，又会以某种形式产生输出。

假设与一个神经元相联系的周围神经元有 p 个，对应的信号输入分别为 x_1，x_2，…，x_p。该神经元对这些输入的反映并非简单相加。假设我们可以用加权相加来表示。如果 p 个相联神经元的权重分别为 w_1，w_2，…，w_p，则该神经元的输入之和为

$$w_1x_1 + w_2x_2 + \cdots + w_px_p$$

最简单的神经元的输出就是“有输出”和“无输出”两种状态。当输入信号的加权和大于某个阈值 θ 时，有输出，用1表示；小于 θ 时，无输出，用0表示。因此输出 y 可以用如下函数来表示：

$$y = \begin{cases} 0, & w_1x_1 + w_2x_2 + \cdots + w_px_p < \theta \\ 1, & w_1x_1 + w_2x_2 + \cdots + w_px_p \geqslant \theta \end{cases}$$

该函数也可以用单位阶跃函数来表示：

$$y = u(z) = u(w_1x_1 + w_2x_2 + \cdots + w_px_p - \theta)$$

其中，$z = w_1x_1 + w_2x_2 + \cdots + w_px_p - \theta$ 就是该神经元的加权输入。

一般来讲，假设第 i 神经元的 p 个输入分别为 x_{i1}，x_{i2}，…，x_{ip}，对应的权重分别为 w_{i1}，w_{i2}，…，w_{ip}，b_i 为偏置（bias），用来衡量神经元的反应能力是敏感还是迟钝，则神经元 i 的输出可以表示为：

$$y_i = f\left(\sum_{j=1}^{p} w_{ij}x_{ij} + b_i\right)$$

其中，函数f 称为激活函数。

通过定义不同的激活函数，可以设计出不同的神经网络。常用的激活函数有：

符号函数 $\mathrm{sign}(x) = \begin{cases} 1, & x > 0 \\ -1, & x \leqslant 0 \end{cases}$

线性函数 $\mathrm{pureline}(x) = kx + c$

Sigmoid 函数 $\mathrm{sigmoid}(x) = \dfrac{1}{1 + \mathrm{e}^{-ax}}$

Tanh 函数 $\tanh(x) = \dfrac{\mathrm{e}^{x} - \mathrm{e}^{-x}}{\mathrm{e}^{x} + \mathrm{e}^{-x}}$

ReLU 函数 $\mathrm{ReLU}(x) = \max(0, x)$

等等。

二、神经网络的结构及工作原理

神经网络由输入层、隐藏层和输出层所组成。

输入层将输入信息读到神经网络中。输入层一般只有一层。

隐藏层也被称为中间层，负责信息处理。隐藏层可以有多层。隐藏层越多，神经网络的功能越强大。

输出层用于输出神经网络的计算结果，一般也只有一层。

神经网络的应用一般要经过以下几个步骤：

第一步，构建一个神经网络。构建神经网络最关键的要素就是指明隐藏层的层数。

第二步，训练神经网络。每个神经网络在使用之前都要进行训练。训练的过程就是不断修止和调整各个权重和偏置的过程。训练过程也就是学习过程。

第三步，模型验证。用已知数据对训练后的模型进行验证。

第四步，应用模型进行分类或者预测。

我们构建一个神经网络，其目的就是希望输入数据它能够输出正确的数据。但是，训练过程中输出的数据和正确的数据之间不可避免地会存在一定的误差。从数学上讲，误差可以用一个函数来表示，称为损失函数。常见的损失函数有均方差函数、对数函数、指数函数以及交叉熵（cross-entropy）损失函数等。

训练网络可以看成是一个调整神经元和神经网络参数，即前述权重和偏置，以使模型输出越来越接近正确值的过程。这个过程就是学习，从数学上讲就是求解使得损失函数最小的最优网络参数的过程，即最优化问题的求解。

求解使得损失函数最小的最优化问题的方法有许多。表 6.6.1 列出了其中最常用的几种。

表 6.6.1　trainFcn 的选项

训练函数	训练算法
'trainlm'	Levenberg-Marquardt，L-M 算法，默认
'trainbr'	Bayesian Regularization，贝叶斯正则化方法
'trainbfg'	BFGS Quasi-Newton，BFGS，拟牛顿法
'trainrp'	Resilient Backpropagation，弹性反向传播算法
'trainscg'	Scaled Conjugate Gradient，标度共轭梯度算法
'traingd'	Gradient Descent，梯度下降法
……	……

输入层的数据可以为矩阵，行默认为属性（变量），列默认为样本。如果要按通常的理解，行是样本，列为属性，则可以用矩阵转置进行处理。

输出层可以为连续变量，此时的神经网络可以用于回归，进而用于预测。此为标准的神经网络。

神经网络也可以用于分类。如果是二分类问题，输出层只需要一个神经元，通过该神经元的输出值是否大于某个阈值来判断所属的类别。对于二分类问题，激活函数通常可以采用 Sigmoid 函数，损失函数采用交叉熵函数，其学习过程与标准的神经网络一致。

对于多分类问题，可以采用多个输出神经元。以三个分类为例，可以设置三个神经元，而三个类别分别用向量［1 0 0］（表示第一个类），［0 1 0］（表示第二个类），［0 0 1］（表示第三个类）来表示。

三、神经网络的 MATLAB 实现

在 MATLAB 中，构建一个神经网络可以有多种方式，有交互式图形工具 nftool，也有命令行函数。以下用命令行函数 fitnet 构建神经网络用于分类。

net=fitnet（hiddenSizes）

net=fitnet（hiddenSizes，trainFcn）

其中，hiddenSizes 是隐藏层的层数，默认为 10。trainFcn 是神经网络的训练方法。trainFcn 的几种选项见表 6.6.1。

以下用实例说明。

【例 6.6.1】 用神经网络进行回归。

```
>> load carsmall                    %用例 6.2.1 的例子
>> X=[Weight,Horsepower,Acceleration]';
>> t=MPG';
```

```
>> net=fitnet(10,'trainbr')          %构建隐藏层为10,训练方法为贝叶斯正则
化方法的神经网络
net=
    Neural Network
              name:'Function Fitting Neural Network'
          userdata:(your custom info)
    dimensions:
         numInputs:1
         numLayers:2
        numOutputs:1
    numInputDelays:0
    numLayerDelays:0
 numFeedbackDelays:0
 numWeightElements:10
        sampleTime:1
    connections:
       biasConnect:[1;1]
      inputConnect:[1;0]
      layerConnect:[0 0;1 0]
     outputConnect:[0 1]
    subobjects:
             input:Equivalent to inputs{1}
            output:Equivalent to outputs{2}
            inputs:{1x1 cell array of 1 input}
            layers:{2x1 cell array of 2 layers}
           outputs:{1x2 cell array of 1 output}
            biases:{2x1 cell array of 2 biases}
      inputWeights:{2x1 cell array of 1 weight}
      layerWeights:{2x2 cell array of 1 weight}
    functions:
          adaptFcn:'adaptwb'
        adaptParam:(none)
          derivFcn:'defaultderiv'
         divideFcn:'dividerand'
       divideParam:.trainRatio, .valRatio, .testRatio
        divideMode:'sample'
           initFcn:'initlay'
        performFcn:'mse'
      performParam:.regularization, .normalization
          plotFcns:{'plotperform', 'plottrainstate', 'ploterrhist',
                    'plotregression', 'plotfit'}
```

```
        plotParams:{1x5 cell array of 5 params}
          trainFcn:'trainbr'
        trainParam:.showWindow,.showCommandLine,.show,.epochs,
                   .time,.goal,.min_grad,.max_fail,.mu,.mu_dec,
                   .mu_inc,.mu_max
    weight and bias values:
                IW:{2x1 cell} containing 1 input weight matrix
                LW:{2x2 cell} containing 1 layer weight matrix
                 b:{2x1 cell} containing 2 bias vectors
    methods:
             adapt:Learn while in continuous use
         configure:Configure inputs & outputs
            gensim:Generate Simulink model
              init:Initialize weights & biases
           perform:Calculate performance
               sim:Evaluate network outputs given inputs
             train:Train network with examples
              view:View diagram
       unconfigure:Unconfigure inputs & outputs
    evaluate:       outputs=net(inputs)
>> net=train(net,X,t);              %用已有数据集训练网络,弹出如图 6.6.1
所示的神经网络训练图
```

在如图 6.6.1 所示的神经网络训练图中，有训练结果、训练进度、训练算法等信息。另外，还有多个按钮可以完成多项分析。例如，点击最上面的网络图，可以得到图 6.6.2 所示的训练后的神经网络图。点下面的性能、训练状态、误差直方图、回归、拟合等也可以得到相应的图，进行相应的分析。

```
>> Y=net(X);            %利用训练后的网络计算新的分类
>> perf=perform(net,t,y)         %评估训练后的网络的性能。默认的性能评估
函数是均方差函数
perf=
     13.402
```

【例 6.6.2】 用神经网络进行分类。

加载 Matlab 自带的鸢尾花数据集。注意：与例 6.5.1 相比，x 的行列变化和用于表示分类的 t，它的每个类都用一个相应的 0，1 向量来表示。如图 6.6.3 和图 6.6.4 所示。

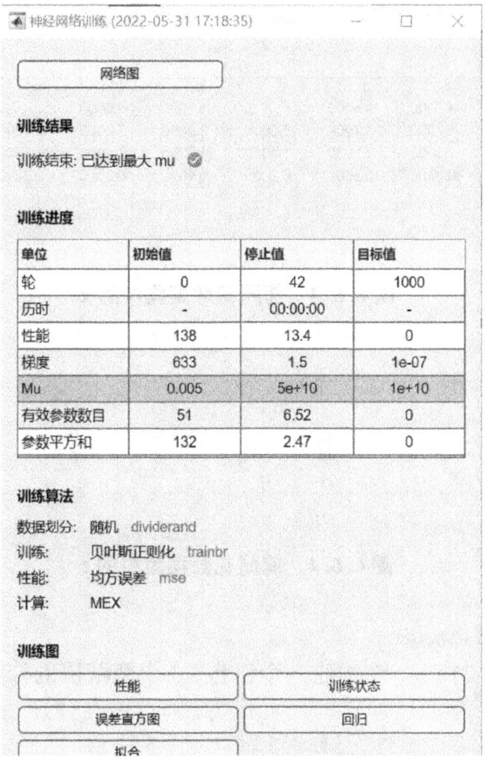

图 6.6.1　神经网络训练图

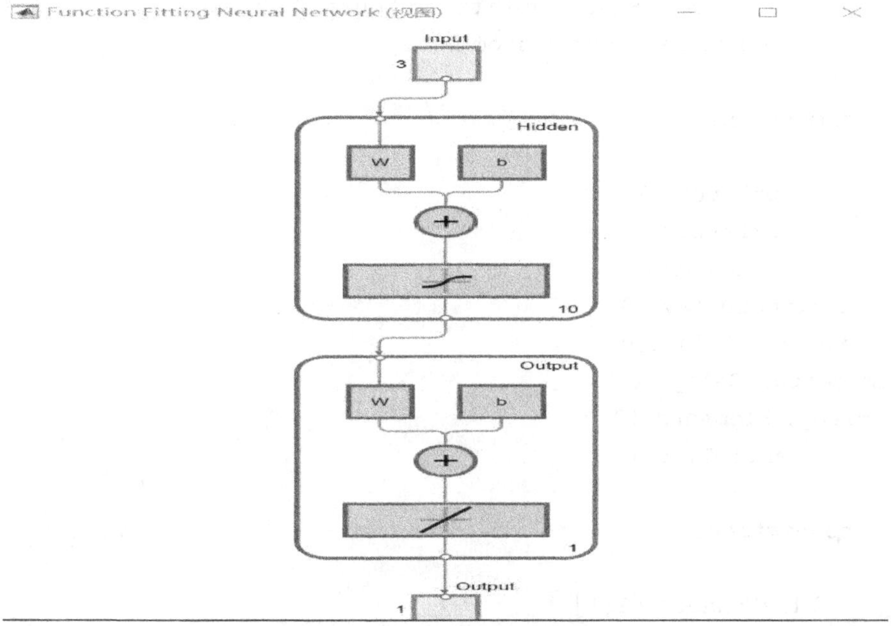

图 6.6.2　训练后的神经网络图

变量 - x

x

4x150 double

	1	2	3	4	5	6	7	8	9	10
1	5.1000	4.9000	4.7000	4.6000	5	5.4000	4.6000	5	4.4000	4.9000
2	3.5000	3	3.2000	3.1000	3.6000	3.9000	3.4000	3.4000	2.9000	3.1000
3	1.4000	1.4000	1.3000	1.5000	1.4000	1.7000	1.4000	1.5000	1.4000	1.5000
4	0.2000	0.2000	0.2000	0.2000	0.2000	0.4000	0.3000	0.2000	0.2000	0.1000
5										
6										
7										

图 6.6.3　鸢尾花数据集中的 x

x　t

3x150 double

	1	2	3	4	5	6	7	8	9	10
1	1	1	1	1	1	1	1	1	1	1
2	0	0	0	0	0	0	0	0	0	0
3	0	0	0	0	0	0	0	0	0	0
4										
5										

图 6.6.4　鸢尾花数据集中的 t

```
>> [x,t]=iris_dataset;
>> net=fitnet(10)       %构建一个包含10个隐藏层的神经网络
net=

    Neural Network

              name:'Function Fitting Neural Network'
          userdata:(your custom info)

    dimensions:

         numInputs:1
         numLayers:2
        numOutputs:1
    numInputDelays:0
    numLayerDelays:0
numFeedbackDelays:0
numWeightElements:10
        sampleTime:1

    connections:

       biasConnect:[1;1]
      inputConnect:[1;0]
      layerConnect:[0 0;1 0]
```

```
 outputConnect:[0 1]

subobjects:

         input:Equivalent to inputs{1}
        output:Equivalent to outputs{2}

        inputs:{1x1 cell array of 1 input}
        layers:{2x1 cell array of 2 layers}
       outputs:{1x2 cell array of 1 output}
        biases:{2x1 cell array of 2 biases}
  inputWeights:{2x1 cell array of 1 weight}
  layerWeights:{2x2 cell array of 1 weight}

functions:

      adaptFcn:'adaptwb'
    adaptParam:(none)
      derivFcn:'defaultderiv'
     divideFcn:'dividerand'
   divideParam:.trainRatio,.valRatio,.testRatio
    divideMode:'sample'
       initFcn:'initlay'
    performFcn:'mse'
  performParam:.regularization,.normalization
      plotFcns:{'plotperform',plottrainstate,ploterrhist,
                plotregression,plotfit}
    plotParams:{1x5 cell array of 5 params}
      trainFcn:'trainlm'
    trainParam:.showWindow,.showCommandLine,.show,.epochs,
                .time,.goal,.min_grad,.max_fail,.mu,.mu_dec,
                .mu_inc,.mu_max

weight and bias values:

            IW:{2x1 cell} containing 1 input weight matrix
            LW:{2x2 cell} containing 1 layer weight matrix
             b:{2x1 cell} containing 2 bias vectors

methods:
         adapt:Learn while in continuous use
```

```
        configure:Configure inputs & outputs
           gensim:Generate Simulink model
             init:Initialize weights & biases
          perform:Calculate performance
              sim:Evaluate network outputs given inputs
            train:Train network with examples
             view:View diagram
      unconfigure:Unconfigure inputs & outputs

    evaluate:       outputs=net(inputs)
```

>> net=train(net,x,t);　　　%用已知数据集训练网络

>> view(net)　　　%查看网络形态,如图 6.6.5 所示

>> net=train(net,x',t')　　　%如果将输入 x 和输出 t 换成通常的形式,则出错

错误使用 network/train

Inputs and targets have different numbers of samples.

>> y=net(x);　　　%利用训练后的网络计算新的分类

>> perf=perform(net,t,y)　　%评估训练后的网络的性能。默认的性能评估函数是均方差函数

perf=

　0.0089623　　　%结果显示训练后的网络有非常好的性能

>> classes=vec2ind(y);　　　%将新的分类变量转换为实际的类别。可见 classes 与最初的分类基本一致。第 84 个样本分错了,本来是第二类,却分到了第三类

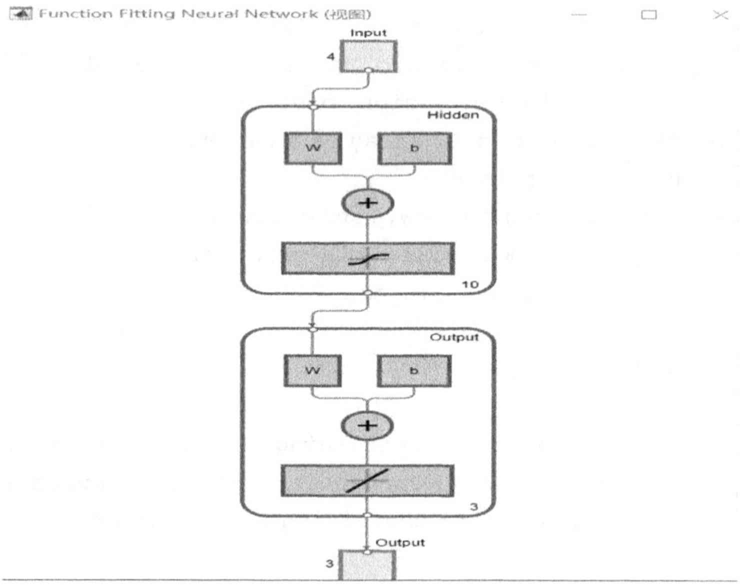

图 6.6.5　训练后的神经网络的形态，包含 4 个输入、3 个输出和 10 个隐藏层

除了上述的 fitnet 函数以外，还有多个用于特定目的的构建神经网络的函数：

fitcnet——构建一个用于分类的神经网络；

network——构建一个用户自定义的神经网络；

feedforwardnet——构建一个前馈神经网络；

patternnet——构建一个模式识别网络。这个网络更加复杂，功能更强，可用于解决复杂的模式识别和深度机器学习问题。

以下用 patternnet 构建一个网络用来解决例 6.6.2 的鸢尾花分类问题。

【例 6.6.3】 用 patternnet 解决鸢尾花分类问题。

```
>> [x,t]=iris_dataset;      %加载鸢尾花数据集
>> net=patternnet(10)       %构建隐藏层为 10 的模式识别神经网络,注意
patternnet 默认的 trainFcn 是 'trainscg',标度共轭梯度算法。如图 6.6.6 所示
net=
    Neural Network
              name:'Pattern Recognition Neural Network'
          userdata:(your custom info)
    dimensions:
         numInputs:1
         numLayers:2
        numOutputs:1
    numInputDelays:0
    numLayerDelays:0
 numFeedbackDelays:0
 numWeightElements:10
        sampleTime:1
    connections:
       biasConnect:[1;1]
      inputConnect:[1;0]
      layerConnect:[0 0;1 0]
     outputConnect:[0 1]
    subobjects:
             input:Equivalent to inputs{1}
            output:Equivalent to outputs{2}
            inputs:{1x1 cell array of 1 input}
            layers:{2x1 cell array of 2 layers}
           outputs:{1x2 cell array of 1 output}
            biases:{2x1 cell array of 2 biases}
      inputWeights:{2x1 cell array of 1 weight}
      layerWeights:{2x2 cell array of 1 weight}
    functions:
```

```
            adaptFcn:'adaptwb'
        adaptParam:(none)
            derivFcn:'defaultderiv'
           divideFcn:'dividerand'
         divideParam:.trainRatio,.valRatio,.testRatio
          divideMode:'sample'
             initFcn:'initlay'
          performFcn:'crossentropy'
        performParam:.regularization,.normalization
            plotFcns:{'plotperform','plottrainstate','ploterrhist',
                      'plotconfusion','plotroc'}
          plotParams:{1x5 cell array of 5 params}
            trainFcn:'trainscg'
          trainParam:.showWindow,.showCommandLine,.show,.epochs,
                      .time,.goal,.min_grad,.max_fail,.sigma,
                      .lambda
    weight and bias values:
                  IW:{2x1 cell} containing 1 input weight matrix
                  LW:{2x2 cell} containing 1 layer weight matrix
                   b:{2x1 cell} containing 2 bias vectors
    methods:
               adapt:Learn while in continuous use
           configure:Configure inputs & outputs
              gensim:Generate Simulink model
                init:Initialize weights & biases
             perform:Calculate performance
                 sim:Evaluate network outputs given inputs
               train:Train network with examples
                view:View diagram
         unconfigure:Unconfigure inputs & outputs
    evaluate:       outputs=net(inputs)
>> net=train(net,x,t);                  %用已有数据训练网络
>> y=net(x);                            %利用训练后的网络计算新的分类
>> perf=perform(net,t,y)                %评估训练后的网络性能。patternnet 默
```

认的性能评估函数是交叉熵,即'crossentropy'

```
perf=
   0.015423                             %结果显示训练后的网络有较好的性能
>> classes=vec2ind(y);                  %将新的分类变量转换为实际的类别。可见
```

classes 与最初的分类基本一致。第 73、第 84 个样本分错了,本来是第二类,却分到了第三类

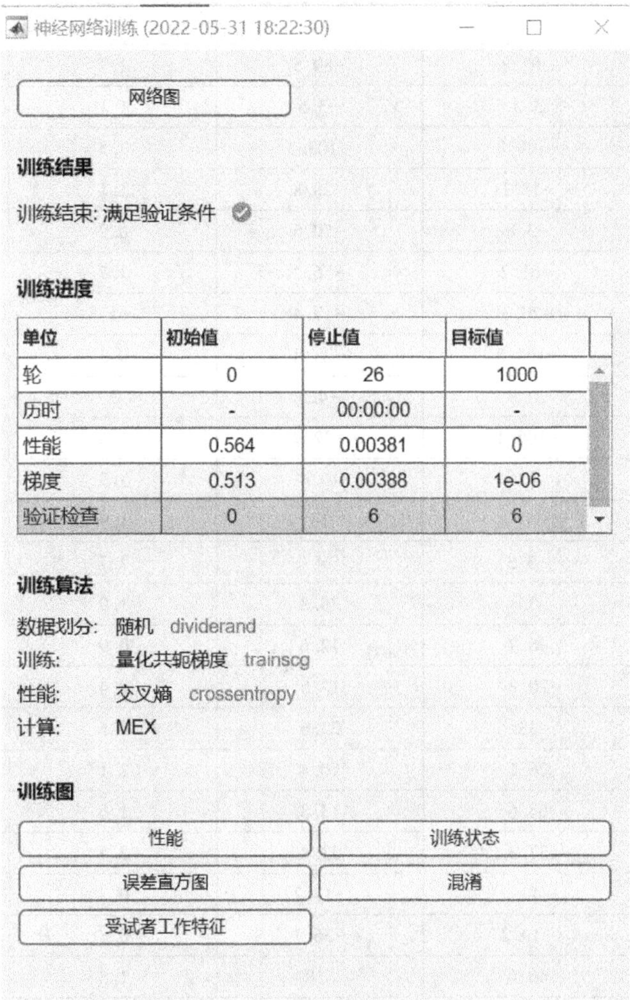

图 6.6.6　patternnet 模式识别神经网络训练图

思考练习题

1. 上网查询世界 500 强公司 2022 年的数据。用本章的 fitlm 建立营业收入与利润之间的线性回归模型。

2. 如下表所示①，x_1，x_2，x_3 是三个评估指标，y 是对应企业的评估结果。其中，0 表示企业存在较大风险，不予贷款；1 表示企业风险较小，可以发放贷款。要求：根据前 20 家企业的数据建立评估结果与三个评估指标之间的 logistic 回归模型，并据此预测后 5 家企业的评估值。

---

① 该例选自：卓金武，周英，《量化投资-数据挖掘技术与实践（MATLAB 版）》，中国工信出版集团，2015：150。

企业编号	x_1	x_2	x_3	y
1	-62. 8	-89. 5	1. 7	0
2	3. 3	-3. 5	1. 1	0
3	-120. 8	-103. 2	2. 5	0
4	-18. 1	-28. 8	1. 1	0
5	-3. 8	-50. 6	0. 9	0
6	-61. 2	-56. 2	1. 7	0
7	-20. 3	-17. 4	1	0
8	-194. 5	-25. 8	0. 5	0
9	20. 8	-4. 3	1	0
10	-106. 1	-22. 9	1. 5	0
11	43	16. 4	1. 3	1
12	47	16	1. 9	1
13	-3. 3	4	2. 7	1
14	35	20. 8	1. 9	1
15	46. 7	12. 6	0. 9	1
16	20. 8	12. 5	2. 4	1
17	33	23. 6	1. 5	1
18	26. 1	10. 4	2. 1	1
19	68. 6	13. 8	1. 6	1
20	37. 3	33. 4	3. 5	1
21	-49. 2	-17. 2	0. 3	?
22	-19. 2	-36. 7	0. 8	?
23	40. 6	5. 8	1. 8	?
24	34. 6	26. 4	1. 8	?
25	19. 9	26. 7	2. 3	?

3. 建立上题的朴素贝叶斯模型并做预测。比较 logistic 模型与朴素贝叶斯模型的预测结果。

4. 建立第 2 题的回归树模型并做预测。比较 logistic 模型与回归树模型的预测结果。

5. 建立第 2 题的支持向量机模型并做预测。比较 logistic 模型与支持向量机模型的预测结果。

6. 建立第 2 题的神经网络模型并做预测。比较 logistic 模型、朴素贝叶斯模型、回归树模型、支持向量机模型以及神经网络模型的预测结果。对于本练习中的这些模型，你有什么评价？

第七章

聚类分析

分类是在已知类别的情况下，预测一个样本属于哪个类别。聚类是在没有给定类别的情况下，根据数据的特性找出样本的分类。

分类需要使用有类别标记的样本数据建立分类模型，因此分类是一种有监督的学习。聚类无须使用带分类标记的数据，因此聚类是无监督的学习。

本章内容包括：基本概念；系统聚类法；K 均值聚类法。

第一节 基本概念

聚类是根据一组无标记的数据，试图发现这些数据中哪些更具相似性，从而可以分到一类中，哪些离得比较远而不属于一个类别。类别划分的原则是类中的样本相似性最大，而不同类中的样本相似性最小。

一般来讲，样本相似性可以用各种距离来刻画。如：著名的欧几里得距离就是刻画样本距离的最常用的方法。距离小，则相似性大；距离大，则相似性小。

常用的聚类方法有：层次聚类法、划分聚类法、密度聚类法、网格聚类法以及模型聚类法等。本书主要讨论系统聚类法和 K 均值聚类法。

第二节 系统聚类法

聚类分析是一种将客体进行分类的方法，其目标是使分在同一组的客体具有相似的特性，而分在不同组的客体具有不同的特性。

聚类分析的方法很多，MATLAB 主要提供了两种聚类方法：系统聚类法和 K 均值聚类法。系统聚类属于一种层次聚类法，也称为多层次聚类；K 均值聚类属于一种划分聚类法，由于运算速度快，也称为快速聚类法。

本节先讨论系统聚类法。

系统聚类法通过建立所谓的聚类树来实现数据的归类。聚类树建立的第一步是将所有样本各自算作一类，然后根据某种距离的定义将最接近的算作一类，再将这个类与其他类放在一块，将最接近的算作一类，依此类推，直到将所有的样本放到一个类为止。

在聚类分析中，类与类之间的接近程度用距离来表示。距离的定义有很多，其中最常用的是欧氏距离。

为了一步一步地引导大家用一种近乎交互式的方式得到所需要的聚类，MATLAB 提供了三个函数：pdist，linkage 和 cluster。依次使用这三个函数，就可以在用户干预的情况下完成聚类。

一、找出各个客体的相似性

用于聚类的数据结构为：

$$X=\begin{pmatrix} x_{11} & x_{12} & \cdots & x_{1p} \\ x_{21} & x_{22} & \cdots & x_{2p} \\ \vdots & \vdots & & \vdots \\ x_{n1} & x_{n2} & \cdots & x_{np} \end{pmatrix}$$

其中：x_{ij} 是第 i 个样本的第 j 个指标的观察值。因此，共有 p 个指标（变量），n 个样本值或者 n 个客体。

我们的任务就是要找出 n 个客体属于几个不同的类别。

首先，在这一步我们将用函数 pdist 来计算数据集中每两个客体或者说每一对客体之间的距离。n 个客体将组成 $n\times(n+1)/2$ 对客体。

调用 pdist 的最简单形式为：

Y＝PDIST（X）

其中：X 就是上面所说的 n×p 的数据矩阵，n 代表客体的数目，p 是变量的个数。一般情况下，为了避免单位不一致的问题，通常将 X 标准化。

Y 是函数返回的每对客体的距离向量，其维数为 n×（n+1）/2。

在默认情况下，pdist 计算的是欧氏距离。但也可以通过可选参数项定义其他的距离。

以下用例 7.2.1 说明聚类分析函数的应用。

【例 7.2.1】表 7.2.1 给出的是 1998 年反映 14 个国家生活质量的 4 个指标，即婴儿出生时的预期寿命、婴儿存活率、成人识字率和人均 GDP。

表 7.2.1　各国生活质量统计表

国家	预期寿命	婴儿存活率	成人识字率	人均 GDP
中国	69	967.7	79.4	668.3
墨西哥	72	967.0	81.2	3 355.8
土耳其	67	952	69.4	2 119.5

续表

国家	预期寿命	婴儿存活率	成人识字率	人均 GDP
菲律宾	66	996.1	93.3	1 162.1
韩国	72	990	89	10 143.9
泰国	69	996.1	89.3	3 036.2
美国	77	992	99.4	28 646.5
日本	80	996	99.7	34 298.8
加拿大	78	994	99	19 985.3
澳大利亚	77	994	99.1	21 678.9
阿根廷	73	997.8	94.3	8 444.1
罗马尼亚	70	997.7	94.6	545.8
巴西	67	995.6	81.3	4 585.7
匈牙利	70	989	98.7	3 309.4

以下针对此数据做聚类分析，看一下这14个国家中哪些国家生活质量类似。数据已经输入 MATLAB。在命令窗口继续操作如下：

```
>> x=data761          %这是原数据
x=
        69     967.7       79.4     668.3
        72       967       81.2    3355.8
        67       952       69.4    2119.5
        66     996.1       93.3    1162.1
        72       990         89     10144
        69     996.1       89.3    3036.2
        77       992       99.4     28647
        80       996       99.7     34299
        78       994         99     19985
        77       994       99.1     21679
        73     997.8       94.3    8444.1
        70     997.7       94.6     545.8
        67     995.6       81.3    4585.7
        70       989       98.7    3309.4
>> X=zscore(x)          %标准化以后的数据
X=
   -0.65119     -1.3786    -1.1806    -0.83838
   0.015883     -1.4273   -0.98999    -0.60053
    -1.0959     -2.4717    -2.2394    -0.70995
```

```
    -1.3183      0.59878      0.29117     -0.79468
   0.015883      0.17406     -0.16412   0.00021366
   -0.65119      0.59878     -0.13235     -0.62882
     1.1277      0.31331      0.93705       1.6377
     1.7947      0.59181      0.96881       2.1379
       1.35      0.45256       0.8947      0.87115
     1.1277      0.45256      0.90528       1.0211
    0.23824      0.71714      0.39705     -0.15022
   -0.42883      0.71018      0.42882     -0.84922
    -1.0959      0.56396      -0.9794     -0.49169
   -0.42883      0.10444      0.86293     -0.60464
>> y=pdist(X);          %用 pdist 求每对国家间的距离
>> y(:,1:3)             %为节省篇幅仅显示前 3 个数
ans=
    0.73502      1.5907      2.554
```

由于客体数是 14，因此，需计算 14×（14-1）/2=91 对儿组合的距离。因此 y 的维数为 1×91。此外，第一个距离即 0.73502 是中国与墨西哥的距离，第二个即 1.5907 是中国与土耳其的距离，依此类推。

为了让大家看清 pdist 产生的距离向量的含义，MATLAB 提供了另一个函数 squareform。该函数可将距离向量转化为一个矩阵，使得该矩阵的第（i，j）个元素对应于原数据中第 i 个客体和第 j 个客体的距离。例如，(1，1) 表示第一个客体与它本身的距离，应为 0；元素(1，2) 应为第一个客体和第二个客体的距离，依此类推。

```
>> Y=squareform(y);
>> Y(1:3,1:3)          %为节省篇幅仅显示前 3 行前 3 列
ans=
          0      0.73502       1.5907
    0.73502            0       1.9748
     1.5907       1.9748            0
```

二、定义每个客体之间的联系

每个客体之间的距离求到以后，就可以用函数 linkage 来确定原数据集中哪两个客体可以归于一类。linkage 函数以 pdist 函数产生的距离信息作为输入，将距离上接近的两个客体放到一个类中。然后，再将新产生的这些类按照某种距离继续归类，直到原数据集中的所有客体都被联系到一起从而组成一个所谓的聚类树。

LINKAGE 的语法结构为：

Z=LINKAGE（Y，METHOD）

其中：Y 是由 pdist 产生的距离矩阵或者与 pdist 输出格式相同的任何差别矩阵；METHOD 是选项，规定了两个类之间距离的计算方法。已有的方法包括：

'single'	最短距离法（默认）
'complete'	最长距离法
'average'	不加权算术平均对群法或类平均法（UPGMA）
'weighted'	加权算术平均对群法（WPGMA）
'centroid'	不加权对数中位数法（UPGMC）（*）
'median'	加权对数中位数法（WPGMC）（*）
'ward'	离差平方和法（*）

注意：带（*）的方法只有当 Y 的计算采用欧氏距离时才有意义。

输出 Z 是（n−1）×3 的矩阵，n 是样本数。Z 的前两列包含了组成聚类树的每两个客体以及每两个大类相连的信息，第三列是对应的距离信息。

类的下标（即当前组成的是第几个类）的计算采用如下方法：首先原数据的每一个客体构成一个单独的类（第一步），这些类从 1 到 n 标注。接着，如果某两个客体组成一个大类，那么它标注为 n+1（Z 的第一行），第二个标注为 n+2（第二行），依此类推。一般来讲，Z 的第 i 行，对应于 Z（i，:）是一个新组成的类，标注为 n+i。Z（i，1：2）分别是组成新类的两个成分的下标。当然，Z（i，3）是这两个成分之间的距离。例如：由 5 个客体组成的数据，用 pdist 将产生 10 对儿距离。继续再用 linkage 构成聚类树，Z 矩阵中共有 5−1＝4 行数据，第一行生成的类具有下标 6，第二行的有下标 7，第三行的有下标 8，最后的有下标 9。

用 linkage 继续求解上面的例子，得到：

```
>> z=linkage(y)
z=
          9          10       0.26837
          7          15       0.63296
          6          12       0.65218
          1           2       0.73502
         14          17       0.78434
          4          19       0.80738
          5          11       0.82578
          8          16       0.87965
         20          21       0.96677
         13          23        0.9671
         22          24        1.5784
          3          18        1.5907
         25          26        1.8993
```

由此结果可知：第一步，9 和 10 构成一个类，该类具有下标 15；第二步，7 和 15

即刚形成的类合为一个类，下标为16，依此类推。事实上，大家可根据此信息，结合第三列的距离，在纸上自己画出聚类树。

幸运的是，MATLAB已经准备好了另一个函数dendrogram。将linkage得到的输出代入此函数即可画出聚类树，见图7.2.1。

```
>> dendrogram(z)
```

图7.2.1中，x轴上的数表示原数据中客体的序数，Y轴上的数表示客体之间的距离。客体之间的联系用一个倒“U”形线表示，“U”形线的高度代表了距离的大小。

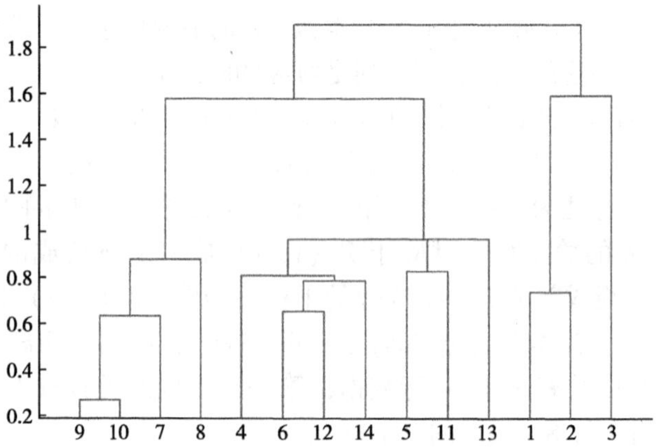

图7.2.1 各国生活质量聚类图

三、确定最后的类别

在用函数linkage得到聚类树以后，我们的聚类分析基本上说大功告成了。接下来，就可以用cluster函数最终确定分多少类，每个类中包含哪些客体。

例如，在我们的例子中，从聚类树大体可以看出，应该分3个类或者4个类，然后，在函数cluster中指定类别数为3或者4，得到：

```
>> t=cluster(z,'maxclust',3)
t=
    2
    2
    1
    3
    3
    3
    3
```

```
    3
    3
    3
    3
    3
    3
    3
>> t=cluster(z,'maxclust',4)
t=
    4
    4
    3
    2
    2
    2
    1
    1
    1
    1
    2
    2
    2
    2
```

从实际情况看，三个类的分法不大合适，因为，土耳其单独一类，中国和墨西哥一类，其余国家一类。四个类的分法就比较合理：

第Ⅰ类：美国、日本、加拿大、澳大利亚；

第Ⅱ类：菲律宾、韩国、泰国、阿根廷、罗马尼亚、巴西、匈牙利；

第Ⅲ类：土耳其；

第Ⅳ类：中国、墨西哥。

这样的分法符合通常的理解，第Ⅰ类是第一世界国家，生活质量高；第Ⅱ类是第二世界国家，生活质量次之；其余的是第三世界国家。

第三节　K 均值聚类法

K 均值聚类法是划分聚类的一种。它的基本思想是：要将一个具有 n 个客体的数据集分成满足下列条件的 K 个组，每一个组就是一个类。

- 每一个分组至少包含一个客体，即所有分组都不为空；

- 每一个客体属于且仅属于一个分组，即所有分组两两不相交。

一、K 均值聚类法的原理和步骤

首先从数据集中随机选取 K 个点，这 K 个点第一次就代表每一个类的中心点（均值）。然后对每个客体，分别计算它到这 K 个类的距离，将其归于距离最短的类。再然后，重新计算每一个类的均值。

这个过程重复进行，直到满足下面的终止条件之一为止：

- 没有客体的分类结果发生变化；
- 每一个类的均值不再发生变化；
- 误差平方和局部最小。

二、MATLAB 实现

MATLAB 提供了用于 K 均值聚类的专门函数 kmeans。它的语法结构为：

idx=kmeans（X，k）

idx=kmeans（X，k，Name，Value）

[idx，C] =kmeans（________）

[idx，C，sumd] =kmeans（________）

[idx，C，sumd，D] =kmeans（________）

输入 X 为 n 行 p 列矩阵，n 是样本或者客体数，p 是属性数。K 是指定的聚类个数。

Name，Value 是属性名和属性值对儿，用来规定聚类算法的参数。

输出 idx 是 n 行 1 列的向量，其元素是每一个客体对应的类别标号。

C 是 k 行 p 列的矩阵，表示每一个类的中心位置。

sumd 是 k 行 1 列的向量，表示类内各点到中心的距离和。

D 是 n 行 k 列矩阵，表示每一个客体到每一个类的距离。

以下用实例说明 K 均值聚类法。

【例 7.3.1】 用 K 均值聚类法重新计算例 7.2.1。

```
>> x=                                        %这是例 7.2.1 的原数据,无须标准化
          69         967.7          79.4         668.3
          72           967          81.2        3355.8
          67           952          69.4        2119.5
          66         996.1          93.3        1162.1
          72           990            89         10144
          69         996.1          89.3        3036.2
          77           992          99.4         28647
          80           996          99.7         34299
          78           994            99         19985
```

```
        77          994         99.1       21679
        73        997.8         94.3      8444.1
        70        997.7         94.6       545.8
        67        995.6         81.3      4585.7
        70          989         98.7      3309.4
>> [idx,C,sumd,D]=kmeans(x,3)            %假设分成3个类
idx=
     1
     1
     1
     1
     3
     1
     2
     2
     2
     2
     3
     1
     1
     1
C=
       68.75       982.65         85.9      2347.9
          78          994         99.3       26153

        72.5        993.9        91.65        9294

sumd=
  1.4952e+07
  1.3064e+08
  1.4449e+06
D=
  2.8212e+06  6.4945e+08  7.4404e+07
  1.0162e+06  5.1969e+08  3.5264e+07
       53358  5.7759e+08  5.1476e+07
  1.4062e+06  6.2452e+08  6.6129e+07
   6.078e+07  2.5627e+08  7.2244e+05
  4.7402e+05  5.3436e+08  3.9161e+07
  6.9165e+08  6.2225e+06  3.7454e+08
  1.0209e+09  6.6365e+07  6.2525e+08
  3.1107e+08  3.8038e+07   1.143e+08
```

```
3.7369e+08   2.0012e+07   1.5339e+08
3.7165e+07   3.1359e+08   7.2244e+05
3.2477e+06    6.557e+08   7.6532e+07
5.0082e+06   4.6513e+08   2.2169e+07
9.2478e+05   5.2181e+08   3.5816e+07
```

从 idx 的输出结果可以看出：

第Ⅰ类：中国、墨西哥、土耳其、菲律宾、泰国、罗马尼亚、巴西、匈牙利；

第Ⅱ类：美国、日本、加拿大、澳大利亚；

第Ⅲ类：韩国、阿根廷。

```
>> idx=kmeans(x,4)        %如果分成 4 个类
idx=
    1
    1
    1
    1
    3
    1
    2
    2
    4
    4
    3
    1
    1
    1
```

则结果为：

第Ⅰ类：中国、墨西哥、土耳其、菲律宾、泰国、罗马尼亚、巴西、匈牙利；

第Ⅱ类：美国、日本；

第Ⅲ类：韩国、阿根廷；

第Ⅳ类：加拿大、澳大利亚。

Kmeans 使用的距离是平方欧氏距离。如果要改变这一默认选项，可以用'distance'参数，设定不同的参数值。可选项包括：'sqEuclidean'（默认）、'Cosine'、'correlation'、'hamming'等。

思考练习题

1. 用 MATLAB 自带数据 BondData 对债券进行聚类。

2. 各地区 2010 年消费性支出如下表所示：

地区	食品	衣着	居住	家庭设备用品及服务	医疗保健	交通和通信	教育文化娱乐服务	其他商品和服务
北京	6 392.90	2 087.91	1 577.35	1 377.77	1 327.22	3 420.91	2 901.93	848.49
天津	5 940.44	1 567.58	1 615.57	1 119.93	1 275.64	2 454.38	1 899.50	688.73
河北	3 335.23	1 225.94	1 344.47	693.56	923.83	1 398.35	1 001.01	395.93
山西	3 052.57	1 205.89	1 245.00	612.59	774.89	1 340.90	1 229.68	331.14
内蒙古	4 211.48	2 203.59	1 384.45	948.87	1 126.03	1 768.65	1 641.17	710.37
江宁	4 658.00	1 586.81	1 314.79	785.67	1 079.81	1 773.26	1 495.90	585.78
吉林	3 767.85	1 570.68	1 344.41	710.28	1 171.25	1 363.91	1 244.56	508.09
黑龙江	3 784.72	1 608.37	1 128.14	618.76	948.44	1 191.31	1 001.48	402.69
上海	7 776.98	1 794.06	2 166.22	1 800.19	1.005.54	4 076.46	3 363.25	1 217.70
江苏	5 243.14	1 465.54	1 234.05	1 026.32	805.73	1 935.07	2 133.25	514.41
浙江	6 118.46	1 802.20	1 418.00	916.16	1 033.70	3 437.15	2 586.00	546.36
安徽	4 369.63	1 225.56	1 229.64	678.75	737.05	1 356.57	1 479.75	435.62
福建	5 790.72	1 281.25	1 606.27	972.24	617.36	2 196.88	1 786.00	499.30
江西	4 195.38	1 138.84	1 109.82	854.60	524.22	1 270.28	1 179.89	345.66
山东	4 205.88	1 745.20	1 408.64	915.00	885.70	2 140.42	1 401.77	415.55
河南	3 575.75	1 444.63	1.080.10	866.72	941.32	1 374.76	1 137.16	418.04
湖北	4 429.30	1 415.68	1 187.54	867.33	709.58	1 205.48	1 263.16	372.90
湖南	4 322.00	1 277.47	1 182.33	903.81	776.85	1 541.40	1 418.85	402.52
广东	6 746.62	1 230.72	1 925.21	1 208.03	929.50	3 419.74	2 375.96	653.76
广西	4 372.75	926.42	1 166.85	853.59	625.45	1 973.04	1 243.71	328.27
海南	4 895.96	636.14	1 103.76	616.33	579.80	1 805.11	1 004.62	284.9
重庆	5 012.56	1 697.55	1 275.96	1 072.38	1 021.48	1 384.28	1 408.02	462.79
四川	4 779.60	1 259.49	1 126.65	876.34	661.03	1 674.14	1 224.73	503.11
贵州	4 013.67	1 102.41	890.75	673.33	546.84	1 270.49	1 254.56	306.24
云南	4 593.49	1 158.82	835.45	509.41	637.89	2 039.67	1 014.40	284.95
西藏	4 847.58	1 158.60	726.59	376.43	385.63	1 230.94	477.95	481.82
陕西	4 381.40	1 428.20	1 126.92	723.73	935.38	1 194.77	1 595.80	435.67
甘肃	3 702.18	1 255.69	910.34	597.72	828.57	1 076.63	1 136.70	387.53
青海	3 784.8	1 185.56	923.52	644.01	718.78	1 116.56	908.07	332.49
宁夏	3 768.09	1 417.47	1 181.71	716.22	890.05	1 574.57	1 286.2	500.12
新疆	3 694.81	1 513.42	898.38	669.87	708.16	1 255.87	1 012.3	444.0

先利用主成分分析给各地区的消费进行排名，然后利用K均值聚类法对各地区进行分类；最后对比主成分排名结果与聚类分析结果是否一致并分析其原因。

3. 在国泰安数据库中查询某行业近三年全部上市公司的10个指标值。据此分析该行业的公司是否存在一定的类别划分。

4. 在上题中换一个行业下载同样的数据做同样的分析，结论有何不同？

5. 在上题中如果加大数据量，比如说选取20个指标值或者选近五年的数据，你的分析会发生什么变化？你认为数据越多越好吗？

6. 上网查询，聚类分析还有什么方法？

第八章

离群点分析

离群点分析是数据挖掘领域中的一项重要技术。

离群点是数据集中行为异常或者严重偏离正常值的数据对象。离群点也称为异常值、孤立值等。在数据探索和数据预处理阶段，离群点经常被作为垃圾数据或者噪声而简单丢弃。但有时离群点却包含大量有用信息。在这种情况下，离群点的进一步分析可能会带来很多有用的结果。

本章就来讨论离群点的诊断、识别以及应用。

本章内容包括：基本概念；离群点诊断；离群点诊断的 MATLAB 方法；离群点的 winsorize 缩尾处理。

第一节　基本概念

离群点（outlier）是数据集中远离数值一般水平的极端值。离群点也称为异常值、奇异值、孤立点或者野值等。

离群点产生的原因可能有如下两点：

（1）数据采样误差。数据采样误差指的是数据收集仪器的偏差、人工录入的错误或者是计算错误等。

（2）数据本身的偏误。由于各种偶然因素的影响，导致数据偏离正常水平。例如，由于经济危机或者贸易摩擦等因素的影响，导致企业的利润出现大幅下滑，甚至大幅亏损。

离群点的存在对于数据分析可能会产生较大影响。例如，离群点可能导致模型的拟合程度降低。因此，离群点经常被看作是“垃圾”数据而被丢弃。但是，离群点也可能不是“垃圾”而包含许多很有用的信息。因此，离群点分析就是要通过一定的方法去挖掘离群点中所包含的有用信息。

近年来离群点分析的应用越来越广泛。例如：基于离群点分析可以发现不寻常的网络入侵；基于离群点分析可以检测客户的异常行为；离群点分析也可以应用于信息卡欺诈检测；将离群点分析应用于计算机审计可以发现企业的某些舞弊行为等。

第二节　离群点诊断

离群点诊断的方法有许多，但最基本的方法是基于统计的方法。

前面第三章数据探索中谈到的离群点检测的 3σ 法就是一种基于统计的方法。

如果数据服从正态分布，在 3σ 原则下，异常值被定义为一组测定值中与平均值的偏差超过三倍标准差的值。在正态分布的假设下，距离平均值 3σ 之外的值出现的概率为 0.0027，属于极个别的小概率事件。既然出现，那么就可以判定为是异常值。

统计中的 Grubbs 检验就是根据 3σ 原则而设计的。根据一个给定的临界值，可以取 1、2 或者 3，甚至是某一个小数，通过一次次迭代，最终可以找出所有满足条件的离群点。

类似的，可以使用广义极端 Student 化偏差检验，也称为 gesd 检验，检测离群值。

另外，还有数据探索中提到的箱线图 Boxplot，也可以检测出离群点。对高于上四分位数或低于下四分位数超过 1.5 倍的四分位差的元素被界定为离群点。因此，此方法被称为四分位法。当数据集中的数据不是正态分布时，此方法很有用。

MATLAB 中默认的离群点检测方法是基于中位数的方法。将偏离中位数超过三倍"换算 MAD"的元素判定为离群点。"换算 MAD"定义为：

c * median（abs（A-median（A）））

其中，c=-1/（sqrt（2）* erfcinv（3/2）），是一个常数，近似为 1.4826；A 是一个数据向量或者矩阵。

除了基于统计的方法以外，还有基于距离的离群点诊断、基于密度的离群点诊断、基于聚类的离群点诊断以及基于关联规则的离群点诊断、基于粗糙集的离群点诊断、基于人工神经网络的离群点诊断等方法。在 2019a 以前的版本中，MATLAB 没有提供这些方法的标准函数，因此本书不再详细介绍这些方法。

第三节　离群点诊断的 MATLAB 方法

一、离群点的诊断

MATLAB 用函数 isoutlier 诊断离群点。此函数在 MATLAB2017a 中推出，因此在 2017a 以前的版本中找不到此函数。

此函数的语法结构为：

TF=isoutlier（A）

TF=isoutlier（A，method）

TF=isoutlier（A，movmethod，window）

TF = isoutlier（________，dim）

TF = isoutlier（________，Name，Value）

[TF，L，U，C] = isoutlier（________）

输入 A 是矩阵或者表格数据，也可以是多维数组。

'method' 选项可以选择离群点诊断的方法。可选的方法有如下几种：

'median'——MATLAB 默认的中位数法；

'mean'——3σ 法；

'quartiles'——四分位法；

'grubbs'——grubbs 检验；

'gesd'——广义极端 Student 化偏差检验。

'movmethod' 和 'window' 选项可以对数据集的一个部分（窗口）进行离群点检测。

'dim' 用于规定离群点检测的方向，默认为 1，表示按列检测；若取 2，表示按行检测。

Name，value 是属性名，属性值对儿，其用法见下面的例子：

输出 TF 是一个与 A 同维的逻辑数组，当在 A 的元素中检测到离群值时，该数组中与之对应的元素为 true 或者 1，否则为 0。默认情况下，离群值是指与中位数相差超过三倍经过换算的中位数绝对偏差（MAD）的值。如果 A 是矩阵或表，则 isoutlier 分别对每一列进行运算。如果 A 是多维数组，则 isoutlier 沿大小不等于 1 的第一个维度进行运算。

输出 L 是离群点判断的下限；

输出 U 是离群点判断的上限；

输出 C 是离群点判断的中心（均值）。

```
>> A=[57 59 60 100 59 58 57 58 300 61 62 60 62 58 57];        %输入向量 A
>> TF=isoutlier(A)          %用默认的中位数法检测 A 中的离群点
TF=
  1×15 logical 数组
   0   0   0   1   0   0   0   0   1   0   0   0   0   0   0
从输出 TF 可以看出,第 4 个数据,即 100,和第 9 个数据,即 300,是离群点。
>> TF=isoutlier(A,'mean')          %再用 3σ 法检测 A 中的离群点
TF=
  1×15 logical 数组
   0   0   0   0   0   0   0   0   1   0   0   0   0   0   0
```

从输出 TF 可以看出，第 9 个数据，即 300 是离群点。

【例 8.3.1】 假设以下数据是某校某班同学的身高数据。我们用 MATLAB 检测一下该班同学的身高是否都在正常水平，有无极高或者极低的情况。

```
>> x=1:23;                              %定义 x 坐标,为了作图使用
>> H=[0.9 1.2 1.4 1.3 0.78 0.99 0.85 1.12 1.35 1.4 1.56 0.65 0.97 1.23 1.87 1.32 1.15 0.91 0.78 0.89 0.68 1.24 0.76];  %这是某班同学身高数据
>> [TF,L,U,C]=isoutlier(H)          %用默认的中位数法检测离群点
TF=
  1×23 logical 数组
   0   0   0   0   0   0   0   0   0   0   0   0   0   0   0   0   0   0   0
 0   0   0                     %从 TF 数组可知,本例无离群点
L=
    0.097004
U=
         2.143
C=
          1.12
>> H(19)=2.5;                           %将第 19 个数改为 2.5
>>   [TF,L,U,C]=isoutlier(H)          %再去检测离群点
TF=
  1×23 logical 数组
   0   0   0   0   0   0   0   0   0   0   0   0   0   0   0   0   0   0   1   0
 0   0   0                           %可见第 19 个数为离群点
L=
    0.038048
U=
         2.262
C=
          1.15
>> plot(x,H,x(TF),H(TF),'x',x,L* ones(1,23),x,U* ones(1,23),x,C* ones(1,23))
>> legend('Original Data','Outlier','Lower Threshold','Upper Threshold','Center Value')      %做出原数据、离群点、下限、上限、中心点的图形,如图 8.3.1 所示。
```

二、离群点的删除和修复

离群点的删除用函数 rmoutlier 来实现。

rmoutlier 的语法结构为:

B=rmoutliers（A）

B=rmoutliers（A，method）

B=rmoutliers（A，movmethod，window）

B=rmoutliers（________，dim）

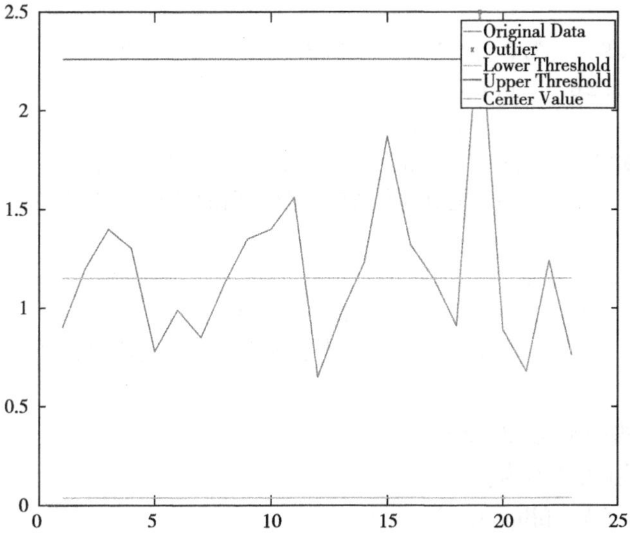

图 8.3.1　离群点作图

B = rmoutliers（________，Name，Value）

[B，TF] = rmoutliers（________）

其中：输入与 isoutlier 函数基本相同。

输出 B 是删除离群点之后的向量或矩阵。TF 是与 A 中被删除的行或列对应的逻辑向量。

```
>> A=[57 59 60 100 59 58 57 58 300 61 62 60 62 58 57];
>> [B,TF]=rmoutliers(A)
B=
    57  59  60  59  58  57  58  61  62  60  62  58
57                    %原来 A 中 15 个数据,删除两个离群点之后还剩 13 个数据
TF=
  1×15 logical 数组
   0  0  0  1  0  0  0  0  1  0  0  0  0  0  0
%TF 中第 4 个和第 9 个数是逻辑值 1,说明原数据中第 4 和第 9 个值是离群点
```

使用例 8.3.1 中的数据。

```
>> H=[0.9 1.2 1.4 1.3 0.78 0.99 0.85 1.12 1.35 1.4 1.56 0.65 0.97 1.23 1.87
1.32 1.15 0.91 0.78 0.89 0.68 1.24 0.76];      %这是某班同学身高数据
>> H(19)=2.5;                         %将第 19 个数改为 2.5
>> [B1,TF1]=rmoutliers(H)
B1=
```

```
列 1 至 12
          0.9    1.2    1.4    1.3    0.78    0.99    0.85    1.12
1.35   1.4   1.56   0.65
列 13 至 22
         0.97    1.23    1.87    1.32    1.15    0.91    0.89    0.68
 1.24   0.76         %B1 是删除第 19 个数以后的结果,共包含 22 个数
TF1 =
  1×23 logical 数组
   0  0  0  0  0  0  0  0  0  0  0  0  0  0  0  0  0  0  1  0
 0  0  0            %TF 中第 19 个数是逻辑值 1,表示删除的是第 19 个值
```

修复离群点的函数是 filloutliers。

filloutliers 的语法结构为：

B=filloutliers（A，fillmethod）

B=filloutliers（A，fillmethod，findmethod）

B=filloutliers（A，fillmethod，movmethod，window）

B=filloutliers（________，dim）

B=filloutliers（________，Name，Value）

[B，TF，L，U，C] =filloutliers（________）

其中：A 为向量或者矩阵。fillmethod 规定了替换离群点的方法，有如下选项：

'center'——使用由 findmethod 决定的中心值进行填充。

'clip'——对于比 findmethod 决定的下阈值还小的元素，用下阈值填充。对于比 findmethod 决定的上阈值还大的元素，用上阈值填充。

'previous'——使用上一个非离群值进行填充。

'next'——使用下一个非离群值进行填充。

'nearest'——使用最接近的非离群值进行。

'linear'——使用相邻的非离群值的线性插值进行填充。

'spline'——使用分段三次样条插值进行填充。

'pchip'——使用保形分段三次样条插值进行填充。

findmethod 规定了检测离群点的方法，与 isoulier 所用的方法相同。

还用刚才的例子。

```
>> A=[57 59 60 100 59 58 57 58 300 61 62 60 62 58 57];
>> B=filloutliers(A,'nearest','mean');
>> plot(1:15,A,1:15,B,'o')
>> legend('Original Data','Interpolated Data')
```

得到如图 8.3.2 所示的离群点修复图。

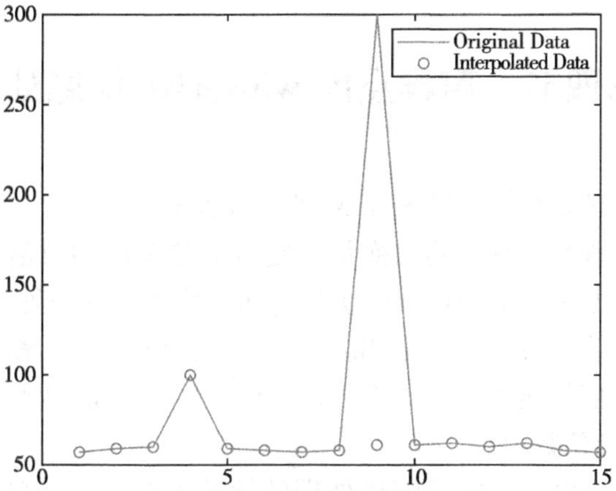

图 8.3.2　离群点修复图

再用例 8.3.1 的例子。

```
>> H=[0.9 1.2 1.4 1.3 0.780.99 0.85 1.12 1.35 1.4 1.56 0.65 0.97 1.23 1.87
1.32 1.15 0.91 0.78 0.89 0.68 1.24 0.76];          %这是某班同学身高数据
>> H(19)=2.5;                              %将第 19 个数改为 2.5
>> x=1:23;                            %定义 x 坐标,为了作图使用
>> [B,TF,lower,upper,center]=filloutliers(H,'clip');        %用上下阈
值替换离群点的值
>> plot(x,H,x,B,'o',x,lower* ones(1,23),x,upper* ones(1,23),x,center*
ones(1,23))          %做出上下阈值离群点修复图
>> legend('Original Data','Filled Data','Lower Threshold','Upper
Threshold','Center Value')
```

得到如图 8.3.3 所示的上下阈值离群点修复图。

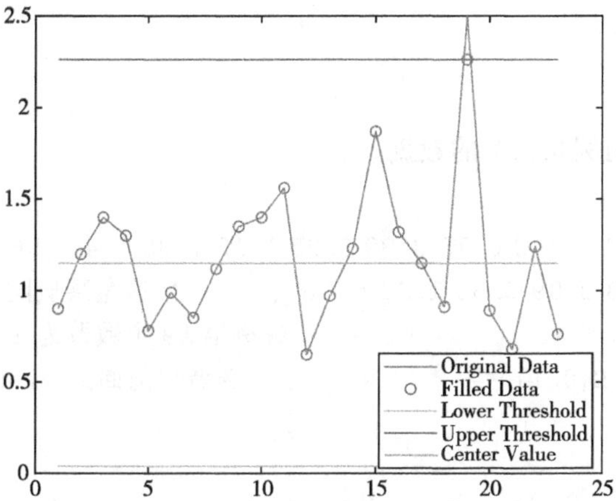

图 8.3.3　上下阈值离群点修复图

第四节　离群点的 winsorize 缩尾处理

Winsorize 缩尾处理是统计软件 Stata 中的一种方法。

Winsorize 缩尾处理是一种将超出变量特定百分位范围的数值替换为其特定百分位数值的方法。所以该方法是基于百分位诊断（四分位法）的一种方法。

例如：将变量 H 在第 2.5 百分位和第 97.5 百分位进行缩尾。即，将 H 变量中小于其 2.5 百分位的数值替换为其 2.5 百分位数值；将 H 变量中大于其 97.5 百分位的数值替换为其 97.5 百分位数值。

MATLAB 中没有可以直接完成缩尾处理的标准函数。本书编写了完成缩尾处理的函数 winsorize，供大家参考。

```
function B=winsorize (A,alpha)
%winsorize 缩尾处理
%输入 A 是要进行缩尾处理的数据向量;
%alpha 是要进行缩尾的百分位数值;
%输出 B 是经过缩尾以后的结果向量。
n=length(A);
a=quantile(A,[alpha 1-alpha]);
for i=1:n;
    B(i)=A(i);
    if A(i)<a(1);
       B(i)=a(1);
    end
    if A(i)>a(2);
       B(i)=a(2);
    end
end
```

【例 8.4.1】 沿用例 8.3.1 的数据。

```
>> H=[0.9 1.2 1.4 1.3 0.78 0.99 0.85 1.12 1.35 1.4 1.56 0.65 0.97 1.23 1.87
1.32 1.15 0.91 0.78 0.89 0.68 1.24 0.76];          %这是某班同学身高数据
>> H(19)=2.5;                             %将第 19 个数改为 2.5
>> winsorize (H,0.1)                         %调用前面的 winsorize 函数
ans=
列 1 至 12
         0.9        1.2        1.4        1.3        0.78
```

```
0.99          0.85          1.12          1.35          1.4     1.56
0.744
   列 13 至 23
              0.97          1.23          1.622          1.32          1.15
0.91          1.622          0.89          0.744          1.24          0.76
```

可见，第19个数已经变成了1.622了。

用下面的命令可以检验1.622是身高数据的90%分位数。

```
>> prctile(H, 10)            %求10%分位数
ans =
         0.744
>> prctile(H, 90)            %求90%分位数
ans =
         1.622
```

也可以用quatile命令：

```
>> a = quantile(H,[0.1 0.9])
a =
         0.744          1.622
>> H(5) = 0.5;                        %再将第5个数改成0.5
>> winsorize (H,0.1)                  %调用winsorize进行10%缩尾处理
ans =
   列 1 至 12
              0.9          1.2          1.4          1.3          0.674
0.99          0.85          1.12          1.35          1.4          1.56
0.674
   列 13 至 23
              0.97          1.23          1.622          1.32          1.15
0.91          1.622          0.89          0.68          1.24          0.76
```

可见第5个数变成了0.674，第19个数变成了1.622。而这两个数分别是10%分位数和90%分位数。

```
>> a = quantile(H,[0.1 0.9])
a =
         0.674          1.622
```

思考练习题

1. 对例8.3.1的数据，用各种可选方法进行离群点的检测。

2. 下列矩阵 B 中第一列是某行业所在公司的年销售额，第二列是对应公司的年订单数。

B =

30000	341
80000	251
150000	255
30000	162
80000	189
150000	381
30000	307
80000	136
150000	274
80000	266
80000	178
150000	130
80000	265
100000	283
300000	427
80000	149
100000	147
300000	271
100000	280
100000	64
300000	247
80000	318
150000	314
300000	75
80000	308
150000	248
300000	379
80000	136
150000	253
300000	257
80000	355
150000	145
300000	243
80000	217

150000	366
300000	91
80000	156
150000	219
300000	283
80000	114
150000	152
300000	278
80000	436
150000	250
300000	144
80000	393
150000	336
300000	84
80000	296
150000	274

画出 B 的箱线图，并据此判断在 B 数据中有无离群点？

3. 将上题第 12 行数据改为

1500000　　　　1300

然后用 MATLAB 的标准函数判断 B 矩阵中有无离群点？再用 MATLAB 标准函数采用相邻的非离群值的线性插值修补离群点。对修补结果是否满意？如不满意，可用其他方法重新修补。

4. 在国泰安数据库中下载上交所制造行业所有上市公司近三年的任意 3 个偿债能力指标。先用 MATLAB 标准函数或者其它自编程序消除缺失值，然后用本节方法判断数据中是否包括离群点？

5. 离群点分析还有什么方法？可上网查询。

第九章

时间序列挖掘建模

很多数据表现出时间序列的特征，即随着时间的变化而数据发生变化。时间序列可能表现出一定的随机性，也可能包含着某种变化规律。时间序列分析就是要挖掘时间序列背后隐藏的变化规律。

时间序列的例子很多。比如，一个企业的销售数据就是一个时间序列，某只股票的股价也是一个时间序列。

通过时间序列的分析，可以挖掘数据的变化规律，从而对时间序列做出预测。例如，通过对销售序列的分析可以对未来的销售额做出预测；通过对以前股价的分析可以对未来股价的走向做出预测。因此，时间序列分析也是一类预测技术。

时间序列分析在数据挖掘领域中是一项非常重要的技术。本章就来讨论时间序列的判定、建模以及应用。

本章内容包括：基本概念；时间序列的检验；平稳时间序列分析——ARMA 模型；非平稳时间序列建模——ARIMA 模型；异方差性分析——ARCH 模型与 GARCH 模型。

第一节　基本概念

对于任意随机变量 X，均值或者数学期望定义为 $\mu=E(X)$，方差定义为 $\sigma^2=E[(X-\mu)^2]$。

对于任意随机变量 X，Y，定义 X，Y 的协方差为 $cov(X, Y)=E[(X-\mu_X)(Y-\mu_Y)]$，相关系数为 $\rho(X, Y)=\dfrac{cov(X, Y)}{\sigma_X\sigma_Y}$。协方差和相关系数度量了 X 与 Y 之间的相互影响程度。

在 *MATLAB* 中，样本均值和方差用函数 *mean* 和 *var* 来计算，协方差用函数 *cov* 来计算，相关系数用函数 *corr* 来计算。

一个按照时间顺序排列的一组随机变量 X_1，X_2，…，X_t，…称为一个时间序列，记为 $\{X_t\}$ 或者 $\{X_t, t\in T\}$。用 x_1，x_2，…，x_n 或者 $\{x_t, t=1, 2, \cdots, n\}$ 表示该随机序列的 n 个有序观察值，称为长度为 n 的观察值序列。

对于时间序列$\{X_t, t\in T\}$，任意时刻的序列值X_t都是一个随机变量，记X_t的均值为μ_t、方差为σ_t。任取$t, s\in T$，定义序列$\{X_t\}$的自协方差函数为：

$$\gamma(t, s)=E[(X_t-\mu_t)(X_s-\mu_s)]$$

自相关系数（简记为ACF）为：

$$\rho(t, s)=\frac{cov(X_t, X_s)}{\sigma_t\sigma_s}$$

注意：当$t=s$时，$\gamma(t, t)=\sigma_t^{\ 2}$，$\rho(t, t)=1$。

自协方差函数和自相关系数衡量了同一事件在两个不同时期的相互影响程度。

在 MATLAB 中，自相关系数用函数 autocorr 来计算。

在计算自相关系数时，t 时刻的X_t与 s 时刻的X_s之间的自相关系数并非两者之间单纯的相关关系，还掺杂了 t 与 s 之外的其他时刻的随机变量的影响。将排除其他时刻变量影响的X_t与X_s之间的单纯自相关系数定义为偏自相关系数（简记为 PACF）。

MATLAB 中偏自相关系数可以用函数 parcorr 来计算。

如果时间序列$\{X_t, t\in T\}$在某一常数附近波动且波动范围有限，即有常数均值和常数方差，并且延迟 k 期的序列变量的自协方差和自相关系数是相等的，或者说延迟 k 期的序列变量之间的影响程度是一样的，则称$\{X_t, t\in T\}$为平稳序列。

第二节　时间序列的检验

时间序列有很多重要性质。其中，随机性和平稳性是两个最基本的性质。根据时间序列的不同性质，可以对时间序列进行不同的挖掘建模。

对于纯随机序列，即白噪声序列，由于各项之间没有任何相关关系，数据以一种完全随机的方式在波动，因而从这样的序列中不可能挖掘出任何有用信息。对白噪声序列不需要做任何进一步的分析。

对于平稳非白噪声序列，它的均值和方差是常数，可以建立一个线性模型来拟合该序列，据此提取该序列的有用信息。

对于非平稳序列，由于它的均值和方差不稳定，因此可以采用差分方法将其转换为平稳序列，再进行挖掘建模。

时间序列的白噪声检验和平稳性检验就是时间序列性质判定的重要手段。

一、白噪声检验

白噪声检验又称为纯随机性检验。

白噪声检验通过构造检验统计量来完成。常用的统计量有 Q 统计量、LB 统计量等。统计量的计算可以根据样本各延迟期数的自相关系数来计算，然后再计算出对应的 p 值，再根据 p 值的大小得出结论。如果 p 值小于给定的显著性水平，则可以得出在给定显著性水平下拒绝时间序列为纯随机序列的原假设，即所给时间序列不是白噪声序列。否则 p 值大于给定的显著性水平，则可以得出在给定显著性水平下不能拒绝序列为纯随机序列的原假设，即所给序列为白噪声序列。

MATLAB 中白噪声检验的函数为 lbqtest，它的语法结构为：

h=lbqtest (res)

h=lbqtest (res, Name, Value)

[h, pValue] =lbqtest (________)

[h, pValue, stat, cValue] =lbqtest (________)

其中：res 是残差序列，Name，Value 是属性名和属性值对，用于定义检验的属性。

输出 h 是逻辑变量，如果 h=1，则拒绝零假设，即序列不是白噪声序列；反之，则接受零假设，即序列为白噪声序列。

输出 p 是用于检验的 p 值。如果 p 小于给定的显著性水平，则拒绝零假设，即序列不是白噪声序列；反之，则接受零假设，即序列为白噪声序列。

输出 stat 是检验用到的一些统计量。

输出 cValue 是检验用到的临界值。

【例 9.2.1】 从中国人民银行网站下载 2014—2018 年每月的美元对人民币的汇率。数据输入 MATLAB。

```
>> ExchangeRate=[6.105
6.1214
6.1521
6.158
6.1695
......                %为节省篇幅,只显示前 5 行
];
>> returns=price2ret(ExchangeRate);              %将交易数据转换为回报数据
>> res=returns -mean(returns);                   %计算回报数据的残差
>> [h,pValue,stat,cValue]=lbqtest(res)           %对残差序列进行 lbq 检验
h=
  logical
   0
pValue=
      0.46887
stat=
       19.826
cValue=
         31.41
```

h=0，表明不能拒绝残差序列不存在自相关关系的零假设，即残差序列是白噪声序列。pvalue 大于 0.05，得出相同结论。

再对原序列进行 lbqtest，得出如下结果：

```
>> h=lbqtest(ExchangeRate)
h=
  logical
   1
```

h=1，表明拒绝原序列不存在自相关关系的零假设，即原序列不是白噪声序列，即汇率不是纯随机序列。

二、平稳性检验

平稳性检验有两类方法。一是根据相关图形做出判断；二是构造统计量进行检验。

（一）图形法——时序图检验

我们可以做出时间序列的时序图，即以时间为横轴，以序列值为纵轴作图。

一般来讲，平稳时间序列具有常数均值和方差，因此平稳时间序列的时序图应该在某一个常数值附近波动，而且波动范围有界。如果时序图有明显的趋势性或者周期性，那么该序列应该不是平稳序列。

【例 9.2.2】 仍然沿用例 9.2.1 的数据，做出美元对人民币汇率的时序图，如图 9.2.1 所示。

```
>> plot(ExchangeRate)
>> xlabel('时间');
>> ylabel('汇率');
```

从图 9.2.1 可以看出，该汇率序列有一定的趋势性，不满足常数均值的特性，因此不是平稳序列。

再对汇率序列的残差序列 res 作时序图，如图 9.2.2 所示。

```
>> plot(res)
>> xlabel('时间');
>> ylabel('残差');
```

从图 9.2.2 可以看出，残差序列均值为常数，而且在均值附近随机波动，因此该序列似乎是平稳序列。

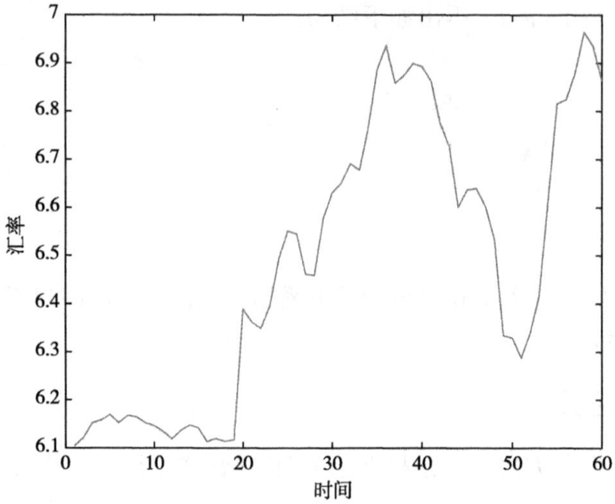

图 9.2.1　美元对人民币汇率时序图

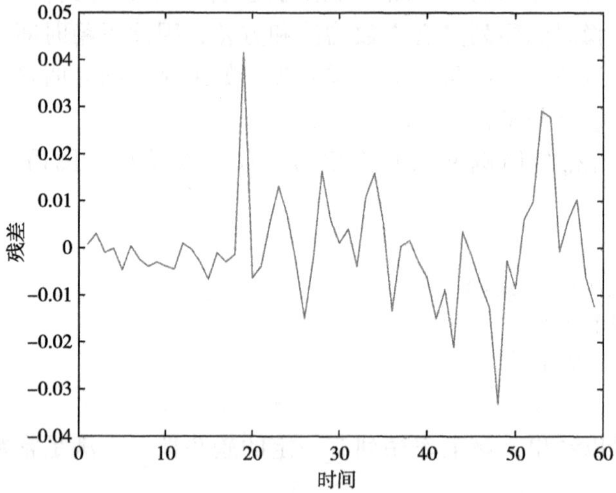

图 9.2.2　残差 res 时序图

(二) 图形法——自相关图检验

自相关图就是自相关系数 ρ_k（延迟 k 期）随着 k 而变化的图形。

平稳序列具有短期相关性，因此只有近期的序列值对现时值的影响较大，间隔越远影响越小。此性质反应在自相关图上，结果就是自相关系数 ρ_k 会随着 k 的变化快速衰减趋向于 0，并在 0 附近随机波动。对于非平稳序列，自相关系数衰减的速度就比较慢。这一区别可以用来进行时间序列的平稳性检验。

MATLAB 中求自相关系数和做自相关图的函数是 autocorr。autocorr 的语法结构为：

autocorr（y）

autocorr（y，Name，Value）

acf=autocorr（________）

[acf，lags，bounds] =autocorr________）

autocorr（ax，________）

[acf，lags，bounds，h] =autocorr（________）

其中：y是时间序列，Name，Value是属性名，属性值对儿。不带输出的autocorr画出时间序列y的自相关图。输出acf是自相关函数值，lags是延迟值，bounds是自相关系数的置信区间，h是作图所需的句柄。

【例9.2.3】 做出例9.2.1中汇率时间序列的自相关图，从而进行自相关图检验。

在命令行输入：

```
>> autocorr(ExchangeRate)
```

得到如图9.2.3所示的图形。

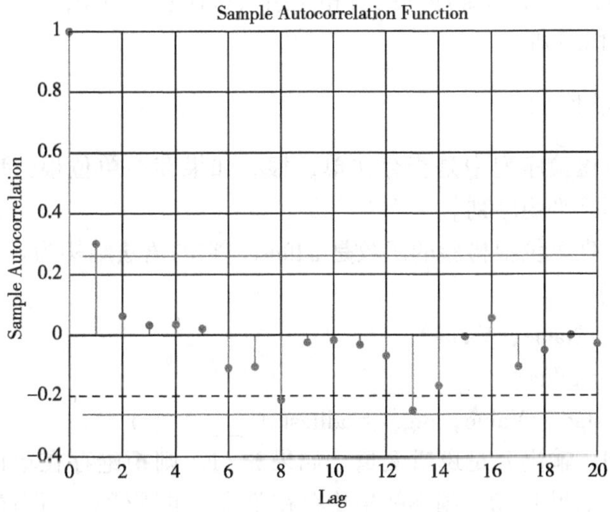

图9.2.3　汇率自相关图

从图9.2.3可以看出，汇率时间序列的自相关曲线比较慢地衰减到零，由此判断汇率序列不是平稳序列。

再在命令行输入：

```
>> autocorr(res)
```

得到如图9.2.4所示的图形。

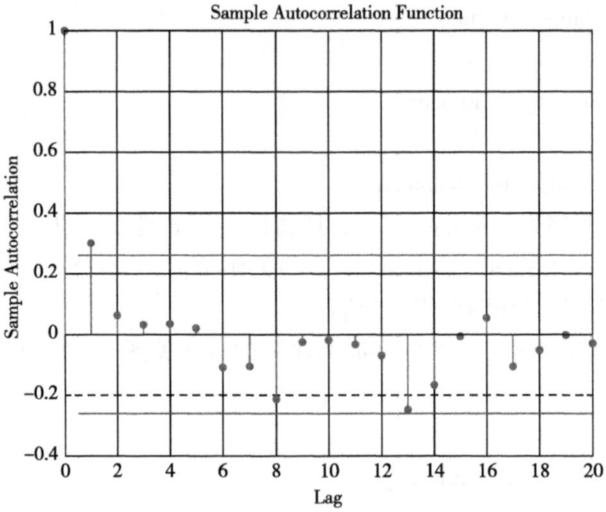

图 9.2.4 残差 res 序列的自相关图

从图 9.2.4 可以看出，res 序列的自相关系数快速衰减到 0，并在零附近随机波动，因此 res 序列是平稳序列。

（三）单位根检验

单位根检验要检验序列中是否存在单位根。如果存在单位根，那么序列就是非平稳序列；反之，则是平稳序列。

MATLAB 中实现单位根检验的函数是 adftest。它的语法结构为：

h=adftest（Y）

h=adftest（Y，Name，Value）

[h，pValue] =adftest（________）

[h，pValue，stat，cValue，reg] =adftest（________）

输入与前相同。输出 h 是逻辑变量。如果 h=1，则拒绝存在单位根的零假设，即序列为平稳序列；如果 h=0，则不能拒绝存在单位根的零假设，即序列为非平稳序列。pValue、stat、cValue 的含义与之前的函数类似。reg 是包含回归统计量的结构变量。

【例 9.2.4】 沿用例 9.2.1 的数据。

```
>> h=adftest(ExchangeRate)
h=
  logical
   0
```

h 为 0 表明不能拒绝存在单位根的零假设，即汇率序列为非平稳序列。

```
>> h=adftest(res)
h=
  logical
   1
```

h 为 1 表明拒绝存在单位根的零假设，即残差 res 序列为平稳序列。

【例 9.2.5】 汇率一阶差分序列的平稳和白噪声检验。

沿用例 9.2.1 的数据。由例 9.2.2、例 9.2.3 和例 9.2.4 可知，汇率时间序列数据不是平稳时间序列数据。对汇率数据施行一阶差分运算得到另一序列 ex。

```
>> load('美元对人民币汇率数据.mat')
>> ex=diff(ExchangeRate)          %对原数据进行差分运算
ex=
      0.0164
      0.0307
      0.0059
      0.0115
     -0.0167
       ……                 %为节省篇幅,只显示前 5 行
```

下面，检验序列 ex 的平稳性：

首先，画出 ex 的时序图，见图 9.2.5。

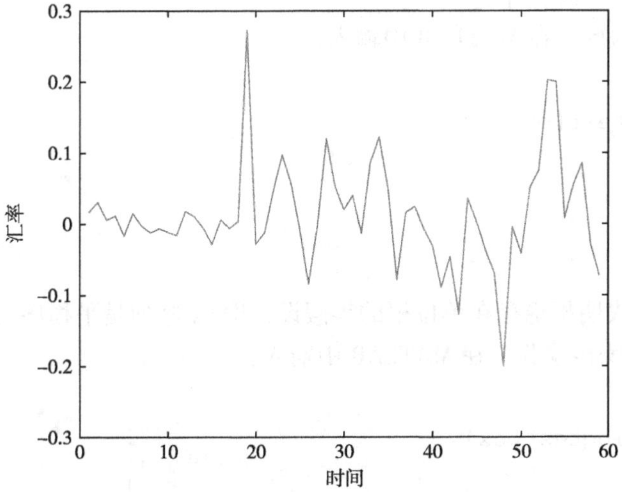

图 9.2.5　一阶差分的时序图

由图 9.2.5 可以看出，随着时间的变化，ex 始终在一个参数附近随机波动，而且

波动范围有限。因此，ex 变为平稳序列。

再做自相关图，见图 9.2.6。

```
>> autocorr(ex)          %做一阶差分的自相关图
```

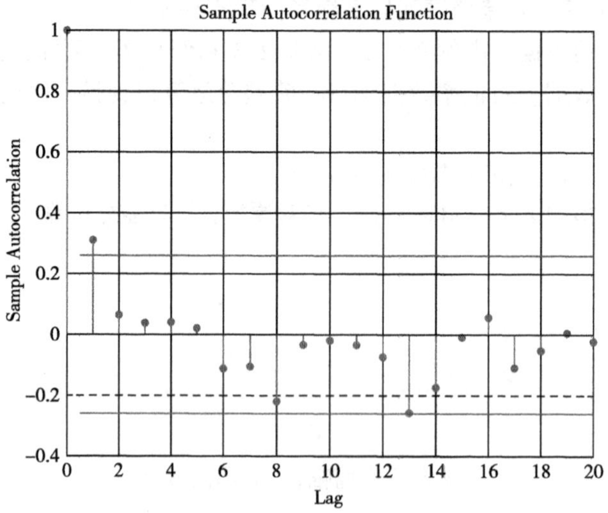

图 9.2.6　一阶差分的自相关图

由图 9.2.6 可以看出，序列 ex 的自相关系数比较快的衰减趋向于零，并在零的附近随机波动。因此，ex 是平稳序列。

再做单位根检验。在 MATLAB 中输入：

```
>>  h=adftest(ex)
h=
  logical
   1
```

输出 h=1，表明拒绝存在单位根的零假设，即 ex 序列是平稳序列。

再对 ex 作白噪声检验。在 MATLAB 中输入：

```
>>[h1 p]=lbqtest(ex)
h1=
  logical
   0
p=
      0.38245
```

输出 h1=0，表明不能拒绝 ex 序列不存在自相关关系的零假设，即 ex 序列是白噪声序列。pvalue 大于 0.05，得出相同结论。

第三节　平稳时间序列分析——ARMA 模型

ARMA 模型称为自回归移动平均模型，是常用的拟合平稳时间序列的模型，是一种特殊的多元回归模型。ARMA 模型分为三类：AR 模型、MR 模型和 ARMA 模型。本节就按照这三类模型分别加以讨论。

一、AR 模型

具有以下结构的模型称为 p 阶 AR 模型或者 p 阶自回归模型（Autoregressive Model），简记为 AR（p）。

$$x_t = \phi_0 + \phi_1 x_{t-1} + \phi_2 x_{t-2} + \cdots + \phi_p x_{t-p} + \varepsilon_t$$

模型显示：在 t 时刻的随机变量 X_t 的取值 x_t 是前 p 期 x_{t-1}，x_{t-2}，…，x_{t-p} 的多元线性回归，即 x_t 主要受前 p 期序列值的影响。ε_t 是误差项，是零均值白噪声序列。

平稳 AR（p）模型具有如下的性质：

（1）均值为常数。

（2）方差有界，且为常数。

（3）自相关系数具有拖尾性。

AR 模型的自相关系数 $\rho_k = \rho(t,\ t-k)$ 随着 k 的增大衰减速度很快，但不会在 k 大于某个常数之后就恒等于零，始终有非零值出现。这个性质称为 AR 模型自相关系数的拖尾性。

（4）偏自相关系数的截尾性。

对于平稳 p 阶 AR（p）模型来讲，如果说它的偏自相关系数具有截尾性，那就意味着某个 k 之后所有偏自相关系数全部为零。当然，并非对所有的阶数 p，AR（p）模型都具有截尾性。

这些性质可以用来判断 AR（p）是不是适合的模型。也就是说，常数均值、常数方差以及自相关系数的拖尾性，再加上 p 阶模型偏相关系数的截尾性，可以使我们断定用 AR（p）模型拟合数据是合适的。在 AR（p）模型中阶数 p 的选择称为模型定阶。

二、MA 模型

具有以下结构的模型称为 q 阶 MA 模型或者 q 阶移动平均模型（Moving Average Model），简记为 MA（q）。

$$x_t = \mu + \varepsilon_t - \theta_1 \varepsilon_{t-1} + \theta_2 \varepsilon_{t-2} - \cdots - \theta_p \varepsilon_{t-q}$$

模型显示：在 t 时刻的随机变量 X_t 的取值 x_t 是前 q 期的随机扰动 ε_{t-1}，ε_{t-2}，…，ε_{t-q} 的多元线性回归，即 x_t 主要受过去 q 期的误差项的影响。ε_t 是当期的误差项，是零

均值白噪声序列。

平稳 MA（q）模型具有如下的性质：

（1）均值为常数；

（2）方差有界，且为常数；

（3）自相关系数具有 q 阶截尾性；

（4）偏自相关系数具有拖尾性。

对于平稳 q 阶 MA（q）模型来讲，它的自相关系数具有 q 阶截尾性，那就意味着某个 k 之后所有自相关系数全部为零。当然，并非对所有的阶数 q，MA（q）模型都具有截尾性。

同样，这些性质可以用来判断 MA（q）模型是不是适合的模型。也就是说，常数均值、常数方差以及偏自相关系数的拖尾性，再加上 q 阶模型自相关系数的截尾性，可以使我们断定用 MA（q）模型拟合数据是合适的。在 MA（q）模型中阶数 q 的选择称为模型定阶。

三、ARMA 模型

具有以下结构的模型称为自回归移动平均模型（Autoregressive Moving Average Model），简记为 ARMA（p，q）。

$$x_t = \phi_0 + \phi_1 x_{t-1} + \phi_2 x_{t-2} + \cdots + \phi_p x_{t-p} + \varepsilon_t - \theta_1 \varepsilon_{t-1} + \theta_2 \varepsilon_{t-2} - \cdots - \theta_p \varepsilon_{t-q}$$

模型显示：在 t 时刻的随机变量 X_t 的取值 x_t 是前 p 期 x_{t-1}，x_{t-2}，…，x_{t-p} 和前 q 期的随机扰动 ε_{t-1}，ε_{t-2}，…，ε_{t-q} 的多元线性回归，即 x_t 主要受前 p 期序列值和过去 q 期的误差项的共同影响。ε_t 是当期的误差项，是零均值白噪声序列。

当 q=0 时，ARMA（p，0）即为 AR（p）；当 p=0 时，ARMA（0，q）即为 MA（q）。

平稳 ARMA（p，q）模型具有如下的性质：

（1）均值为常数；

（2）方差有界，且为常数；

（3）自相关系数具有拖尾性；

（4）偏自相关系数具有拖尾性。

平稳 ARMA（p，q）模型的定阶见下面第四节。

第四节　非平稳时间序列建模——ARIMA 模型

有一类非平稳时间序列，经过几次差分以后，就可以变为平稳序列。在这种情况下我们就可以对差分以后的时间序列进行 ARMA（p，q）建模。

ARIMA 模型就是对差分以后变为平稳序列的时间序列进行的建模，称为差分自回归移动平均模型（Autoregressive Integrated Moving Average Model）。ARIMA 模型是由博克思（Box）和詹金斯（Jenkins）于20世纪70年代初提出的著名时间序列分析方法，所以ARIMA模型又称为Box-Jenkins模型或者博克思—詹金斯法。

ARIMA模型是ARMA模型的拓展，表示为ARIMA（p，d，q），其中p是AR即自回归的项数；q是MR即移动平均的项数，d是使时间序列成为平稳序列时的差分阶数。

当d=0时，即原序列无须差分即为平稳序列，此时ARIMA（p，0，q）即为ARMA（p，q）。

由于ARIMA模型是ARMA模型的扩展，因此在MATLAB中没有提供ARMA模型建模的函数，只提供ARIMA模型的建模函数arima。

一、ARIMA建模

arima的语法结构为：

Mdl=arima，创建一个全部阶数都为零的ARIMA模型。

Mdl=arima（p，D，q），创建一个非季节线性时间序列模型，其中，p是AR即自回归的项数；q是MR即移动平均的项数，D是使时间序列成为平稳序列时的差分阶数。

Mdl=arima（Name，Value），根据所设置的参数名和参数值对儿，创建一个线性时间序列模型。参数名和参数值对儿如表9.4.1所示。

表9.4.1　创建ARIMA模型的参数名和参数值

'AR'	非季节自回归模型的系数
'ARLags'	非季节自回归模型的延迟期数
'Beta'	ARIMAX模型（包含除延迟项和移动项以外的其他回归项的模型）中其他回归项的系数。默认为空（无其他回归项）
'Constant'	线性时间序列模型中的常数项
'D'	差分阶数。默认为0
'Distribution'	条件概率分布。可以是'Gaussian' 或者 't'。默认为 'Gaussian'
'MA'	非季节移动平均模型的系数
'MALags'	非季节移动平均模型的延迟期数
'SAR'	季节自回归模型的系数
'SARLags'	季节自回归模型的延迟期数
'SMA'	季节移动平均模型的系数
'SMALags'	季节移动平均模型的延迟期数
'Seasonality'	季节差分的阶数
'Variance'	随机扰动的方差
'Description'	对模型进行描述的字符串

Mdl 是一个对象（object），所包含的项如例 9.4.1 所示。

【例 9.4.1】 创建一个全部阶数都为零的 ARIMA 模型。在 MATLAB 中输入：

```
>> Mdl=arima
Mdl=
  arima -属性:
      Description:"ARIMA(0,0,0) Model (Gaussian Distribution)"
     Distribution:Name="Gaussian"
                P:0
                D:0
                Q:0
         Constant:NaN
               AR:{}
              SAR:{}
               MA:{}
              SMA:{}
      Seasonality:0
             Beta:[1×0]
         Variance:NaN
```

这个模型的概率分布是高斯发布。模型的阶数 p、D、q 均为 0；常数项没有；AR、SAR、MA、SMA 各部分都为空；季节差分参数为 0；Beta 系数为空；方差没有。一句话，这里创建的是一个空模型。

【例 9.4.2】 创建一个 p 为 2，q 为 2，D 为 0 的模型，即 ARMA（2，2）模型。在 MATLAB 中输入：

```
>> Mdl=arima(2,0,2)
Mdl=
  arima -属性:

      Description:"ARIMA(2,0,2) Model (Gaussian Distribution)"
     Distribution:Name="Gaussian"
                P:2
                D:0
                Q:2
         Constant:NaN
               AR:{NaN NaN} at lags[1 2]
              SAR:{}
               MA:{NaN NaN} at lags[1 2]
              SMA:{}
```

```
   Seasonality:0
         Beta:[1×0]
     Variance:NaN
```

【例 9.4.3】 创建阶数分别为 2，1，2 的线性时间序列模型。在 MATLAB 中输入：

```
>> Mdl=arima(2,1,2)
Mdl=
  arima -属性:
    Description:"ARIMA(2,1,2) Model (Gaussian Distribution)"
   Distribution:Name="Gaussian"
               P:3                    %P=p+D
               D:1
               Q:2
        Constant:NaN
              AR:{NaN NaN} at lags[1 2]
   SAR:{}
              MA:{NaN NaN} at lags[1 2]
             SMA:{}
   Seasonality:0
         Beta:[1×0]
     Variance:NaN
```

【例 9.4.4】 创建一个如下式所示的线性时间序列模型：

$$y_t=0.05+0.6y_{t-1}+0.2y_{t-2}-0.1y_{t-3}+\varepsilon_t$$

随机扰动项 ε_t 服从高斯分布，均值为 0，方差为 0.01。

事实上，所建立的模型是 AR（3）模型。在 MATLAB 中输入：

```
>> Mdl=arima('Constant',0.05,'AR',{0.6,0.2,-0.1},'Variance',0.01)
Mdl=
  arima -属性:
    Description:"ARIMA(3,0,0) Model (Gaussian Distribution)"
   Distribution:Name="Gaussian"
               P:3
               D:0
               Q:0
        Constant:0.05
              AR:{0.6 0.2 -0.1} at lags[1 2 3]
             SAR:{}
              MA:{}
```

```
            SMA:{}
    Seasonality:0
           Beta:[1×0]
       Variance:0.01
```

【例 9.4.5】创建一个如下式所示的移动平均模型：

$$y_t=\varepsilon_t+\theta_1\varepsilon_{t-1}+\theta_2\varepsilon_{t-2}+\theta_{12}\varepsilon_{t-12}$$

事实上，所建立的模型是 MR（12）模型。在 MATLAB 中输入：

```
>> Mdl=arima('Constant',0,'MALags',[1,2,12])
Mdl=
  arima -属性:
    Description:"ARIMA(0,0,12) Model (Gaussian Distribution)"
   Distribution:Name="Gaussian"
              P:0
              D:0
              Q:12
       Constant:0
             AR:{}
            SAR:{}
             MA:{NaN NaN NaN} at lags[1 2 12]
            SMA:{}
    Seasonality:0
           Beta:[1×0]
       Variance:NaN
```

二、模型定阶

前已述及，ARIMA 建模的关键是确立模型的阶数。

差分的阶数可以通过对差分以后的序列进行平稳性检验来确定。如果 D 阶差分后的序列变为平稳序列，则可以确定差分的阶数为 D。

自回归阶数和移动平均阶数可通过考察自回归相关系数和偏自回归相关系数的截尾性和拖尾性来确定。

另一种模型定阶的方法称为相对最优模型识别法，也称为 BIC 法。

计算 ARIMA（p，D，q）中当 p 和 q 小于某个正整数的所有组合的 BIC 信息量，然后取其中 BIC 信息量达到最小的模型阶数。

计算 BIC 信息量的 MATLAB 函数是 aicbic。

三、模型参数的估计

模型建立好以后，我们就可以根据数据估计模型的参数了。

MATLAB 中，ARIMA 模型参数的估计用函数 estimate 来完成。estimate 的语法结构为：

EstMdl = estimate（Mdl，y）

[EstMdl，EstParamCov，logL，info] = estimate（Mdl，y）

[EstMdl，EstParamCov，logL，info] = estimate（Mdl，y，Name，Value）

其中：Mdl 是上节建立的 ARIMA 模型，y 是时间序列。estimat 采用极大似然法估计模型参数。

EstMdl 是存储了结果的 ARIMA 模型；EstParamCov 是与估计参数有关的方差—协方差矩阵；logL 是极大似然目标函数值；info 是综合信息的结构数据。

Name，Value 是属性名和属性值对儿，用来规定初始值等信息。

【例 9.4.6】 用 MATLAB 自带数据 Data_ JAustralian 建立澳大利亚消费价格指数 CPI 的时间序列模型。

```
>> load Data_JAustralian          %调用 MATLAB 自带数据 Data_JAustralian
>> y=DataTable.PAU;               %表格数据 DataTable 包含 5 个字段,其中第一个字段 PAU 是澳大利亚从 1972 年第一季度至 1991 年第一季度,每个季度的消费价格指数的对数值
>> T=length(y);                   %求时间序列的长度
>> plot(y)
```

可见，澳大利亚消费价格指数 CPI 的对数呈现向上增长的趋势，如图 9.4.1 所示。该时间序列为非平稳时间序列。

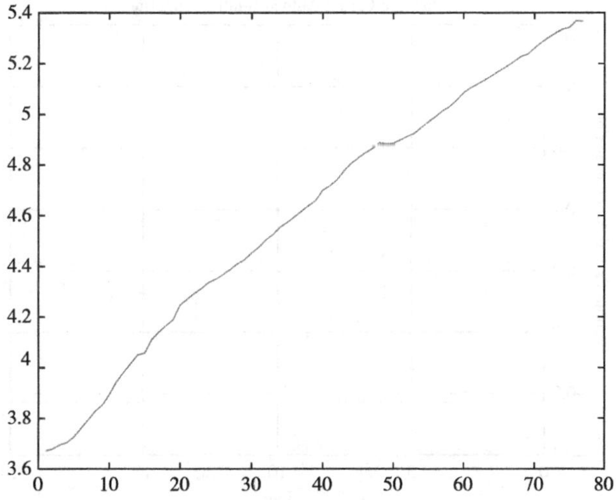

图 9.4.1　澳大利亚消费价格指数 CPI 的对数

```
>> autocorr(y)
>> parcorr(y)
```

接着，再画出该序列的自相关系数图和偏相关系数图，如图 9.4.2 和 9.4.3 所示。自相关系数图以较慢的速度减少，表示该序列是非平稳序列。

计算该序列的一阶差分并作图，如图 9.4.4 所示。

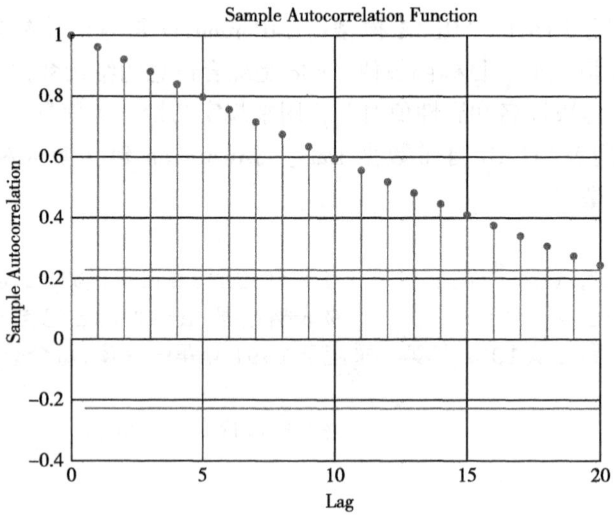

图 9.4.2　自相关系数图

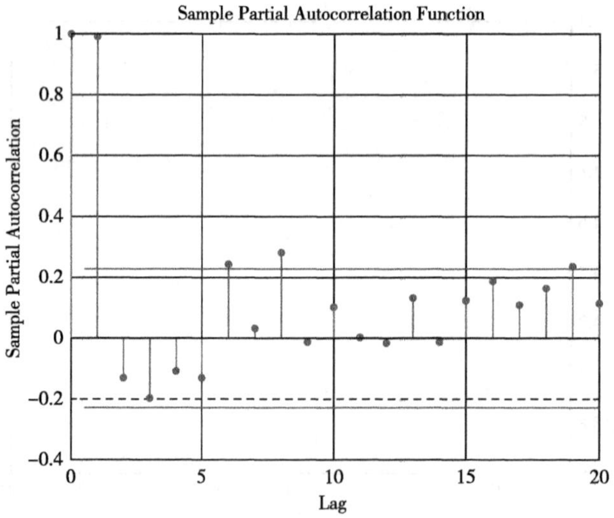

图 9.4.3　偏相关系数图

```
>> dY=diff(y);
>> plot(dY)
```

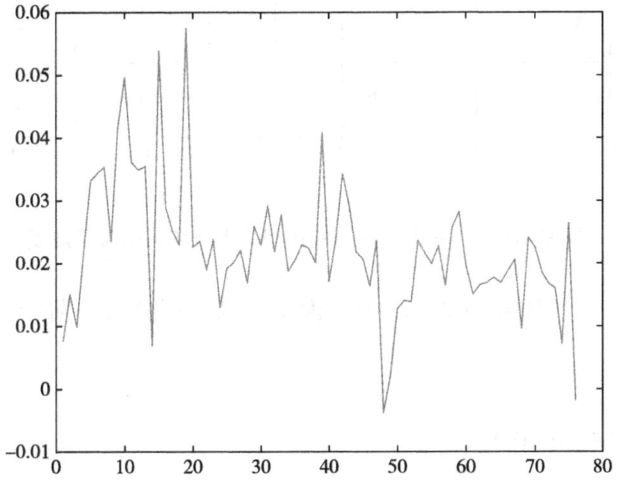

图 9.4.4　时间序列的一阶差分图

一阶差分序列消除了原序列中向上的趋势，变为随机波动。通过一阶差分序列自相关系数和偏相关系数的作图进一步检验一阶差分序列的平稳性。

```
>> figure
>> subplot(2,1,1)
>> autocorr(dY)
>> subplot(2,1,2)
>> parcorr(dY)
```

由此画出一阶差分序列的自相关系数和偏相关系数图，如图 9.4.5 所示。一阶差分序列的自相关系数比较快地衰减趋向于零，并在零的附近随机波动。说明一阶差分序列是平稳序列。偏相关系数在滞后两期以后全部接近于 0，在零周围波动，说明用二阶自回归模型 AR（2）是合适的。

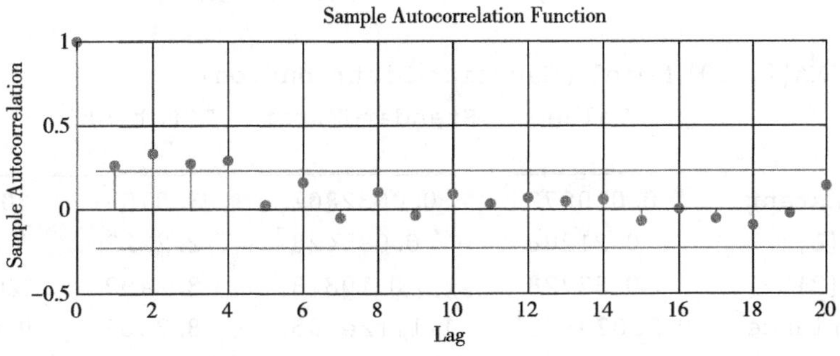

（a）

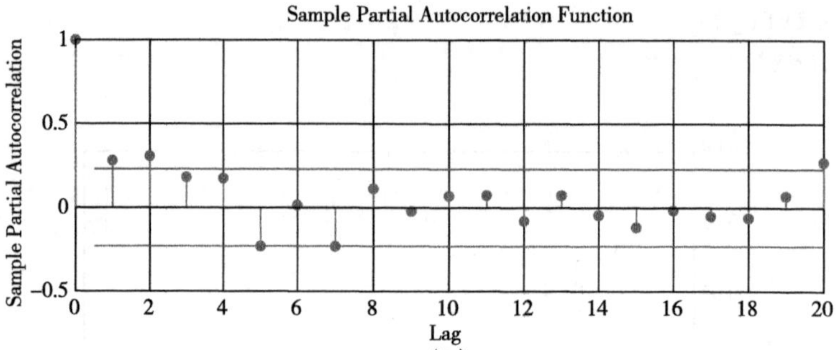

(b)

图 9.4.5 一阶差分序列的自相关系数和偏相关系数图

下面，建立一个 ARIMA（2，1，0）模型。该模型具有一阶非季节差分和默认的高斯分布。

```
>> Mdl=arima(2,1,0)
Mdl=
  arima -属性:

     Description:"ARIMA(2,1,0) Model (Gaussian Distribution)"
    Distribution:Name="Gaussian"
               P:3
               D:1
               Q:0
        Constant:NaN
              AR:{NaN NaN} at lags[1 2]
             SAR:{}
              MA:{}
             SMA:{}
     Seasonality:0
            Beta:[1×0]
        Variance:NaN
>> EstMdl=estimate(Mdl,y)          %估计模型的参数

    ARIMA(2,1,0) Model (Gaussian Distribution):
                    Value      StandardError    TStatistic     PValue
                ___________   _____________   ___________   ___________

    Constant       0.010072      0.0032802        3.0707      0.0021356
    AR{1}           0.21206       0.095428        2.2222        0.02627
    AR{2}           0.33728        0.10378        3.2499      0.0011543
    Variance     9.2302e-05     1.1112e-05        8.3066     9.8491e-17
EstMdl=
```

```
arima -属性:

   Description:"ARIMA(2,1,0) Model (Gaussian Distribution)"
  Distribution:Name="Gaussian"
             P:3
             D:1
             Q:0
      Constant:0.0100723
            AR:{0.212059 0.337282} at lags[1 2]
           SAR:{}
            MA:{}
           SMA:{}
   Seasonality:0
          Beta:[1×0]
      Variance:9.23017e-05
```

可见，在0.05显著性水平下，两个AR系数是显著的。模型可以用于预测。

四、模型的预测

可以用得到的模型进行预测。预测命令是forcast，其语法结构为：

[Y，YMSE] =forecast（Mdl，numperiods，Y0）

[Y，YMSE] =forecast（Mdl，numperiods，Y0，Name，Value）

其中：

Mdl是前面用estimate估计的模型，numperiods是要估计的期间数，Y0是原数据。输出Y是预测值，YMSE是对应的误差均方差。可以用如下公式计算预测值Y的95%置信区间：

UB=Y+1.96 * sqrt（YMSE）

LB=Y － 1.96 * sqrt（YMSE）

在上例中，如果我们要预测其后4年每个季度（共16个季度）的消费价格指数的对数，可在命令行输入：

```
>> [yF,yMSE]=forecast(EstMdl,16,y)
yF=
      5.385
     5.3984
     5.4176
     5.4363
     5.4568
     5.4775
     5.4989
```

```
        5.5204
        5.5423
        5.5643
        5.5864
        5.6086
        5.6308
        5.6531
        5.6754
        5.6977
yMSE=
    9.2302e-05
     0.0002279
    0.00046252
    0.00074419
     0.0010803
     0.0014472
     0.0018413
     0.0022525
      0.002677
     0.0031104
     0.0035501
     0.0039943
     0.0044416
     0.0048911
     0.0053421
     0.0057941
>> UB=yF+1.96* sqrt(yMSE);
>> LB=yF -1.96* sqrt(yMSE);
>> plot(y,'Color',[.75,.75,.75]);
>> hold on
>> plot(78:93,yF,'r','LineWidth',2);
>> plot(78:93,UB,'k--','LineWidth',1.5);
>> plot(78:93,LB,'k--','LineWidth',1.5);
>> legend('Log CPI','Forecast','Forecast Interval','Location','Northwest')
>> title('Log Australian CPI Forecast')
>> hold off
```

这样就画出了如图 9.4.6 所示的澳大利亚 16 个季度的消费价格指数预测图。

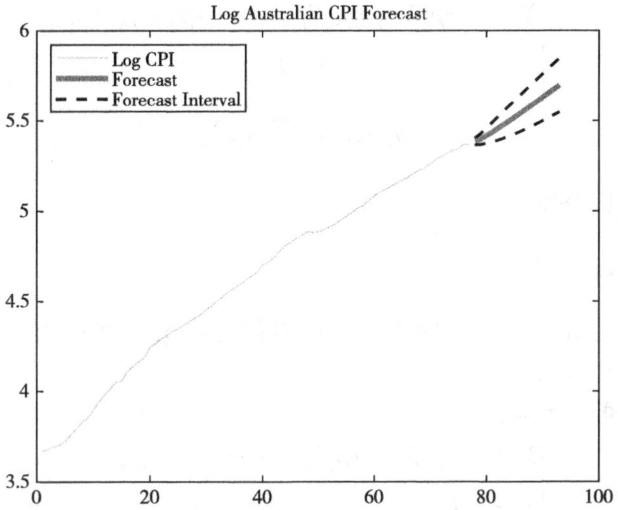

图 9.4.6　澳大利亚消费价格指数预测图

第五节　异方差性分析——ARCH 模型与 GARCH 模型

一、ARCH 模型

1982 年，罗伯特·恩格尔在《计量经济学》杂志上发表了一篇论文，提出了 ARCH 模型（Autoregressive Conditional Heteroscedasticity Model），中文翻译为“自回归条件异方差模型”①。罗伯特·恩格尔也因此获得了 2003 年的诺贝尔经济学奖。

ARCH 模型解决了时间序列的波动性（volatility）问题。ARCH 模型的定义为：

若一个平稳随机变量 X_t 可以表示为 AR（p）的形式，其随机误差项的方差可用误差项平方的 q 阶分布滞后模型描述，即：

$$X_t = \beta_0 + \beta_1 X_{t-1} + \beta_2 X_{t-2} + \cdots + \beta_p X_{t-p} + u_t$$

$$\sigma_t^2 = E(u_t^2) = \alpha_0 + \alpha_1 u_{t-1}^2 + \alpha_2 u_{t-2}^2 + \cdots + \alpha_q u_{t-q}^2$$

则称 u_t 服从 q 阶的 ARCH 过程，记为 $u_t \sim ARCH(q)$ 。其中，第一式称为均值方程，第二式称为 ARCH 方程。

ARCH 模型也可以用另一种等价的形式来描述。

① R. F. Engle, Autoregressive Conditional Heteroscedasticity with estimates of the variance of UK inflation, Econometrica, 50, 1982, 987-1008。

$$\begin{cases} X_t = c + \rho_1 X_{t-1} + \rho_2 X_{t-2} + \cdots + \rho_m X_{t-m} + \varepsilon_t \\ \varepsilon_t = \sqrt{h_t} v_t \\ h_t = \alpha_0 + \sum_{i=1}^{q} \alpha_i \varepsilon_{t-i}^2 \end{cases}$$

其中，v_t 独立同分布。

二、GARCH 模型

GARCH 模型是 ARCH 模型的推广，可以称为广义 ARCH 模型。GARCH 模型由 Bollerslev 在 1986 年提出①。

GARCH 模型可表示为：

$$\begin{cases} X_t = c + \rho_1 X_{t-1} + \rho_2 X_{t-2} + \cdots + \rho_m X_{t-m} + \varepsilon_t \\ \varepsilon_t = \sqrt{h_t} v_t \\ h_t = \alpha_0 + \sum_{i=1}^{q} \alpha_i \varepsilon_{t-i}^2 + \sum_{i=1}^{p} \beta_i h_{t-i} \end{cases}$$

记为 GARCH（p，q）。

显然，ARCH 模型是 GARCH 模型的特例。当 p = 0 时，GARCH（p，q）就是 ARCH（q）。因此，MATLAB 中只提供 garch 函数。

三、异方差性分析的 MATLAB 实现

使用函数 garch 可以建立一个一维 GARCH 模型。它的语法结构为：

```
Mdl=garch
Mdl=garch(P,Q)
Mdl=garch(Name,Value)
```

其中，Mdl 是函数 garch 的输出，将返回一个客体数据（object），存放关于建好的 garch 模型的各项参数。

第一种格式返回的是一个 0 阶条件方差 garch 客体。

第二种格式返回的是包含 P 阶多项式 garch 项和 Q 阶多项式 arch 项的所有系数。只不过，模型创建之初所有这些值都是 nan，也就是说，此处创建的只是 garch 模型的一个模板。系数的具体值需要通过 estimate 函数进行估计或者直接指定。

Name，Value 是属性名和属性值对儿，用来具体定义模型的系数、滞后步数或者其他属性，参见下面的实例。

① T. Bollerslev, A Generalized Autoregressive Conditional Heteroscedasticity, Journal of Econometrics 31, 1986, 307-327。

【例 9.5.1】建立一个空 garch 模型。

```
>> Mdl=garch
Mdl=
  garch -属性:

       Description:"GARCH(0,0) Conditional Variance Model (Gaussian
Distribution)"
      Distribution:Name="Gaussian"
                 P:0
                 Q:0
          Constant:NaN
             GARCH:{}
              ARCH:{}
            Offset:0
```

【例 9.5.2】建立 garch（2，3）模型。

```
>> Mdl=garch(2,3)
Mdl=
  garch -属性:
       Description:"GARCH(2,3) Conditional Variance Model (Gaussian
Distribution)"
      Distribution:Name="Gaussian"
                 P:2
                 Q:3
          Constant:NaN
             GARCH:{NaN NaN} at lags[1 2]
              ARCH:{NaN NaN NaN} at lags[1 2 3]
            Offset:0

>> Mdl.Offset
ans=
    0
```

Mdl.Offset=0，表示无均值方程。

可以通过直接赋值指定 GARCH 系数、ARCH 系数或者其他参数。

```
>> Mdl.Constant=0.5;
>> Mdl.GARCH={0.3 nan}
```

```
Mdl =
  garch -属性:

     Description:"GARCH(2,3) Conditional Variance Model (Gaussian
Distribution)"
    Distribution:Name = "Gaussian"
               P:2
               Q:3
        Constant:0.5
           GARCH:{0.3 NaN} at lags[1 2]
            ARCH:{NaN NaN NaN} at lags[1 2 3]
          Offset:0
```

【例 9.5.3】通过 garch 建立一个已知参数的模型。

建立 GARCH（1，1）模型，均值偏差 0.5：

$$y_t = 0.5 + \varepsilon_t$$

其中：

$\varepsilon_t = \sigma_t z_t$

$\sigma_t^2 = 0.0001 + 0.75\sigma_{t-1}^2 + 0.1\varepsilon_{t-1}^2$

z_t 独立同分布，服从标准高斯分布。

```
>> Mdl = garch('Constant',0.0001,'GARCH',0.75,'ARCH',0.1,'Offset',0.5)
Mdl =
  garch -属性:
     Description:"GARCH(1,1) Conditional Variance Model with Offset
(Gaussian Distribution)"
    Distribution:Name = "Gaussian"
               P:1
               Q:1
        Constant:0.0001
           GARCH:{0.75} at lag[1]
            ARCH:{0.1} at lag[1]
          Offset:0.5
```

对于属性名和属性对儿没有指明的属性，garch 将赋默认值。这些值可通过 estimate 来估计。

【例 9.5.4】利用 MATLAB 自带数据 Data_ Danish，建立丹麦股市回报率的时间序列模型。

数据 Data_ Danish 包含 9 个字段。其中，第二个字段是 1922—1999 年的年名义股市回报率，第三个字段是同一时间段内的实际股市回报率。其他字段涉及不同时间段内的债券回报率。

本例建立第二个字段年名义股市回报率的时间序列模型。

```
>> load Data_Danish;          %调用 MATLAB 自带数据 Data_Danish
>> nr=DataTable.RN;           %取第二字段的名义股市回报率
>> figure;                    %做名义股市回报率的散点图,见图 9.5.1
>> plot(dates,nr);
>> hold on;
>> plot([dates(1) dates(end)],[0 0],'r:');% Plot y=0
>> hold off;
>> title('Danish Nominal Stock Returns');
>> ylabel('Nominal return (%)');
>> xlabel('Year');
```

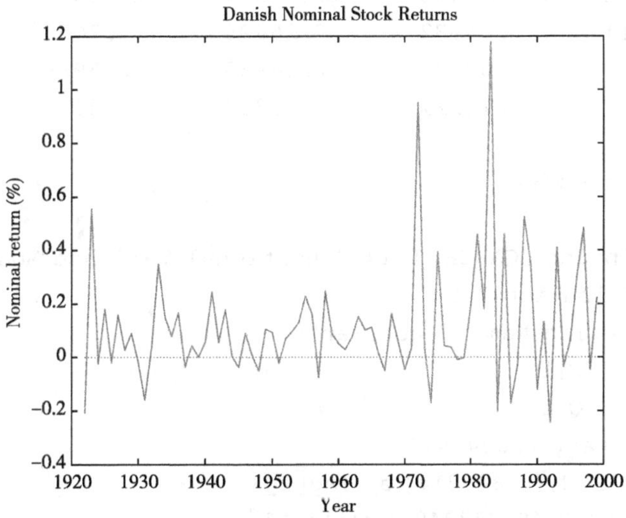

图 9.5.1　丹麦股市名义回报率散点图

从图 9.5.1 可以看出，该序列具有非零条件均值偏差，而且表现出集中波动性。前几年波动较小，后几年波动较大。我们假设，该序列比较适合的模型是 GARCH（1，1）。

由于建立模型时，条件均值偏差 offset 默认为 0，所以我们在建立模型时将其设定为 nan，这样将来估计参数时 offset 会根据数据被估计出来。

```
>> Mdl=garch('GARCHLags',1,'ARCHLags',1,'Offset',NaN)
%建立 GARCH(1,1)模型
Mdl =
    garch -属性:
```

```
    Description:"GARCH(1,1) Conditional Variance Model with Offset
(Gaussian Distribution)"
      Distribution:Name="Gaussian"
              P:1
              Q:1
         Constant:NaN
           GARCH:{NaN} at lag[1]
            ARCH:{NaN} at lag[1]
          Offset:NaN
```

```
  >> EstMdl=estimate(Mdl,nr)        %用数据估计模型参数
    GARCH (1, 1) Conditional Variance Model with Offset (Gaussian
Distribution):
                  Value      StandardError   TStatistic    PValue
               ___________  ____________   __________   _________
      Constant  0.0044476     0.007814      0.56918      0.56923
      GARCH{1}    0.84932      0.26495       3.2056    0.0013477
      ARCH{1}     0.07325      0.14953      0.48986      0.62423
      Offset      0.11227     0.039214       2.8629    0.0041974
  EstMdl =
        garch -属性:

    Description:"GARCH(1,1) Conditional Variance Model with Offset
(Gaussian Distribution)"
      Distribution:Name="Gaussian"
              P:1
              Q:1
         Constant:0.00444761
           GARCH:{0.849317} at lag[1]
            ARCH:{0.0732495} at lag[1]
          Offset:0.112266
```

接下来，就可以用得到的模型 EstMdl 进行预测了。

```
  >> numPeriods=10;          %假设要预测后10年的股市名义回报率
  >> vF=forecast(EstMdl,numPeriods,nr);        %vF是预测结果,是后10年的
股市名义回报率的方差
  >> v=infer(EstMdl,nr);        %infer 用估计的模型推断样本方差
  >> figure;         %将推断的样本方差和预测随后10年的股市名义回报率的方差画
在一个图上
  >> plot(dates,v,'k:','LineWidth',2);       %先画出推断的样本方差
```

```
>> hold on;
>> plot(dates(end):dates(end)+10,[v(end);vF],'r','LineWidth',2);
%再画出预测的方差
>> title('Forecasted Conditional Variances of Nominal Returns');
>> ylabel('Conditional variances');
>> xlabel('Year');
>> legend({'Estimation sample cond. var.','Forecasted cond. var.'},...
   'Location','Best');
>> Hold off;
```

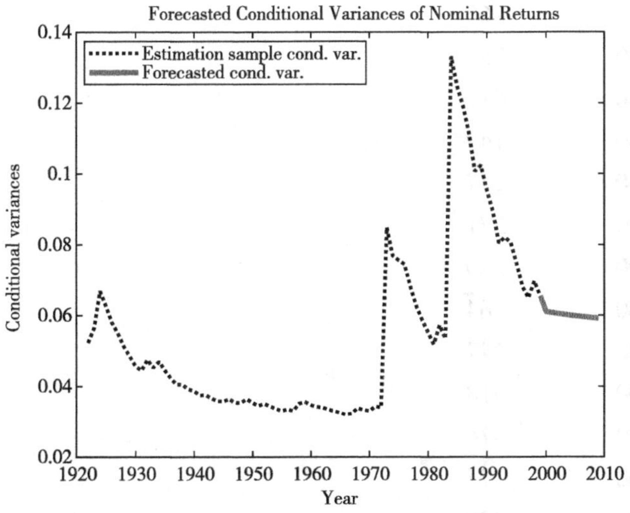

图 9.5.2　用 GARCH 模型预测随后 10 年的股市名义回报率

思考练习题

1. 用 MATLAB 自带数据 Data_ JAustralian 建立 US 消费价格指数 CPI 的时间序列模型。表格数据 DataTable 包含 5 个字段，其中第一个字段 PAU 是澳大利亚，第二个字段 PUS 就是美国对应的数据。

2. 用 MATLAB 自带数据 Data_ JAustralian 建立美元对澳大利亚元汇率的时间序列模型。表格数据 DataTable 包含 5 个字段，其中第三个字段就是汇率 AUD/USD 的对数。时间区间仍然是从 1972 年第一季度至 1991 年第一季度。

3. 下列矩阵 B 中第一列是某行业所在公司的年销售额，第二列是对应公司的年订单数。

B =

30000	341
80000	251
150000	255

30000	162
80000	189
150000	381
30000	307
80000	136
150000	274
80000	266
80000	178
150000	130
80000	265
100000	283
300000	427
80000	149
100000	147
300000	271
100000	280
100000	64
300000	247
80000	318
150000	314
300000	75
80000	308
150000	248
300000	379
80000	136
150000	253
300000	257
80000	355
150000	145
300000	243
80000	217
150000	366
300000	91
80000	156
150000	219
300000	283
80000	114

150000	152
300000	278
80000	436
150000	250
300000	144
80000	393
150000	336
300000	84
80000	296
150000	274

分别建立年销售额序列和订单序列的时间序列模型。

4. 在国泰安数据库中下载某只股票近 5 年的日交易数据，建立股票交易序列的 GARCH 模型并预测下一周（后 5 个交易日）的股价变化。

5. 在国泰安数据库中下载某个上市公司近 10 年的按月销售额，建立该公司销售额序列的时间序列模型。如果存在季节影响，那么季节影响如何考虑？

6. 在国泰安数据库中下载某个上市公司近 5 年的日收盘价、日成交量和日换手率序列，构建日收盘价与日成交量和日换手率之间的线性回归模型。

7. 在上题中，由日收盘价计算日收益率，构建日收益率序列与日成交量和日换手率之间的线性回归模型。

8. 接上题，将日收益率换成日对数收益率，模型结果如何变化？

9. 接上题，构建日对数收益率与日成交量和日换手率之间的滞后一阶线性回归模型、滞后二阶线性回归模型。如果要继续加大阶数，对模型结果有何影响？如何确定最优阶数？

第十章

上市公司财务预警建模研究

财务预警研究就是对目标企业的财务状况，特别是对目标企业是否发生财务危机进行分析。因此财务预警也就是财务危机预警。

近年来，国内外对财务预警的研究比较多。分析梳理这些文献可以发现，财务危机的界定目前没有统一的标准。有的学者用破产、清算、资不抵债等来界定财务危机。我国多数学者用上市公司被“ST”作为财务危机的标准。

关于财务预警研究方法可以归纳出如下几种：

• 财务指标判定法。有单指标判定，有多指标判定。最著名的就是 z-score 模型和改进的 z-score 模型，如 ZETA 模型等。

• Logistic 回归。

• 支持向量机。

• 人工神经网络等。

本章内容包括：数据收集；数据准备；用 logit 模型进行预测；用支持向量机建立分类模型；基于神经网络实现分类及模型改进。

第一节　数据收集

本节从东方财富网下载了最新公告的 185 家近期被“ST”企业和 466 家正常企业的业绩指标数据共 11 个指标、651 个样本，见图 10.1.1 和图 10.1.2。

	A	B	C	D	E	F	G	H	I	J	K	L	M	N	O	P	Q
1–2	序号	股票代码	股票简称	相关	每股收益(元)	营业总收入			净利润			每股净资产(元)	净资产收益率(%)	每股经营现金流量(元)	销售毛利率(%)	所处行业	最新公告日期
3–4						营业总收入(元)	同比增长(%)	季度环比增长(%)	净利润(元)	同比增长(%)	季度环比增长(%)						
5	1	2366	*ST海核	详细	-0.04	6175万	-25.93	-29.78	-3088万	29.62	95.42	-0.0551	-	0.002	-30.34	电源设备	6月8日
6	2	2464	众应退	详细	0.01	4909万	-25.59	-7.909	531.1万	108.93	-89.29	0.0517	17.56	0.0189	74.96	游戏	5月20日
7	3	600388	ST龙净	详细	0.17	15.44亿	2.141	-38.48	1.70亿	28.01	8.316	6.3585	2.55	-0.3183	26.73	环保行业	5月18日
8	4	900955	*ST海创B	详细	-0.01	264.8万	241.84	-97.55	-1811万	17.7	91.81	0.4696	-2.48	-0.0006	26.01	旅游酒店	4月30日
9	5	900945	ST海航B	详细	-0.1083	63.71亿	-17.61	-5.539	-35.99亿	-38.44	-144.38	0.1441	-54.16	-0.1083	-39.4	航空机场	4月30日
10	6	900919	退市庭B	详细	0	1590万	-0.177	-65.32	53.88万	-85.43	-93.93	0.9134	0.08	-0.0129	24.31	多元金融	4月30日
11	7	603603	*ST博天	详细	-0.21	1.74亿	-68.24	237.87	-8895万	-1238.2	92.91	-2.3260	-	0.1838	16.25	环保行业	4月30日
12	8	603557	ST起步	详细	-0.13	6617万	-78.53	-85.89	-6379万	-482.09	68.04	2.3467	-4.98	0.2415	22.46	纺织服装	4月30日
13	9	603117	ST万林	详细	0.01	1.05亿	-31.09	-0.272	122.1万	-70.44	190.38	3.1297	-0.38	-0.2376	20.3	物流行业	4月30日
14	10	601113	ST华鼎	详细	-0.07	15.89亿	-33.79	-2.966	-7623万	-187.09	90.97	3.1101	-2.12	0.0425	20.77	化纤行业	4月30日
15	11	600896	*ST海医	详细	-0.04	2424万	16.12	-33.28	-4587万	-67.89	77.36	1.8700	-2.35	-0.0205	-84.44	医疗服务	4月30日
16	12	600890	退市中房	详细	-0.0122	300.8万	3476.7	502	-705.9万	-13.02	36.81	0.3665	-3.33	-0.0302	28.09	房地产服务	4月30日
17	13	600870	退市厦华	详细	0.0032	1.35亿	12416	33.12	165.7万	230.81	207.79	0.0172	20.17	-0.1013	6.41	互联网服务	4月30日
18	14	600856	退市中天	详细	-0.03	2.62亿	29.5	13.83	-4113万	55.74	99.37	-5.4019	-	0.0411	40.65	燃气	4月30日
19	15	600816	ST安信	详细	-0.0871	1648万	-71.91	-69.19	-4.75亿	34.5	-109.06	-0.0415	-4182.97	-0.004	-	多元金融	4月30日
20	16	600767	*ST运盛	详细	-0.01	633.1万	23.49	-68.65	-399.5万	-432.97	-131.84	0.7005	-1.62	-0.0651	40.2	医药商业	4月30日
21	17	600734	*ST实达	详细	-0.0129	354.0万	-99.33	-96.56	-1474万	79.79	-101.59	0.2022	-3.29	-0.0107	75.76	通信设备	4月30日
22	18	600695	退市绿庭	详细	0	1590万	-0.177	-65.32	53.88万	-85.43	-93.93	0.9134	0.08	-0.0129	24.31	多元金融	4月30日
23	19	600671	ST目药	详细	-0.0478	2605万	-32.05	-44.99	-582.6万	-89.85	60.29	0.3232	-13.78	-0.0454	23.64	中药	4月30日

图 10.1.1　下载 ST 企业数据截图

图 10.1.2　下载非 ST 企业数据截图

下面将用这些数据，选取“ST”作为财务危机的指标，研究财务预警建模的问题。

第二节　数据准备

首先用 xlsread 将所下载数据导入 MATLAB。

```
>> num_st=xlsread('C:\课程\大数据分析与财务数据挖掘\data-example\东方财富\ST.xlsx');
>> num_nst=xlsread('C:\课程\大数据分析与财务数据挖掘\data-example\东方财富\NST.xlsx');
>> whos
  Name          Size             Bytes  Class     Attributes

  num_nst      466×15             55920  double
  num_st       185×15             22200  double
```

可见，两个数据分别为 185 行和 466 行，列均为 15。但是，点开两个数据却发现有 6 列，1、2、3、4 和 6、9 列为非数列。因此，用如下命令删掉这些非数列，只留下 5、7、8 和 10、11、12、13、14、15 列，共 9 列。这 9 列对应的财务指标分别为：每股收益，营业总收入同比增长率，营业总收入环比增长率，净利润同比增长率，净利润环比增长率，每股净资产，净资产收益率，每股经营现金流量，销售毛利率。

```
>> num_st=num_st(:,[5 7 8 10:15]);
>> num_nst=num_nst(:,[5 7 8 10:15]);
>> whos
```

```
  Name          Size              Bytes  Class     Attributes

  num_nst       466×9             33552  double
  num_st        185×9             13320  double
```

可见，两个数据分别变成 185×9 和 466×9。

再用下面两个命令将两个数据中所包含的缺失值删掉。

```
>> num_nnan_st=rmmissing(num_st);
>> num_nnan_nst=rmmissing(num_nst);
>> whos
  Name               Size              Bytes  Class     Attributes

  num_nnan_nst       369×9             26568  double
  num_nnan_st        159×9             11448  double
  num_nst            466×9             33552  double
  num_st             185×9             13320  double
```

可见，st 的样本仅剩 159 行，非 st 数据仅剩 369 行。

以下将用随机抽取的方法对 st 和非 st 样本进行配对。在非 st 数据中以无放回方式随机抽取 159 个样本。这种配对虽然不很科学，但也是一种退而求其次的方法。

```
>> num_nnan_sample_nst = datasample(num_nnan_nst,159,'replace',
false);
>> whos
  Name                     Size         Bytes  Class     Attributes

  num_nnan_nst             369×9        26568  double
  num_nnan_sample_nst      159×9        11448  double
  num_nnan_st              159×9        11448  double
  num_nst                  466×9        33552  double
  num_st                   185×9        13320  double
```

第二和第三个数据都是 159×9。接下来可将这两个数据进行联合构建建模所需的解释变量和被解释变量。

```
>> X=(horzcat(num_nnan_st',num_nnan_sample_nst'))';  %解释变量
>> t=[ones(size(num_nnan_st(:,1)));zeros(size(num_nnan_sample_nst
(:,1)))];          %被解释变量
```

第三节　用 logit 模型进行预测

```
>> mdlglm=fitglm(X,t,'linear','distr','binomial')   %建立 logit 模型
mdlglm=
广义线性回归模型:
    logit(y) ~ 1+x1+x2+x3+x4+x5+x6+x7+x8+x9
    分布=Binomial
估计系数:
                    Estimate        SE           tStat        pValue
                   __________   __________   __________   __________

    (Intercept)        2.3647      0.30592       7.7297   1.0781e-14
    x1                -4.5902       2.0115       -2.282     0.022488
    x2            -1.3822e-05   0.00016208    -0.085275      0.93204
    x3             0.00013014   0.00030495      0.42677      0.66955
    x4             0.00028048   0.00029163      0.96177      0.33617
    x5            -0.00033152   0.00027116      -1.2226      0.22148
    x6                -0.7391     0.094868      -7.7908   6.6574e-15
    x7             -0.0018106     0.009471     -0.19117      0.84839
    x8                0.19204      0.29651      0.64765      0.51721
    x9             -0.0014729    0.0041506     -0.35488      0.72268

318 个观测值,308 个误差自由度
散度:1
卡方统计量(常量模型):219,p 值=3.25e-42
```

可见，x1 和 x6 显著，其余不显著。由于最后的 P 值约等于 0，所以模型整体显著，可以用于预测。

```
>> y=predict(mdlglm,X);        %用得到的模型对 X 中的值进行预测
```

如果按照 y 的值是否大于 0.5 进行分类，可以用之前编写的 accuracy_ cal 计算模型精度。

```
function[accuracy  newsco]=accuracy_cal(olddata,newf)
%accuracy_cal Calculate the accuracyof model
%olddata-original data;newf-predicted data
n=length(olddata);
for i=1:n
```

```
if newf(i)>=0.5
   newsco(i)=1;
else
   newsco(i)=0;
end
end
m=0;
for i=1:n
   if olddata(i)= =newsco(i)
       m=m+1;
   end
end
accuracy=m/n;

>> acc=accuracy_cal(t,y)
acc=
      0.8522
```

可见，模型精度是85.22%。

第四节 用支持向量机建立分类模型

```
>> SVMModel=fitcsvm(X,t)          %构建支持向量机模型
SVMModel=
  ClassificationSVM
            ResponseName:'Y'
    CategoricalPredictors:[]
              ClassNames:[0 1]
          ScoreTransform:'none'
         NumObservations:318
                   Alpha:[15×1 double]
                    Bias:-0.20425
        KernelParameters:[1×1 struct]
          BoxConstraints:[318×1 double]
         ConvergenceInfo:[1×1struct]
         IsSupportVector:[318×1 logical]
                  Solver:'SMO'
  Properties, Methods
>> label=predict(SVMModel,X);      %用支持向量机模型对X中的值进行预测
```

```
>> unique(label)
ans=
    0
    1
```

由于 label 中的值就是原来的分类值 1 和 0，因此用之前编写的 accuracy_cal 的改进版 accuracy_cal_num 来计算模型的精度。

```
function[accuracy  newsco]=accuracy_cal_num(olddata,newf)
%accuracy_cal_num Calculate the accuracy of model
%   olddata-original data;newf-predicted data
n=length(olddata);
for i=1:n
if olddata(i)= =newf(i)
    newsco(i)=1;
else
    newsco(i)=0;
end
end
m=0;
for i=1:n
    if newsco(i)= =1
        m=m+1;
    end
end
accuracy=m/n;
>> accsvm=accuracy_cal_num(t,label)
accsvm=
      0.58805
```

可见，模型精度为 58.8%。

第五节　基于神经网络实现分类

由于神经网络分类算法要求类别定义满足 one-hot 编码，因此定义如下的符合 one-hot 编码要求的 tt：

```
>> tt(1:159,1)=1;
>> tt(1:159,2)=0;
```

```
>> tt(160:318,1)=0;
>> tt(160:318,2)=1;
>> net=fitnet(10,'trainbr')  %构建包含10个隐藏层的神经网络模型。
net=
    Neural Network
              name:'Function Fitting Neural Network'
          userdata:(your custom info)
    dimensions:
         numInputs:1
         numLayers:2
        numOutputs:1
    numInputDelays:0
    numLayerDelays:0
numFeedbackDelays:0
numWeightElements:10
        sampleTime:1
    connections:
       biasConnect:[1;1]
      inputConnect:[1;0]
      layerConnect:[0 0;1 0]
     outputConnect:[0 1]
    subobjects:
             input:Equivalent to inputs{1}
            output:Equivalent to outputs{2}
            inputs:{1x1 cell array of 1 input}
            layers:{2x1 cell array of 2 layers}
           outputs:{1x2 cell array of 1 output}
            biases:{2x1 cell array of 2 biases}
      inputWeights:{2x1 cell array of 1 weight}
      layerWeights:{2x2 cell array of 1 weight}
    functions:
          adaptFcn:'adaptwb'
        adaptParam:(none)
          derivFcn:'defaultderiv'
         divideFcn:'dividerand'
       divideParam:.trainRatio,.valRatio,.testRatio
        divideMode:'sample'
           initFcn:'initlay'
        performFcn:'mse'
      performParam:.regularization,.normalization
          plotFcns:{'plotperform','plottrainstate','ploterrhist',
```

```
                   'plotregression','plotfit'}
          plotParams:{1x5 cell array of 5 params}
            trainFcn:'trainbr'
          trainParam:.showWindow,.showCommandLine,.show,.epochs,
                     .time,.goal,.min_grad,.max_fail,.mu,.mu_dec,
                .mu_inc,.mu_max
    weight and bias values:
                IW:{2x1 cell} containing 1 input weight matrix
                LW:{2x2 cell} containing 1 layer weight matrix
                 b:{2x1 cell} containing 2 bias vectors
    methods:
             adapt:Learn while in continuous use
         configure:Configure inputs & outputs
            gensim:Generate Simulink model
              init:Initialize weights & biases
           perform:Calculate performance
               sim:Evaluate network outputs given inputs
             train:Train network with examples
              view:View diagram
       unconfigure:Unconfigure inputs & outputs
    evaluate:       outputs=net(inputs)
>> net=train(net,X',tt');                %用已有数据训练网络
>> Y=net(X');                            %用训练后的网络进行预测
>> classes=vec2ind(Y);                   %将预测结果转换为通常的类别定义
>> unique(classes)
ans=
     1     2
```

可见，预测结果中包含两类：一个 1，一个 2。因此，为了比较，将开始的类别 1，0 转换为 1，2，用下面的 ttt 表示。

```
>> ttt(1:159,1)=1;
>> ttt(160:318,1)=2;
```

用之前编写的 accuracy_ cal_ num 可以计算模型的预测精度：

```
>> accnn=accuracy_cal_num(ttt,classes)
accnn=
     0.89623
```

可见，模型精度为89.6%。

对以上模型，如果觉得效果不好，那么可以从以下几个方面对模型进行改进：

（1）修改模型参数；

（2）增加数据量；

（3）更换指标；

（4）重新构思研究方法；

（5）重新思考研究问题。

思考练习题

1. 本书第二节数据准备中在删除了缺失数据之后，st的样本仅剩159行，非st数据仅剩369行。接下来，又做了一个配对工作，使得st与非st数据保持一致。请思考，为什么要进行配对？不做配对是否可行？你认为还有什么更合理的配对方法？

2. 上网查询有关财务预警的最新资料。应用最新的财务预警方法建立一个财务预警的模型。

3. 将上市公司被“ST”定义为该公司出现了财务危机，你认为这样合理吗？给出你的理由。如果不太合理，那么你认为采取什么指标衡量企业的财务危机更合理。可以查阅相关资料进行总结和学习。

4. 用财务指标判定法作为判定企业财务危机的方法，重新计算本章的实例。必要时从国泰安数据库重新下载数据。

5. 财务危机和财务舞弊有什么区别？本章案例的研究方法是否适用于财务舞弊？

6. 从国泰安数据库或者其他网站下载数据，建立财务舞弊的分析模型。

第十一章

上市公司股价涨跌建模研究

上市公司股价涨跌受多种因素的影响。本节讨论如何根据一些市场指标以及上市公司的财务衍生指标对股价涨跌做出预测。

在量化投资领域，股价涨跌是非常重要的研究内容。这一研究对于成功实施程序化交易具有重要意义。

所谓程序化交易，就是通过计算机程序自动选股并实时下单的交易。程序化交易的核心就是能够对股价的未来走势做出精准判断，然后实时下单并获利。因此建立股价涨跌预测模型是程序化交易的基础。

据资料显示①，程序化交易在纽交所交易量中占比已经超过 30%。可见程序化交易在国外已经相当普遍。

本章内容包括：数据收集；数据准备；建立线性回归模型进行预测；用朴素贝叶斯模型预测股价变化趋势；用支持向量机建立分类模型；基于神经网络实现分类；模型改进。

第一节　数据收集

我们从国泰安数据库下载了所有 1172 个创业板上市公司从 2021 年 6 月 9 日至 2022 年 6 月 8 日的个股日交易衍生指标，包括：

◆ SecurityID［证券 ID］——希施玛证券唯一性区分编码

◆ TradingDate［交易日期］——以上交所、深交所公布的证券代码为准

◆ Symbol［证券代码］——以 YYYY-MM-DD 表示

◆ ShortName［股票简称］——以交易所公布的简称为准

◆ Ret［股息率（股票获利率）（%）］——股息率=公司派现合计/股票市值

◆ PE［市盈率］——市盈率=股票市总值/最近四个季度的归属母公司的净利润之和

① 卓金武、周英：《量化投资——数据挖掘技术与实践（MATLAB 版）》，中国工信出版集团，2015 年版，362 页。

◆ PB［市净率］——市净率=股票市值/净资产。净资产为最新定期报告公布的净资产

◆ PCF［市现率］——市现率=股票市值/去年经营现金流量净额

◆ PS［市销率］——市销率=股票市值/去年营业收入

◆ Turnover［换手率（%）］——换手率=日个股成交金额/日个股流通市值

◆ CirculatedMarketValue［流通市值］——当日流通市值

◆ ChangeRatio［涨跌幅］——当日涨跌幅

◆ Amount［成交金额］——当日成交金额

◆ Liquidility［流动性指标］——当日流动性指标

以上共 14 个指标，共计 60 000 个样本。如图 11. 1. 1 所示。

在这个数据中，前 4 列是证券 ID、交易日期、证券代码以及股票简称。从第 5 至第 14 列分别为股息率、市盈率、市净率、市现率、市销率、换手率、流通市值、涨跌幅、成交金额和流动性指标。以下将以倒数第三列的涨跌幅作为被解释变量，以股息率、市盈率、市净率、市现率、市销率、换手率、流通市值、成交金额和流动性指标为解释变量建立模型。

A1 SecurityID

	A	B	C	D	E	F	G	H	I	J	K	L	M	N
1	SecurityID	TradingDa	Symbol	ShortName	Ret	PE	PB	PCF	PS	Turnover	CirculatedI	ChangeRa	Amount	Liquidility
2	20100000:	2021-06-0	300001	特锐德	0.071073	143.3132	5.607702	83.68372	3.923475	0.02107	2.66E+10	-0.02596	5.62E+08	0.000041
3	20100000:	2021-06-1	300001	特锐德	0.070796	143.8735	5.629623	84.01085	3.938812	0.0202	2.67E+10	0.00391	5.39E+08	0.000037
4	20100000:	2021-06-1	300001	特锐德	0.072913	139.6973	5.466214	81.5723	3.824482	0.02327	2.59E+10	-0.02903	6.04E+08	0.000038
5	20100000:	2021-06-1	300001	特锐德	0.075216	135.4193	5.29882	79.07428	3.707363	0.01442	2.51E+10	-0.03062	3.64E+08	0.000043
6	20100000:	2021-06-1	300001	特锐德	0.080354	126.7614	4.960047	74.01876	3.470337	0.01972	2.35E+10	-0.06393	4.74E+08	0.000051
7	20100000:	2021-06-1	300001	特锐德	0.079302	128.4421	5.025808	75.00013	3.516348	0.0107	2.38E+10	0.01326	2.55E+08	0.000051
8	20100000:	2021-06-1	300001	特锐德	0.076923	132.4145	5.181246	77.31972	3.625101	0.01433	2.46E+10	0.03093	3.47E+08	0.000054
9	20100000:	2021-06-2	300001	特锐德	0.064704	157.4205	6.159704	91.92125	4.309687	0.08206	2.92E+10	0.18885	2.37E+09	0.000056
10	20100000:	2021-06-2	300001	特锐德	0.067317	151.309	5.92057	88.35265	4.142375	0.04992	2.81E+10	-0.03882	1.41E+09	0.000054
11	20100000:	2021-06-2	300001	特锐德	0.067114	151.7674	5.938505	88.62029	4.154923	0.02946	2.82E+10	0.00303	8.27E+08	0.000051
12	20100000:	2021-06-2	300001	特锐德	0.063796	159.6613	6.247387	93.22974	4.371035	0.05864	2.96E+10	0.05201	1.72E+09	0.00005
13	20100000:	2021-06-2	300001	特锐德	0.064205	158.6428	6.207531	92.63497	4.34315	0.04567	2.94E+10	-0.00638	1.36E+09	0.000047
14	20100000:	2021-06-2	300001	特锐德	0.065359	155.8417	6.097928	90.99936	4.266465	0.0323	2.89E+10	-0.01766	9.4E+08	0.000046
15	20100000:	2021-06-2	300001	特锐德	0.067568	150.7488	5.898649	88.02552	4.127038	0.02702	2.8E+10	-0.03268	7.69E+08	0.000046
16	20100000:	2021-06-3	300001	特锐德	0.066423	153.3462	6.000281	89.54218	4.198146	0.02252	2.86E+10	0.01723	6.42E+08	0.000045
17	20100000:	2021-07-0	300001	特锐德	0.069784	145.9615	5.711327	85.23012	3.995977	0.02306	2.72E+10	-0.04816	6.41E+08	0.000075
18	20100000:	2021-07-0	300001	特锐德	0.068004	149.7812	5.860786	87.4605	4.100547	0.03335	2.79E+10	0.02617	9.12E+08	0.000052
19	20100000:	2021-07-0	300001	特锐德	0.065295	155.9945	6.103906	91.08857	4.270648	0.03126	2.9E+10	0.04148	9.01E+08	0.00005
20	20100000:	2021-07-0	300001	特锐德	0.063796	159.6613	6.247387	93.22974	4.371035	0.03553	2.97E+10	0.02351	1.05E+09	0.000043
21	20100000:	2021-07-0	300001	特锐德	0.060827	167.4534	6.552283	97.7797	4.584358	0.04658	3.12E+10	0.0488	1.43E+09	0.000041
22	20100000:	2021-07-0	300001	特锐德	0.059827	170.2545	6.661887	99.41531	4.661043	0.05738	3.17E+10	0.01673	1.86E+09	0.000036
23	20100000:	2021-07-0	300001	特锐德	0.058207	174.9909	6.847216	102.181	4.79071	0.05062	3.26E+10	0.02782	1.61E+09	0.000033

图 11. 1. 1　个股日交易衍生指标

第二节　数据准备

首先用 xlsread 将下载数据导入 MATLAB。

```
>> num=xlsread('C:\课程\大数据分析与财务数据挖掘\data-example\国泰安股
```

```
票\个股日交易衍生指标 200410193\STK_MKT_DALYR.xls');
```

然后用 matlab 命令 rmmissing 删除所有的缺失值。

```
>> num_nnan=rmmissing(num);
>> whos
  Name            Size              Bytes   Class    Attributes
  num           60000x10          4800000   double
  num_nnan       6160x10           492800   double
```

可见，原始下载数据有 60000 个样本。删除缺失值以后的样本只有 6160 个样本。以下把 6160 个样本一分为二，一份用于建模，一份用于模型验证。

```
>> x_model=num_nnan(1:3080,[1:7 9:10]);
>> x_test=num_nnan(3081:6160,[1:7 9:10]);
>> t_model=num_nnan(1:3080,8);
>> t_test=num_nnan(3081:6160,8);
```

x_ model，t_ model 用于模型构建；x_ test，t_ test 用于模型验证。
由于 x 中后三个指标数值较大，为防止量纲问题对其进行求对数运算。

```
>> x_model=[x_model(:,1:6) log(x_model(:,[7 8 9]))];
>> x_test=[x_test(:,1:6) log(x_test(:,[7 8 9]))];
```

第三节　建立线性回归模型进行预测

用 stepwiselm 建立多元回归模型。

```
>> mdllm=stepwiselm(x_model,t_model)
1。正在添加 x6, FStat=203.802, pValue=8.082893e-45
2。正在添加 x7, FStat=17.6368, pValue=2.74954e-05
3。正在添加 x6:x7, FStat=55.9407, pValue=9.68923e-14
4。正在添加 x8, FStat=76.3753, pValue=3.78596e-18
5。正在添加 x6:x8, FStat=64.659, pValue=1.25816e-15
6。正在添加 x1, FStat=6.1975, pValue=0.012845
mdllm=
线性回归模型:
    y ~ 1+x1+x6* x7+x6* x8
```

```
估计系数:
                    Estimate        SE          tStat        pValue
                   __________    _________    ________    __________

    (Intercept)     -0.21051      0.033654     -6.2552    4.5211e-10
    x1             0.0027976     0.0011238      2.4895      0.012845
    x6               -3.7055       0.45889      -8.075    9.5932e-16
    x7              0.043244     0.0042838      10.095    1.3528e-23
    x8             -0.044609     0.0040167     -11.106    3.9948e-28
    x6:x7             0.8999      0.086369      10.419    5.2564e-25
    x6:x8           -0.74135      0.089232     -8.3081    1.4407e-16

观测值数目:3080,误差自由度:3073
均方根误差:0.0345
R² 为 0.126,调整后的 R² 为 0.125
F 统计量(常量模型):74.2,p 值=1.13e-86
```

可见，第 1、6、7、8 变量显著，而且两个交互项 x6 和 x7、x6 和 x8 也显著。模型整体也显著，可用于预测。

第四节　用朴素贝叶斯模型预测股价变化趋势

以下建立朴素贝叶斯模型用于股价变化趋势的预测。

首先根据股价涨跌幅建立股价变化的分类。如果涨跌幅为大于等于 0 的数，股价变化为第 1 类，用 1 表示；如果涨跌幅小于 0，股价变化为第 2 类，用 0 表示。可以使用本书自编小程序 stock_up_down01 将涨跌幅转换为分类变量。

```
function out=stock_up_down01(inp)
%stock_up_down 将实际的涨跌幅转化为分类变量
%1:涨或者不动;0:跌
n=length(inp);
for i=1:n
   if inp(i)>=0
       out(i)=1;
   else
        out(i)=0;
   end
end

>> t_model_01=stock_up_down01(t_model);
```

```
>> t_test_01=stock_up_down01(t_test);
```

t_model_01，t_test_01 中只包含 1，0 两个值，1 表示涨或者不动；0 表示跌。

接下来，建立朴素贝叶斯模型。

```
>> Mdl=fitcnb(x_model,t_model_01)
Mdl=
  ClassificationNaiveBayes
              ResponseName:'Y'
     CategoricalPredictors:[]
                ClassNames:[0 1]
            ScoreTransform:'none'
           NumObservations:3080
         DistributionNames:{1×9 cell}
    DistributionParameters:{2×9 cell}

  Properties, Methods

>> L=loss(Mdl,x_model,t_model_01)        %用建模数据计算模型分类出错率
L=
      0.47468
>> [label,Posterior,Cost]=predict(Mdl,x_model);     %计算建模数据的预测值
```

用自编小程序 accuracy_ cal_ num 计算建模数据的预测精度。

```
>> acc=accuracy_cal_num(t_model_01,label)
acc=
      0.52532
>> [label1,Posterior,Cost]=predict(Mdl,x_test);        %计算验证数据的预测值
```

用自编小程序 accuracy_cal_num 计算验证数据的预测精度。

```
>> acc=accuracy_cal_num(t_test_01,label1)
acc=
      0.51201
```

可见，验证数据与建模数据的预测精度基本一致。可惜预测精度不高，需要进一步改进。

第五节 用支持向量机建立分类模型

首先根据股价涨跌幅建立股价变化的三分类。如果涨跌幅大于0，股价变化为第1类，用1表示；如果涨跌幅等于0，股价变化为第2类，用2表示；如果涨跌幅小于0，股价变化为第3类，用3表示。可以使用本书自编小程序 stock_ up_ down3 将涨跌幅转换为三分类变量。

```
function out=stock_up_down3(inp)
%stock_up_down 将实际的涨跌幅转化为分类变量
%1:涨;2:不动;3:跌
n=length(inp);
for i=1:n
  if inp(i)>0
out(i)=1;
  elseif inp(i)<0
       out(i)=3;
  else
       out(i)=2;
  end
end

>> t_model_3=stock_up_down3(t_model);
>> t_test_3=stock_up_down3(t_test);
```

t_model_3，t_test_3 中包含 1、2、3 三个值，1 表示涨，2 表示不动，3 表示跌。接下来，建立支持向量机分类模型。

```
>> SVMMdl3=fitcecoc(x_model,t_model_3)     %建立支持向量机三分类器模型
SVMMdl3=
  ClassificationECOC
            ResponseName:'Y'
   CategoricalPredictors:[]
              ClassNames:[1 2 3]
          ScoreTransform:'none'
          BinaryLearners:{3×1 cell}
              CodingName:'onevsone'

  Properties, Methods
```

```
>> error=resubLoss(SVMMdl3)         %计算模型出错率
error=
      0.45812
>> ysvm=predict(SVMMdl3,x_model);          %用建模数据进行预测
>>   acc=accuracy_cal_num(t_model_3,ysvm)        %计算建模数据预测精度
acc=
      0.54188
>> ysvm_test=predict(SVMMdl3,x_test);         %用验证数据进行预测
>> acc=accuracy_cal_num(t_model_3,ysvm_test)       %计算验证数据预测精度
acc=
      0.49188
```

预测精度不高，模型需要进行改进。

第六节 基于神经网络实现分类

由于神经网络分类算法要求类别定义满足 one-hot 编码，因此定义如下的符合 one-hot 编码要求的股价涨跌幅分类。

将涨跌幅转化为二分类 one-hot 编码，可以使用本书编写的程序 stock_up_down2_1_hot：

```
function out=stock_up_down2_1_hot(inp)
%stock_up_down 将实际的涨跌幅转化为分类变量
%  [1 0]:涨或不动;[0 1]:跌
n=length(inp);
for i=1:n
   if inp(i)>=0
        out(i,:)=[1 0];
   else
         out(i,:)=[0 1];
   end
end
```

将涨跌幅转化为三分类 one-hot 编码，可以使用本书编写的程序 stock_up_down3_1_hot：

```
function out=stock_up_down3_1_hot(inp)
%stock_up_down 将实际的涨跌幅转化为分类变量
```

```
%  [1 0 0]:涨;[0 1 0]:不动;[0 0 1]:跌;
n=length(inp);
for i=1:n
  if inp(i)>0
     out(i,:)=[1 0 0];
  elseif inp(i)<0
       out(i,:)=[0 0 1];
  else
       out(i,:)=[0 1 0];
  end
end

>> t_model_2hot=stock_up_down2_1_hot(t_model);
>> t_model_3hot=stock_up_down3_1_hot(t_model);
>> t_test_2hot=stock_up_down2_1_hot(t_test);
>> t_test_3hot=stock_up_down3_1_hot(t_test);
```

t_model_2hot，t_model_3hot 分别为建模数据对应的二分类和三分类 one-hot 编码，t_test_2hot，t_test_3hot 分别为验证数据对应的二分类和三分类 one-hot 编码。

经过试验，用所有建模数据建立神经网络分类模型存在不收敛的情况，因此以下仅用其中的 1/3 数据进行建模。

一、二分类模型

```
>> net=patternnet(10,'trainscg');  %用 patternnet 建立包含 10 个隐藏层的神经网络
>> net=train(net,x_model(1:1000,:)',t_model_2hot(1:1000,:)');  %用三分之一的建模数据训练模型
>> ynet_model=net(x_model(1:1000,:)');          %用建模数据计算预测值
>> classes_model=vec2ind(ynet_model);           %将预测值转化为分类
>> t_model_2=stock_up_down(t_model);            %将涨跌幅转化为只包含 1 和 2 的分类数据
```

计算建模数据预测精度：

```
>> acc_model_2=accuracy_cal_num(classes_model,t_model_2(:,1:1000))
acc_model_2=
      0.533
```

同理，可计算验证数据精确度：

```
>> ynet_test=net(x_test(1:1000,:)');
```

```
>> classes_test=vec2ind(ynet_test);
>> t_test_2=stock_up_down(t_test);
>> acc_test_2=accuracy_cal_num(classes_test,t_test_2(:,1:1000))
acc_test_2=
        0.519
```

二、三分类模型

在建立三分类模型时，一定先将工作区中的 net 删掉，否则可能出错。

```
>> net=patternnet(10,'trainscg');  %用 patternnet 建立包含 10 个隐藏层的神经网络
>> net=train(net,x_model(1:1000,:)',t_model_3hot(1:1000,:)');  %训练三分类模型
>> ynet_model_3=net(x_model(1:1000,:)');          %用建模数据计算预测值
>> classes_model_3=vec2ind(ynet_model_3);          %将预测值转化为三分类
>> acc_model_3=accuracy_cal_num(classes_model_3,t_model_3(:,1:1000))          %计算建模数据预测精度
acc_model_3=
        0.515
>> ynet_test_3=net(x_test(1:1000,:)');          %用验证数据计算预测值
>> classes_test_3=vec2ind(ynet_test_3);          %将预测值转化为三分类
>> acc_test_3=accuracy_cal_num(classes_test_3,t_test_3(:,1:1000))
%计算验证数据预测精度
acc_test_3=
        0.434
```

预测精度不高，需要对模型加以改进。

第七节　模型改进

以上模型预测精度不高，需要对模型加以改进。可以从以下几个方面对模型进行改进：

- 修改模型参数；
- 增加数据量；
- 更换指标；
- 重新构思研究方法；
- 重新思考研究问题。

本节股票涨跌幅预测模型精度不高的原因，最大可能是指标选取不够恰当。因此

可以尝试改换其他指标重新建模。

思考练习题

1. 将本章涨跌幅指标换成对数，重新建立相应的模型并对比前后变化。

2. 对于一个上市公司而言，股价是衡量公司价值的重要指标。对于股市投资者而言，股价变化是他们获得投资收益的前提。上网查询资本市场研究中股价的变化以及股市投资的回报有哪些最新的研究文献。

3. 查询资料，了解什么是量化投资？你认为，将数学、统计学等定量分析技术用于股价的预测是否可能？

4. 走访银行、证券公司或者股票交易所，了解数据挖掘技术在实践中的应用情况，写出调查报告。

5. 你认为本章应用数据挖掘技术研究股价的涨跌是否有意义？本章的模型能否用于资本市场的股票投资？

6. 用第九章的时间序列建模方法重新构建股价预测模型。时间序列建模与本章的神经网络以及支持向量机建模有何本质上的不同？

第十二章

上市公司投资板块分析研究

股票板块是指某些公司在股票市场上有某些共同特征，为了方便投资就把这样一些股票组成的群体称为板块。比如银行板块、证券板块、人工智能板块、医药板块等。

板块一般分为三大类：行业、地区、概念。有的个股可能兼具多个板块。

将上市公司进行有效、合理的板块划分可以为投资者做出正确投资决策提供重要依据。板块划分能够帮助投资者在进行投资选择时，更高效地观察、对比、分析同类型上市公司的业务布局、经营状况、财务状况等基本面信息，更好地聚焦某个行业、某个领域或者某个个股。

那么，如何进行板块划分呢？过去，板块的划分更多的是人为操作的结果。有时板块甚至被所谓的庄家当作用来炒作的题材。因此，探索板块划分的科学、合理的方法具有重要的理论和实践意义。

本章内容包括：数据收集；数据准备；用主成分分析法降维；用 Kmeans 方法对降维后的数据进行聚类。

第一节　数据收集

我们从国泰安数据库下载所有 3290 个制造业企业 2021 财年母公司财务报表数据，包括，资产负债类指标 29 个，样本 3079 个；利润类指标 19 个，样本 3097 个；现金流量类指标 12 个，样本 3075 个。

经过手工处理，删除各类指标中缺失值较多的指标（字段删除），最后剩余资产负债类指标 18 个；利润类指标 13 个；现金流量类指标 9 个。

一、资产负债类指标

Stkcd［证券代码］——以上海交易所、深圳证券交易所公布的证券代码为准。

A001101000［货币资金］——公司库存现金、银行结算户存款、外埠存款、银行汇票存款、银行本票存款、信用卡存款、信用证保证金存款等的合计数。

A001100000［流动资产合计］——流动资产各项目之合计，金融企业不计算此项目。

A001212000［固定资产净额］——固定资产原价除去累计折旧和固定资产减值准备之后的净额。固定资产是企业持有的固定资产原价，建造承包商的临时设施，以及企业购置计算机硬件所附带的、未单独计价的软件，也通过本科目核算。

A001218000［无形资产净额］——公司各项无形资产的原价扣除摊销和减值准备后的净额。公司的无形资产包括专利权、非专利技术、商标权、著作权、土地使用权等。该指标 2000 年起使用。2007 年新准则后原无形资产分别在“无形资产”“商誉”“投资性房地产”中进行核算。

A001200000［非流动资产合计］——上述非流动资产的合计数。金融企业不计算该项目。

A001000000［资产总计］——资产各项目之总计。

A002108000［应付账款］——公司购买原材料、商品或接受劳务供应等而应付给供应单位的款项。

A002112000［应付职工薪酬］——企业根据有关规定应付给职工的各种薪酬。可按“工资”“职工福利”“社会保险费”“住房公积金”“工会经费”“职工教育经费”“非货币性福利”“辞退福利”“股份支付”等进行明细核算。

A002113000［应交税费］——企业按照税法等规定计算应交纳的各种税费，包括增值税、消费税、营业税、所得税、资源税、土地增值税、城市维护建设税、房产税、土地使用税、车船使用税、教育费附加、矿产资源补偿费等。企业代扣代交的个人所得税等，也通过本科目核算。

A002100000［流动负债合计］——流动负债各项目之合计。

A002200000［非流动负债合计］——所有非流动负债的合计。

A002000000［负债合计］——负债各项目之合计。

A003101000［实收资本（或股本）］——按照公司章程的规定，股东投入公司的股本总额与已归还投资之差额。

A003102000［资本公积］——公司资本公积的期末余额。包括股本溢价、法定财产重估增值、住房公积金转入、接受捐赠的资产价值、投资准备等。

A003103000［盈余公积］——指按照国家有关规定从利润中提取的公积金。其中包括法定盈余公积金、任意盈余公积金和公益金，按照税后利润扣除弥补以前年度亏损（如果有）后的数额的一定比例提取。

A003105000［未分配利润］——公司尚未分配的利润。

A004000000［负债与所有者权益总计］——负债与股东权益各项目之总计。

删掉的指标：

Accper［会计期间］——YYYY-MM-DD，前四位表示会计报表公布年度。本章全为 2021。

Typrep［报表类型］——上市公司的财务报表中反映的是合并报表还是母公司报表。“A=合并报表”“B=母公司报表”。本章全为 B。

A001109000［短期投资净额］——“短期投资”与“短期投资跌价准备”之差额。短期投资是公司购入的各种能随时变现并准备随时变现的、持有时间不超过一年（含一年）的股票和债券，以及不超过一年（含一年）的其他投资。该指标 1998 年起使用，2007 年新准则停止使用但本库予以保留。

A001111000［应收账款净额］——应收账款与应收账款坏账准备的差额。应收账款是公司因销售商品、产品、材料、提供劳务及办理工程结算等业务，而应向购买单位或接受劳务单位收取的款项。

A001119000［应收利息净额］——应收利息与其坏账准备之差额。应收利息是公司因债权投资而应收取的利息。公司购入到期还本付息债券应收的利息不包括在本项目内。

A001120000［应收股利净额］——应收股利与其坏账准备之差额。应收股利是公司因股权投资而应收取的现金股利。公司应收其他单位的利润，也包括在本项目内。该指标从 1998 年起使用。

A001123000［存货净额］——“存货”与“存货跌价准备”之差额。存货，是指企业在日常活动中持有以备出售的产成品或商品、处在生产过程中的在产品、在生产过程或提供劳务过程中耗用的材料和物料等。

A002101000［短期借款］——公司借入的尚未归还的一年期以下（含一年）的借款。

A002114000［应付利息］——核算企业对于按期付息、到期偿还本金的长期借款、应付债券和其他长期负债按期计提的利息。注：2002 年起使用，部分企业使用本项目。

A002201000［长期借款］——公司向银行或其他金融机构借入的期限在一年期以上（不含一年）的各项借款。

A002206000［长期负债合计］——长期负债各项目之合计。1990 年起使用，2007 年停止使用。

二、利润类指标

Stkcd［证券代码］——上市公司所在的交易所公布的代码。

B001100000［营业总收入］——企业经营过程中所有收入之和。

B001200000［营业总成本］——企业经营过程中所有成本之和。

B001209000［销售费用］——公司商品销售过程中发生的费用，包括运输费、装卸费、包装费、保险费、展览费和广告费等。

B001210000［管理费用］——企业为组织和管理企业生产经营所发生的管理费用。2007 年新准则后原管理费用的资产减值损失列入“资产减值损失”科目核算。

B001211000［财务费用］——公司为筹集生产经营所需资金等而发生的费用，包括利息支出（减利息收入）、汇兑损失（减汇兑收益）以及相关的手续费等。

B001302000［投资收益］——公司以各种方式对外投资所取得的收益。2007 年新准则后原投资收益的资产减值损失列入“资产减值损失”科目核算。

B001300000［营业利润］——与经营业务有关的利润。

B001400000［营业外收入］——本科目核算企业发生的各项营业外收入，主要包括非流动资产处置利得、非货币性资产交换利得、债务重组利得、政府补助、盘盈利得、捐赠利得等。

B001500000［营业外支出］——企业发生的各项营业外支出，包括非流动资产处置损失、非货币性资产交换损失、债务重组损失、公益性捐赠支出、非常损失、盘亏损失等。1990 年起使用。2007 年新准则后原营业外支出的资产减值损失列入“资产减值损失”科目核算。

B001000000［利润总额］——公司实现的利润总额。

B002000000［净利润］——公司实现的净利润。

B001216000［研发费用］——研究开发成本支出。

删掉的指标：

Accper［会计期间］——会计报表日，统一用 10 位字符表示，如 1999-12-31。本章全为 2021 财年。

Typrep［报表类型］——上市公司的财务报表中反映的是合并报表或者母公司报表。“A=合并报表”“B=母公司报表”。本章全为 B。

Bbd1102101［利息收入］——企业（金融）确认的利息收入，包括发放的各类贷款（银团贷款、贸易融资、贴现和转贴现融出资金、协议透支、信用卡透支、转贷款、垫款等）、与其他金融机构（中央银行、同业等）之间发生资金往来业务、买入返售金融资产等实现的利息收入等。

Bbd1102203［利息支出］——企业（金融）发生的利息支出，包括吸收的各种存款（单位存款、个人存款、信用卡存款、特种存款、转贷款资金等）、与其他金融机构（中央银行、同业等）之间发生资金往来业务、卖出回购金融资产等产生的利息支出。

B003000000［基本每股收益］——企业应当按照归属于普通股股东的当期净利润，除以发行在外普通股的加权平均数计算基本每股收益。2007 年起使用。

B004000000［稀释每股收益］——企业存在稀释性潜在普通股的，应当分别调整归属于普通股股东的当期净利润和发行在外普通股的加权平均数，并据以计算稀释每股收益。2007 年起使用。

三、现金流量类指标

Stkcd［证券代码］——上市公司所在的交易所公布的代码。

C001001000［销售商品、提供劳务收到的现金］——公司销售商品、提供劳务实际收到的现金，包括本期销售商品（含销售商品产品、材料，下同）、提供劳务收到的现金，以及前期销售商品和前期提供劳务本期收到的现金和本期预收的款项，扣除本期退回本期销售的商品和前期销售本期退回的商品支付的现金。

C001013000［收到的其他与经营活动有关的现金］——公司除了上述各项目外，

收到的其他与经营活动有关的现金，如捐赠现金收入、罚款收入、流动资产损失中由个人赔偿的现金收入等。收到的其他与经营活动有关的现金项目中如有价值较大的，应单列项目反映。

C001014000［购买商品、接受劳务支付的现金］——公司购买商品、接受劳务实际支付的现金，包括本期购入商品、接受劳务支付的现金，以及本期支付前期购入商品、接受劳务的未付款项和本期预付款项、购买或接受小规模纳税人所销售商品或提供的劳务而支付的增值税。本期发生的购货退回收到的现金（不含从一般纳税人购入货物退回收到的增值税额）应从本项目内扣除。

C001020000［支付给职工以及为职工支付的现金］——公司实际支付给职工，以及为职工支付的现金，包括本期实际支付给职工的工资、奖金、各种津贴和补贴等，以及为职工支付的养老保险、待业保险、补充养老保险、住房公积金、支付给职工的住房困难补助、支付的离退休人员的费用等。不包括支付给在建工程人员的工资。

C001000000［经营活动产生的现金流量净额］——经营活动产生的现金流入与经营活动产生的现金流出之差额。

C002000000［投资活动产生的现金流量净额］——投资活动产生的现金流入与投资活动产生的现金流出之差额。

C003000000［筹资活动产生的现金流量净额］——筹资活动产生的现金流入与筹资活动产生的现金流出之差额。

C005000000［现金及现金等价物净增加额］——公司会计期间内现金及现金等价物净增加额。

删掉的指标：

Accper［会计期间］——会计报表日，统一用10位字符表示，如1999-12-31。本章全为2021年。

Typrep［报表类型］——上市公司的财务报表中反映的是合并报表或者母公司报表。“A=合并报表”“B=母公司报表”。本章全为B。

C002005000［收到的其他与投资活动有关的现金］——公司除了上述各项以外，收到的其他与投资活动有关的现金。收到的其他与投资活动有关的现金项目中如有价值较大的，应单列项目反映。

第二节　数据准备

首先将整理后的数据导入MATLAB[①]。用whos查看，

```
>> whos
```

① 参见：段新生，MATLAB财务建模与分析（第二版），中国金融出版社，2017，239页。

```
  Name              Size              Bytes   Class     Attributes

  asset           3079x18             443376  double
   cash            3075x9             221400  double
revenue           3097x13             322088  double
```

接下来，对三个数据按行删除缺失值：

```
>> asset_nnan=rmmissing(asset);
>> cash_nnan=rmmissing(cash);
>> revenue_nnan=rmmissing(revenue);
>> whos
  Name                  Size              Bytes   Class     Attributes

  asset               3079x18             443376  double
  asset_nnan          2704x18             389376  double
  cash                 3075x9             221400  double
  cash_nnan            2857x9             205704  double
  revenue             3097x13             322088  double
  revenue_nnan        2369x13             246376  double
```

删除缺失值以后，资产负债类剩下 2704 个样本，利润类剩下 2369 个样本，现金流量类剩下 2857 个样本。

为了将三类指标整合到一起，本书编写如下 matlab 函数 union_ AB：

```
function C=union_AB(A,B)
% union_AB 按照第一个字段合并 A,B
%这个字段在两个矩阵中,如果值相同,就合并;
%如果找不到相同的值,这个样本就丢弃。
[m n]=size(A);
[p q]=size(B);
for i=1:m
    ind(i)=true;
    for j=1:p
      if A(i,1)= =B(j,1);
          ind(i)=false;
          break
      end
    end
end
```

```
A(ind,:)=[];
[mm n]=size(A);
for i=1:p
    inds(i)=true;
    for j=1:mm
      if B(i,1)==A(j,1);
        inds(i)=false;
        break
      end
    end
end
B(inds,:)=[];
A=sortrows(A);
B=sortrows(B);
C=horzcat(A,B);
```

union_AB 按照第一个字段（上市公司代码）一一核对，如果 A 中的一个代码，在 B 中也有该代码，说明这个代码的公司在 A、B 中都有数据，否则 A 中的一个代码在 B 中找不到对应的代码，说明 A 中的这个代码在 B 中没有数据，则 A 中的这个代码所在的行可以删掉。同理，对于 B 中的每一个代码，做同样的处理。这样处理完之后，A，B 中的所有代码就都相同了，经过排序就可以合并这两个矩阵了。下面用例子说明：

```
>> A=asset_nnan(1:10,[1 2])
A=
            8   4.4795e+08
           12   1.9614e+09
           16   4.8092e+09
           20    6.191e+05
           21   2.5618e+09
           23   8.7855e+07
           30   1.7168e+09
           45   1.3027e+08
           48   3.3442e+09
           50   2.4824e+09
>> B=cash_nnan(3:15,[1 3])
B=
           17   2.2352e+07
           20   2.2811e+07
           21   2.4518e+10
           23   2.2868e+08
```

```
            30   2.9045e+08
            45   4.2418e+07
            48   2.8835e+09
            50     1.67e+09
            55    4.603e+09
            59   1.4394e+08
            60   1.7224e+09
            63   1.6934e+09
            66   1.6864e+08
>> C=union_AB(A,B)
C=
            20    6.191e+05         20   2.2811e+07
            21   2.5618e+09         21   2.4518e+10
            23   8.7855e+07         23   2.2868e+08
            30   1.7168e+09         30   2.9045e+08
            45   1.3027e+08         45   4.2418e+07
            48   3.3442e+09         48   2.8835e+09
            50   2.4824e+09         50     1.67e+09
```

可见，C 就是 A、B 中具有相同代码的样本的合并。将 union_ AB 用于资产负债类，现金流量类以及利润类指标的合并：

```
>> asset_cash=union_AB(asset_nnan,cash_nnan);  %先将资产类和现金类合并
>> asset_cash_revenue=union_AB(asset_cash,revenue_nnan);  %再将合并后的结果与利润类合并
```

在工作区中可见，最后合并的结果 asset_ cash_ revenue 是 2219x40 double。双击工作区中的 asset_ cash_ revenue，可以看到第 1 列、第 19 列以及第 28 列，都是上市公司代码，而且已经一一对应。

第三节 用主成分分析法降维

将 asset_ cash_ revenue 中的第 1 列、第 19 列以及第 28 列删掉，就得到最后的分析数据 X 和所涉及的上市公司代码 Company_ code。

```
>> X=asset_cash_revenue(:,[2:18,20:27,29:40]);
>> Company_code=asset_cash_revenue(:,1);
```

Company_code 中共有 2219 家公司。以下将对这 2219 家公司进行投资板块分析。

合并后的指标共有 40 个，删除 1、19、28 以后共有 37 个指标。这些指标中有一些相关性较强的指标。

```
>> [Relation pvl]=corr(X);
```

观察 Relation 中的值有很多超过 0.5 的值，有的甚至达到 0.8、0.9。说明这 37 个指标存在很强的多重共线性。

以下用主成分分析法降维。

```
>> x=zscore(X);  %对 X 进行标准化处理
>> [coeff,score,latent]=pca(x);  %对标准化以后的数据进行主成分分析
>> contribution=latent/sum(latent);  %计算方差贡献率
>> for i=1:37
accumu_contr(i)=sum(contribution(1:i,1));
end  %用 for 循环求累计方差贡献率
```

观察 accumu_contr 可知：第 9 个主成分的累计方差贡献率已达 0.86453，可以取前 9 个主成分。

第四节　用 Kmeans 方法对降维后的数据进行聚类

提取前 9 个主成分的主成分得分。

```
>> Y=score(:,1:9);  %score 是主成分得分
```

然后用 Kmeans 函数进行聚类。假设 3 个类合适。

```
>> [idx,C,sumd,D]=kmeans(Y,3);
```

输出 idx 是每一个样本对应的类别标号。

C 表示每一个类的中心位置。

sumd 表示类内各点到中心的距离和。

D 是表示每一个样本到每一个类的距离。

将 idx 与 Company_code 合并就可以知道哪个上市企业属于第几个类。

```
>> Class=[idx Company_code];
```

```
>> class=sortrows(Class);        %按第一列进行排序
```

由此可知，属于第一类的企业共有2191个，属于第二类的企业共有24个，属于第三类的企业只有4个。

如果对这一结果不满意，可以改变预设类别重新聚类，直到满意为止。

思考练习题

1. 将第四节用于聚类的个数设为4，结果如何？

2. 调用MATLAB自带数据fisheriris，利用3、4列数据花瓣长度和宽度对样本数据进行聚类。

3. 在国泰安数据库中下载制造业上市公司近三年的全部利润类指标值。据此分析制造业企业是否存在一定的投资板块划分。

4. 你认为本章定义的投资板块是否合理？用聚类的方法分析得出的投资板块与市面上一般认为的投资板块有什么不同？你要是投资者，你会采用哪一个？

5. 更换不同的数据，继续对我国上市公司投资板块进行研究。对所得到的投资板块你有什么比较好的解释？如何将你的研究成果用于实践？

6. 依据本书的思路，重新下载2023年的数据，分析上市公司投资板块的变化。

参考文献

［1］T. Bollerslev，A Generalized Autoregressive Conditional Heteroscedasticity，Journal of Econometrics 31，307-327，1986.

［2］R. F. Engle，Autoregressive Conditional Heteroscedasticity with estimates of the variance of UK inflation，Econometrica，50，987-1008，1982.

［3］段新生 . MATLAB 财务建模与分析［M］. 2 版 . 中国金融出版社，2017.

［4］段新生 . 财务数据挖掘建模［M］. 首都经济贸易大学出版社，2023.

［5］黄诒蓉 . 金融量化分析-以 MATLAB 为工具［M］. 清华大学出版社，2018.

［6］吴礼斌，李柏年 . MATLAB 数据分析方法［M］. 2 版 . 机械工业出版社，2017.

［7］王晓林 . 统计学［M］. 经济科学出版社，2001.

［8］温迪・马丁内兹等著 . MATLAB 数据探索性分析（原书第 2 版）. 迟冬祥等译. 清华大学出版社，2018.

［9］谢中华 . MATLAB 统计分析与应用：40 个案例分析［M］. 2 版 . 北京航空航天大学出版社，2015.

［10］张良均等 . MATLAB 数据分析与挖掘实战［M］. 机械工业出版社，2015.

［11］赵小川，何灏 . 深度学习理论及实战［M］. 清华大学出版社，2021.

［12］卓金武，周英 . 量化投资-数据挖掘技术与实践（MATLAB 版）［M］. 中国工信出版集团，2015.

